东盟奇迹

THE
ASEAN
MIRACLE
A Catalyst for Peace

〔新加坡〕马凯硕　孙合记　著
翟崑　王丽娜　等译

北京大学出版社
PEKING UNIVERSITY PRESS

著作权合同登记号　图字 01-2017-2185
图书在版编目(CIP)数据

东盟奇迹／(新加坡)马凯硕，(新加坡)孙合记著；翟崑等译.—北京：北京大学出版社，2017.9
ISBN 978-7-301-28523-7

Ⅰ.①东…　Ⅱ.①马…②孙…③翟…　Ⅲ.①东南亚国家联盟—概况　Ⅳ.①D814.1

中国版本图书馆 CIP 数据核字(2017)第 168118 号

Copyright © Kishore Mahbubani & Jeffery Sng
First published in English by NUS Press, Singapore.

书　　名	东盟奇迹 DONGMENG QIJI
著作责任者	〔新加坡〕马凯硕　孙合记　著　翟　崑　王丽娜　等译
策划编辑	耿协峰
责任编辑	张盈盈
标准书号	ISBN 978-7-301-28523-7
出版发行	北京大学出版社
地　　址	北京市海淀区成府路 205 号　100871
网　　址	http://www.pup.cn　新浪微博：@北京大学出版社
电子信箱	ss@pup.pku.edu.cn
电　　话	邮购部 62752015　发行部 62750672　编辑部 62753121
印 刷 者	北京大学印刷厂
经 销 者	新华书店 650 毫米×980 毫米　16 开本　20 印张　238 千字 2017 年 9 月第 1 版　2018 年 4 月第 2 次印刷
定　　价	55.00 元

未经许可，不得以任何方式复制或抄袭本书之部分或全部内容。
版权所有，侵权必究
举报电话：010-62752024　电子信箱：fd@pup.pku.edu.cn
图书如有印装质量问题，请与出版部联系，电话：010-62756370

他们如何评价这本书

自20世纪下半叶起,世界上许多地区开始出现不同的地区组织。虽然大多数人会更加关注欧盟的成功之路,但是另外一个地区组织也应得到我们的认可,即东盟。可以毫不夸张地说,东盟对东南亚地区的和平、繁荣和跨国合作做出了重要贡献。传统意义上,东南亚是世界上较为复杂且分散的地区,但是来自无数不同民族的人们却感受到了东盟所带来的积极影响。作者在这本书中适时地提醒我们,地区组织,尤其是东盟,是现代国际架构中一个重要的特点。

——科菲·安南,联合国前秘书长

这本关于东盟的著作很好地解释了印度尼西亚"协商一致"的实用哲学对东盟的成功所起到的关键作用。印度尼西亚的领导人推动了世界上最成功的地区组织之一——东盟的成立和发展,这在根本上改变了东南亚地区的地缘政治和地缘经济版图。在接下来的50年,东盟将开启一场新的但也许前路艰难的冒险之旅,那么该著作就是一本可以带领我们建设东盟未来的不可或缺的手册。东盟的成功并非理所当然。我们必须更加努力地去强化东盟,如果有必要的话,彻底改造东盟。这本书为我们提供了相关方法。

——苏西洛·班邦·尤多约诺博士,印度尼西亚第六任总统东盟成功维持了东南亚地区50年的和平与安全。我认为东盟所取得的不可思议的成功主要源于以下两个关键因素。第一，为了保障及改善本国民生，东盟的几位发起人坚持平和地解决东南亚国家之间的分歧，一起应对共同的威胁。其实，在东盟成立初期，东盟峰会举办得并不频繁。事实上，直到1990年我就任总理时，东盟领导人也才开过三次会。第二，为促进地区共同利益的发展，东盟各届领导人都能够精诚紧密地合作。我们将东盟峰会机制化、结构化。不断增加的互动机会培育了东盟领导人之间的亲密关系，也促进了非正式交往。随之而来的就是大量的倡议，如东盟自由贸易区以及后续的东盟共同市场、"东盟+3"和其他对话机制。

然而，东盟并非一个毫无矛盾的完美组织。东盟成员国要做的工作还有很多，尤其是在强化东盟凝聚力应对地区挑战方面。马凯硕和孙合记的这本书恰好为此提供了具体的建议，关心地缘政治和地区合作的读者可以好好欣赏这本书。

——吴作栋，新加坡国务资政

东盟诞生于曼谷。现在泰国可以很骄傲地说，这个在泰国诞生的小宝宝已经获得了世界性的成功。实际上，东盟许多重要的成就如东盟自由贸易区和亚欧会议最初都是由泰国倡议或发起的。马凯硕和孙合记帮了世界人民一个大忙，他们不仅记录了东盟的成功之路，而且为强化东盟提供了许多具体的建议。对东南亚事务感兴趣的读者必读这本书。

——阿南·班雅拉春，泰国前总理

马凯硕与我合写了《文明的融合》一书，书中的核心观点认为世界正在进行融合。书中完美地描述了东盟是如何实现融合的。东盟的成功在很大程度上是具有指导意义的，而这本书则将此阐述得非常好。

——劳伦斯·W. 萨默斯，哈佛大学荣誉校长，美国前财政部长

我们生活在一个动荡不安的时代。支持开放贸易的全球共识正在一点点地消逝。很少有人会强烈鲜明地强调抵制保护主义的必要性。这就是为什么这本关于东盟的著作出现得这么及时。这本书描述了一个第三世界的地区是如何在开放贸易和经济融合的助力下成长为一个充满活力的经济体的。到2050年东盟有望成为世界上第四大经济体，并成为其他经济体效仿的典范。两位作者还介绍了东盟应如何从机制上进行强化。东盟秘书处确实需要更多的资源。这本书对于全球的政策决策者来说是必读之物。

——帕斯卡尔·拉米，世界贸易组织前总干事

东盟是一个被低估了的地区组织。东盟每年的进步也许很慢，有时甚至还会出现倒退。但是，在冷战横扫东南亚的那段历史以及后冷战时期的背景下，东盟的成功是举世瞩目的。最重要的是，尽管彼此之间偶尔仍有争端，但是东盟成员国却能保持和谐的关系。饱受战争蹂躏的越南、柬埔寨和老挝加入东盟的过程也相对顺利。此外，缅甸从军政府到民主国家的和平过渡也得益于东盟。目前，东盟经济体的成功全部受益于其与不断扩大的中国经济体的逐渐融合，而后者有望成为世界上最大的经济体。印度的发展也将对东盟起到推动作用。假如本地区能够实现更大范围的和平，那么东盟在21世纪的前景就是光明的。但是实现这种和平对东盟的外交来说本身就是一种持续的考验。这本书是马凯硕和孙合记的优秀著作。他们以简单的语言解释了"东盟是如何以及为何成长为世界上最成功

的地区组织之一的"。在强调东盟的弱点和曾经所犯的错误的前提下,马凯硕根据其在东盟外交领域的长期经验纠正了西方盛行的一些错误观点,西方认为东盟只是一个"空谈俱乐部"。但事实上,东盟是"亚洲和平的催化剂"。

——杨荣文,新加坡前外交部长

在西方国际化浪潮退却之际,由马凯硕和孙合记所著的《东盟奇迹》恰似一股充满希望的清流,提醒我们这么一个由弱小的发展中国家构成的组织是如何促进地区和平与发展的。这本书对于东盟如何克服重重困难促进地区发展以及当今的亚洲和世界为何如此需要东盟进行了强有力且充满激情的论述。

——阿米塔夫·阿查亚,美利坚大学国际服务学院国际关系教授

两千年前,一股印度浪潮横扫东南亚。今天,印度有望再次起飞,重塑与该地区的历史纽带。东盟的成功史有太多值得我们学习的地方,而这本书就是一个很好的起点。

——古尔恰兰·达斯,畅销书《解放了的印度》等书籍的作者

多年以来,马凯硕一直不遗余力地宣扬亚洲在世界事务中日益重要的角色,他善于雄辩,且极富远见。马凯硕在这本书中描述了东南亚的发展以及总是被低估的东盟在地区和平与稳定中的作用,这是一本令人印象深刻的著作。正如本书所述,这是一个尚未完结的故事——东盟以独特的方式与地区和全球大国周旋,谋求共同利益,但是东盟容易受到忽视,也易衰落。最后,马凯硕提出了开启东盟领导新阶段的建议。

——约翰·伊肯伯里,美国普林斯顿大学政治和国际事务阿尔伯特·G.米尔班克讲席教授

献给安妮和皮姆

目　录

致　谢　/ 1

序　/ 5

前　言　/ 9

一　四次浪潮　/ 2

　　印度浪潮　/ 6

　　中国浪潮　/ 13

　　穆斯林浪潮　/ 18

　　西方浪潮　/ 24

二　和平生态　/ 40

　　因素一：对共产主义的恐惧　/ 45

　　因素二：政治强人的作用　/ 53

　　因素三：地缘政治上的运气　/ 60

　　因素四：以市场为导向的经济政策　/ 63

　　因素五：以东盟为基础的地区网络　/ 69

三　大国共舞　/ 72

　　东盟与美国　/ 80

　　东盟与中国　/ 97

　　东盟与欧盟　/ 115

  东盟与印度　/ 125

  东盟与日本　/ 132

四　各国前景　/ 144

  文　莱　/ 147

  柬埔寨　/ 150

  印度尼西亚　/ 153

  老　挝　/ 157

  马来西亚　/ 160

  缅　甸　/ 166

  菲律宾　/ 171

  新加坡　/ 176

  泰　国　/ 181

  越　南　/ 185

五　未来态势　/ 190

  优　势　/ 193

  劣　势　/ 199

  威　胁　/ 206

  机　遇　/ 213

  结　论　/ 223

六　诺贝尔奖　/ 226

  三个大胆的建议　/ 244

参考文献　/ 259

致　谢

我们有幸采访到两位真正对东南亚有深刻见解的观察家，但不幸的是，他们分别于 2016 年 8 月和 2015 年 12 月去世了。第一位就是新加坡前总统塞拉潘·纳丹。实际上，1967 年 8 月 8 日《东盟宣言》签署之时他就在曼谷，并且直接参与了文本的讨论。第二位是东南亚研究的著名学者本·安德森博士，孙合记在康奈尔大学学习时跟他很熟，他在其经典著作《想象的共同体：民族主义的起源与散布》中的深刻见解至今几乎无人匹敌。

对其他东盟著名政策决策者及学者的个人访谈也让我们受益匪浅。虽然他们都无须为本书的内容负责，但是我们还是希望在此对他们的慷慨见解和所费时间一一表示感谢。按照字母顺序，他们是桑奇达、素集·邦蓬坎、德·汶纳、巴里·德斯加、S·丹纳巴南、丽贝卡·法蒂玛·圣玛丽亚、S.贾古玛、洪株其、比拉哈里·考斯甘、许通美、苏莱玛·马哈茂德、瓦努·戈帕拉·梅农、穆罕默德·乔哈尔、哈桑、邦恩·纳加拉、纳龙猜·阿加萨尼、王景荣、拉维德兰·巴拉尼阿潘、普拉达普·披汶颂堪、齐翠雅·宾通、普什帕纳坦·顺达拉姆、吴聪满、弗雷泽·汤普森、王赓武、黄根成和温长明。

我们还要感谢几位为本书大力宣传的名人，包括科菲·安南、古尔恰兰·达斯、吴作栋、约翰·伊肯伯里、帕斯卡尔·拉米、阿南·班雅拉春、拉里·萨默斯、杨荣文以及苏西洛·班邦·尤多约诺。

我们还要向我们的研究助理所做的优秀工作表示感谢。阿姆里塔·维贾雅库马·奈尔以及克里斯滕·唐从 2014 年 8 月起就一直为本书的相关工作奔走忙碌。她们还远赴曼谷和吉隆坡进行相关调研。在阿姆里塔和克里斯滕加入我们的团队之前，罗达·塞韦里诺和旺达娜·普拉卡什·奈尔为我们提供了相关帮助。我们很开心罗达能收到本·安德森赠予的由他亲笔签名的《想象的共同体》一书。马凯硕办公室的 A 小组，尤其是卡罗尔·占、埃斯特·李、阿米拉·宾特·穆罕默德·法达里也在本书的写作中发挥了重要作用。

找到一家合意的出版社并不容易。马凯硕在纽约文学领域的朋友告诉他，尽管东盟在全球很重要，但是西方出版商对于东盟的故事并不感兴趣。因此当新加坡国立大学出版社决定出版本书时我们非常高兴。三位编辑舒博、保罗·克拉托什卡和苏南迪尼·阿罗拉·拉尔对原稿的编辑和润色很出色。

事实证明，新加坡国立大学出版社的决定是非常明智的，因为我们得到了新加坡李氏基金会赠送的慷慨礼物。正如我们在书中所言，该地区约 6 亿民众缺乏东盟主人翁意识这一事实是东盟发展的短板。事实上，这是因为他们对该组织知之甚少。为了帮助民众更好地认识东盟，李氏基金会决定提供资助，将本书翻译成东盟国家的主要语言。因此，这本书会被译成马来语、印尼语、缅语、高棉语、老挝语、塔家拉族语、泰语以及越南语。在东南亚地区拥有强大关系网的新加坡国立大学出版社将促成此次翻译任务的完成。对于这份慷慨的礼物，我们由衷地感谢李氏基金会，尤其是其主席李成智博士，二战期间他曾被日本士兵暴打，他亲身经历过东南亚那

致 谢

段动荡的岁月。

最后,我们还要感谢东南亚各个领域的无数朋友。过去几十年中,他们的友谊以及与我们分享过的深刻见解给了我们信心来完成这本关于东南亚的著作。我们在此无法一一列出他们的名字,但是我们希望他们在阅读此书时能够发现曾经分享给我们的智慧与真知灼见。

序

孙合记和我有着六十年的友谊,但直到今天才最终合著了这本书。这本书的最终付梓,也得益于我们在东南亚近六十年的生活经历。

从文明意义上来说,东南亚是地球上最多样化的地区。没有任何一个其他地区能够望其项背。因此,这也是一个难于理解和描述的地区。所幸,孙合记和我有幸对其中几个东南亚社会很了解。

我们都出生并成长于新加坡,一个华人为主的国家。由于都住在奥南路,是贫穷的邻居,所以我们幼时便相识。从人种上来讲,孙合记是华人(福建客家后裔),而我是印度裔(信德后裔)。然而,我们在学校学习的都是马来语——东南亚比较通用的语言。

我们在新加坡国立大学时都主攻哲学,但是后来就分道扬镳了。孙合记在1982年获得了康奈尔大学东南亚研究的硕士学位,在那里他也结识了几位东南亚著名学者,如乔治·卡欣和本·安德森。也是在康奈尔,孙合记认识了他的泰国妻子皮姆普拉帕·比萨布德拉。他从20世纪80年代起就一直生活在曼谷,因此会说流利的泰语。皮姆和孙合记在泰国出版了两本杰出的著作:一本关于五彩瓷陶艺①,

---

① Jeffery Sng and Pimpraphai Bisalputra, *Bencharong & Chinawares in the Court of Siam* (Bangkok: Chawpipope Osathanugrah, 2011).

另一本关于泰国华人。①

孙合记非常了解印度尼西亚。当他就职于贵格会时,他结识了几位印尼领导人,其中包括印尼前总统阿卜杜拉赫曼·瓦希德(昵称"格斯迪尔")。实际上,他担任总统期间曾任命孙合记为特使,与泰国建立了紧密的联系。

孙合记也很了解普通民众。有一次,他正在拜访老挝一个贫穷的农村,村民感觉孙合记是个非常重要的人物,应该给予特别待遇。于是他们就猛烈拍打稻田里的土丘,让老鼠都跳出来。一旦老鼠跳出来了,村民就用棍棒敲打它们。之后孙合记就享受了一席老鼠肉做的皇家盛宴。而我就从来没有过这种经历。

但是我有在其他东南亚国家生活的经历。从1973年7月到1974年6月,我曾在柬埔寨的金边生活了一年。当时金边正被红色高棉包围,每天都是狂轰滥炸。不幸的是,我离开9个月后红色高棉就接管了金边。我的许多朋友都牺牲在柬埔寨的战场。1976年至1979年,我担任驻马来西亚吉隆坡的新加坡特别使节团副团长,亲身经历了1965年新加坡脱离马来西亚独立后给人们带来的伤痛和仇怨,而且我在马来西亚期间这种情绪还未消散。

孙合记和我都经历了20世纪下半叶东南亚地区那段动荡的岁月。因此,我们可以很自信地说,东盟给东南亚地区带来了"奇迹般"的改变。因为我们知道如果没有东盟,个别东南亚国家现在会是什么样子。许多研究东南亚的美国社会学家似乎总是根据《纽约时报》的媒体简报来获取关于该地区的原始信息,但他们这样是无法真正理解东南亚社会的。

---

① Jeffery Sng and Pimpraphai Bisalputra, *A History of the Thai-Chinese* (Singapore: Editions Didier Millet, 2015).

以上就是促成我们合著这本书的原因。希望这本书能够展现出我们对于东南亚地区多年来的研究成果和深刻见解。我们也希望与世界其他地区共享东南亚伟大成功的经验，后者也可以借此效仿。如果世界上其他发展中地区能够效仿东南亚促进和平与繁荣的经验，那我们的世界也将变得更加美好。

马凯硕

前　言

　　东盟是一个充满活力且真实存在的现代奇迹。为什么这么说？因为世界上还没有哪个地区组织能如东南亚国家联盟（ASEAN）一样在改善广大人类福祉方面做出过如此大的贡献。自东盟成立50年以来，东南亚地区6亿多人口的生活水平有了显著的提高。在地球上这样一个"麻烦"丛生、文化多样的角落，由于东盟的成立，和平与繁荣接踵而至，多种文明和谐共生。同时，东盟的成立似乎对于中国的和平崛起也起到了关键的促进作用。因此，相对于其他任何个人或是组织，东盟无疑最有资格获得下一届的诺贝尔和平奖。

　　显然，当今国际上充斥着各种消极的声音，但是东盟的很多领域内却出现了不少乐观的预估。例如，在这样一个文化消极主义甚嚣尘上的时代里，许多有思想且有影响力的专家学者都在质疑处于不同文明的人类，尤其是伊斯兰和西方，是否能够和平相处。而东盟恰好为上述猜测提供了一个活生生的实验场所，且事实也证明了不同的文明是可以和谐共处的。其实，很少有人能够意识到，东南亚已经演变成为一个微观世界，这里具备全球环境所需要的必备条件。在过去，不同的文明处于不同的地缘政治分区。但是，今天的世界已经聚合成一个地球村，这意味着不同的文明走得越来越近。而东南亚则是世界上唯一一个有如此多文明共处的地区。最重要的是，它们还能和平相处。这样的奇迹要归功于东盟。

其次，唱衰全球经济的声音持续发酵，许多青年尤其是美国和欧洲的青年认为，他们未来的几十年前景黯淡。但是与之形成鲜明对比的是，东南亚地区的人民对未来满怀信心。这个曾经贫穷的地区在过去几十年创造了令人瞩目的经济奇迹。世界银行行长金墉称："短短30年内，越南的赤贫率就从50%减少到约3%，这是了不起的成就。"① 印尼曾经是长期贫困的代名词，但是现在却拥有世界上最为积极乐观的青年群体之一。美国尼尔森公司在2015年5月的一份报告中指出，印尼的消费信心排名"全球第二"。② 曾经如此贫困的一个国家是如何变得这么积极乐观的？这还是要归功于东盟，东盟的成立为东南亚各国带来了经济发展的希望。

第三，当前国际上关于地缘政治竞争的担忧持续增长，许多主流地缘政治学者预测大国竞争及紧张程度将愈演愈烈，且尤其会体现在中美之间。但是东盟却通常能够将所有大国都融合到一起，为大国互动提供一个不可或缺的外交平台。此外，东盟也为各大国对话提供了有益的环境。东盟吸收了印度尼西亚**"协商一致"**的传统，并在此基础上逐渐形成了一种和平文化。目前，东盟将在更大的亚太区域内与其他国家共享这种和平文化。例如，一旦日益紧张的双边局势导致中日及其领导人对话困难，那么东盟就可以站出来，为其提供一个舒适的环境和平台，既为双方保全脸面，又可助其重启对话。再则，东盟的存在尤其可以创造一种和平生态，通过减缓攻

---

① Jim Yong Kim, "Lessons from Vietnam in a Slowing Global Economy", *Straits Times*, 24 Feb. 2016, http://www.straitstimes.com/opinion/lessons-fromvietnam-in-a-slowing-global-economy，访问时间：2016年10月14日。

② Mila Lubis, "Indonesia Remains the 2nd Most Optimistic Country Globally", *Nielsen*, 30 May 2015, http://www.nielsen.com/id/en/press-room/2015/indonesia-remains-the-2nd-most-optimistic-country-globally.html，访问时间：2016年10月12日。

击性冲动，助力中国的和平崛起。

那么这意味着东盟就是一个完美的地区组织了？当然不是。东盟还有很多缺点。这恰恰就是外部世界还无法理解东盟故事的原因。其实，东盟的诸多缺点是有据可查的，尤其是在盎格鲁-撒克逊媒体报道上。2016年1月2日《经济学人》的一篇报道称：

> 东盟那些慷慨激昂的宣言和声明就像是在该地区燃放的圣诞爆竹，间歇性地响一声，弄出点儿声响，却没有什么实质意义……可能这也在所难免，东盟国家形态各异，它们关于加强地区融合的那些"山盟海誓"以及其隐含的实现主权共享的美好愿望也许并不像那些胜利声明中宣扬的那样强烈。因为并没有任何机制来执行或实施东盟签署的诸多协议和条约。地区银行系统及资本市场还没有进行整合。关税可能会逐渐减免，但是非关税壁垒却又突然出现。东盟成员国仍然各自制定它们自己的有关知识产权、土地使用以及移民方面的政策。①

对上述情况有怀疑的读者可以上网搜一下"ASEAN"。你们一定能看到很多关于东盟的负面文章。

其实这些文章说的并没有什么错。东盟并不是线性发展的，而是犹如一只爬行的螃蟹，走两步退一步，有时还横走一步。所以短时间内很难看到东盟的进步。但是如果从长期来看，比如十年或是二十年，人们就会惊奇地发现东盟取得了显著的发展。尽管它还有很多缺点，但是东盟并没有因此而止步不前。所以，我们这本书的

---

① "More Hat than Cattle", *The Economist*, 2 Jan. 2016, http://www.economist.com/news/finance-and-economics/21684811-seamless-regional-economicbloc-just-around-corneras-always-more-hat/，访问时间：2016年10月12日。

目的就是揭开东盟奇迹的神秘面纱。

本书一开始，我们要特别关注有关东盟的一个基本悖论，即东盟的劣势也正是它的优势。例如，东盟之所以成为亚太地区大国互动的基本平台，关键就在于其太过弱小，对于任何一方来说都不会构成威胁。所以各个大国才会对东盟本能地产生信任。正如新加坡前外交部长杨荣文所言：

> 尽管东盟没有什么显著的成效，效率也不高，并且发展缓慢，但是所有人最后都认为有东盟总比没有强。这也是东盟外交政策的精神。尽管其他大国都对东盟嗤之以鼻，但它们必须承认东盟才是地区合作的动力。毫无疑问，既然任何一个大国都无法得到其他各方信任，那么东盟就是最佳选择。①

另外一个在一开始就需要了解的有关东盟的基本事实是，东盟在成立之初就被认为注定是要失败的。实际上，东盟于1967年8月8日在曼谷成立之时，东南亚地区堪称当时世界上麻烦最多的地区。所以新加坡的资深外交官比拉哈里·考斯甘就这样描述当时的地区环境：

> 现在回想1967年，当时东盟五国都因于中国支持（即使不是直接支持）的国内共产党游击运动的侵扰。中国自身正陷于"文化大革命"的乱局之中。在东南亚地区，印尼成为冷战中东西方斗争最激烈的前沿阵地。就在东盟成立的三年前，美国轰炸北越，越南战争升级。与此同时，东盟五个创始成员国也几乎都因各种问题而互相吵来吵去。

---

① 根据作者对杨荣文的访谈，2016年2月15日。

前言

马来西亚和新加坡刚"分手",双边种族关系紧张。血腥镇压共产党政变之后的印度尼西亚刚刚结束与新马之间的那场不宣而战的马印对抗。此外,菲律宾声称对东马的一大块领土沙巴州享有主权。原教旨主义民族运动活动在马泰以及印菲之间的边境盲区,关于中心地带的归属问题一直困扰着双边关系。由于几乎所有东南亚国家都是人为造就的实体,其边境都是在殖民时期人为划分的,目前尚未进行完全整合,因此很容易长期受到民族主义的侵扰。①

许多当代学者也对东南亚地区的未来发展持有类似的消极观点。几位美国著名学者就预测东南亚地区前景黯淡。时任霍普金斯大学高级国际研究学院主任的菲利普·塞耶引用贾斯蒂斯·威廉·道格拉斯于1954年冬在《世界事务》杂志上发表的一篇关于东南亚的文章,他说:"尽管东南亚地区在人口及资源方面都很丰富,并且得到苏联的青睐,但是会长期遭受动荡与不安。"② 哥伦比亚大学教授纳撒尼尔·佩弗就对东南亚地区组织所能产生的效用嗤之以鼻:

> 实际上,考虑到1954年东南亚地区的形势,在当时成立一个东南亚地区组织意味着什么?其实再明显不过了,最好的情况可能是印度支那部分被共产党占领,最坏的情况就是全部受到共产主义的统治,先是泰国,然后是缅甸,笼罩在红色"阴霾"下。③

---

① Bilahari Kausikan, "The Ages of ASEAN", in *The Inclusive Regionalist: A Festschrift Dedicated to Jusuf Wanandi*, ed. Hadi Soesastro and Clara Joewono (Jakarta: Centre for Strategic and International Studies, 2007).

② Philip Warren Thayer, ed., *Southeast Asia in the Coming World* (Baltimore: Johns Hopkins Press, 1971).

③ Nathaniel Peffer, "Regional Security in Southeast Asia", *International Organization* 8, 3 (1954): 311-5.

再一个需要特别强调的问题是,即使1967年的东南亚没有被这些政治难题所困扰,该地区仍不适合进行地区合作。因为世界上没有任何一个地区如东南亚一般复杂多样。

东南亚地区生活着7亿人口,分属于不同的人类文明——犹太基督教、中国儒家学派、伊斯兰教、印度教和佛教,这还只是涉及了一部分人口。在世界上的大部分地区,这些文明都是分散在不同地区的。基督教文明分布在欧洲和美国,儒家文明分布在中国和东亚,伊斯兰文明分布在从摩洛哥到印尼的一个弧形区域内。印度教徒主要居住在印度,而佛教徒则遍布在从斯里兰卡到中国、韩国和日本的广大区域内。

只有东南亚是各个不同文明共同居住的地区。世界上没有任何一个地区有着如此多的文化、宗教、语言和种族多样性。在这么一个相对较小的地理空间内,就有2.4亿穆斯林、1.3亿基督教徒、1.4亿佛教徒以及700万印度教徒。这种宗教多样性本身就很壮观。但是这其实还意味着更加深层的文化多样性。在印尼,亚齐人和大部分爪哇人都是穆斯林。但是他们的文化却截然不同。这也就是为什么亚齐人为了脱离印尼而浴血奋战这么多年。许多历史学家和学者都认识到了东南亚地区这种非凡的多样性。一位知名的英国历史学家费希尔就将该地区称作"亚洲的巴尔干"①,而且这个亚洲的巴尔干甚至比欧洲的巴尔干更加多样化。因此,他预测东南亚地区必将麻烦丛生。类似地,东盟五国创建人之一他纳·科曼,在1964年的《外交》杂志上写道:"正如一战前夕的东欧,东南亚地区的权力政治也多少巴尔干化了。每个国家都有自己既定的命运,有自己

---

① Charles A. Fisher, "Southeast Asia: The Balkans of the Orient? A Study in Continuity and Change", *Geography* 47, 4 (1962).

的政治语言，但是一般不被他人理解。东南亚地区并不存在所谓的'大合唱'或是'共通语言'。"①

也正是因为这样才让东盟显得如此与众不同。我们纵观全球，如果对所有有利于国际合作的地区进行排名，东南亚一定是垫底的。欧洲看起来挺有希望登顶，因为这个地区的大部分人口都属于同一文明。拉丁美洲也是如此。同样地，非洲、阿拉伯地区以及东北亚的人们也会说自己生活在一个文化和谐的地区。但是在50年前，没有任何人会认为东南亚会成为地区合作的试验基地。

的确，欧洲的地区合作是成功的。欧盟是世界上最成功的地区组织。这并不奇怪，因为欧洲人对于摆脱暴力对抗有着强大的愿望。奇怪的是，东盟竟然会是世界上第二大成功的地区组织，而且是出现在世界上最不可能发生地区合作的区域。东盟的成功如此卓越，不仅因为它诞生于一个暗淡无光的时代，而且因为它诞生于一片没有什么希望的土地上。如果东盟是一个婴儿，那么现在可能还未满月。但是这个尚在襁褓期的婴儿却成了一个世界明星。

还有一个我们必须了解东盟的理由。东盟的成功故事会给许多正处于艰难期的地区带来希望，缓解我们的星球正在面临的问题。让我们想象一下中东和平。这个想法似乎不可思议。那么再让我们来想象一下，以色列和巴勒斯坦两个从同一块领土分离的国家能够和谐相处。不可能？但是这正是马来西亚和新加坡曾经实现了的。尽管1965年的"离婚"比较激烈，但是它们现在可以和平相处。再想象一下，中东地区穆斯林人口最多的埃及，成为一个稳定且发展前景光明的民主国家。不可能？那么自问一下，东南亚地区穆斯林人口最多的印尼（穆斯林人口是埃及的4倍）是如何成为民主国家

---

① Thanat Khoman, "Which Road for Southeast Asia?" *Foreign Affairs* 42, 4 (1964): 629.

的标杆的？埃及和印尼还有许多其他类似的地方。两个国家都饱受腐败之苦，都曾经历过数年的军人统治——苏哈托（1967—1998年）和穆巴拉克（1981—2011年）。但是，现在埃及仍然是军人统治，战乱丛生，而印尼则成为伊斯兰世界民主的引领者。怎么来解释这种差别呢？答案就是东盟。

如果对以上论断进行反驳的话，人们必然会说中东长期遭受战乱之苦，而东南亚则一直保持和平。当然，中东地区经历了许多战争：1967年和1973年的阿以战争、1980—1988年的两伊战争、1990年伊拉克入侵科威特，以及2003年美国入侵伊拉克。但是二战期间东南亚地区遭受的炮弹要比任何其他地区多得多。东南亚地区经历战争的规模和时间要比中东大得多，也长得多。越南战争外溢到老挝和柬埔寨，从1954年的奠边府战役一直持续到1975年4月西贡陷落，美国外交人员和部队不得不可耻地撤军。但是在此之后，1978年12月，越南军队入侵柬埔寨，这反过来引发了中越之间长达数十年的争斗。如果简单以数字来计算，自二战后1946年至2008年期间，东南亚地区的军事伤亡人员（估计有187万至735万）超过了同期中东地区的伤亡人员（估计有53万至243万）。时任美国总统奥巴马于2016年9月访问老挝时提醒我们：

> 美国在老挝投掷了超过200万吨的炸弹，比二战期间美国在德国和日本投掷的总和都多，从而使得老挝成为世界上人均遭受炸弹次数最多的国家。正如一个老挝人所说，"弹如雨下"。村庄和整个山谷都被破坏了。古代石缸平原被破坏，无数平民被杀。①

---

① "Remarks of President Obama to the People of Laos", White House, 6 Sept. 2016, https://www.whitehouse.gov/the-press-office/2016/09/06/remarkspresident-obama-people-laos, 访问时间：2016年11月21日。

这就是严格意义上来讲为何东盟应该被视作是奇迹,并且它还为这个曾经经历过巨大冲突的地区带来了持久的和平。正如本书结尾所强调的,诺贝尔和平奖早就应该颁给东盟。

显然西方对于伊斯兰世界的未来比较消极。对于伊斯兰世界的极度悲观以及恐惧已经渗透到西方世界的国家政治中。当唐纳德·特朗普要求"完全关闭穆斯林进入美国的大门"之时,他将上述情绪推向了极端。① 尽管特朗普受到猛烈抨击,但他还是赢得了总统大选。他充分挖掘了美国人民心里的紧张情绪。

那些希望从伊斯兰世界寻找希望并且对抗当前这种消极观点的人,应该去看看东南亚。目前有来自全世界包括西方的 25 000 名青年加入了"伊斯兰国"(ISIS)。那么,我们是应该来关注这 25 000 名穆斯林呢,还是去关注 8000 倍于这个数字的居住在印尼(世界上人口最多的伊斯兰国家)的 2.5 亿爱好和平的穆斯林呢?作为伊斯兰世界最成功的民主国家,印尼再次强化了东南亚和平避风港的地位,这与阿拉伯世界如利比亚、叙利亚、伊拉克、也门等战乱丛生的国家形成鲜明对比,而且这种战乱状态在未来还会持续。

东南亚地区穆斯林人口的比例要多于除中东之外的任何地区。如果东南亚地区大批的穆斯林人口——几乎相当于阿拉伯世界的总人口——能够和他们的非穆斯林邻居和平相处,并且经济能够持续发展,他们将为文明和谐提供一丝希望。

2015 年,将近 100 万叙利亚难民涌入欧洲,让欧洲清醒地意识到他们的命运和穆斯林世界是紧密相连的。欧洲似乎尤其受到其境内出现的伊斯兰极端主义的困扰。2015 年 11 月 13 日的巴黎恐怖袭

---

① "Donald J. Trump Statement on Preventing Muslim Immigration", Donald J. Trump for President, 7 Dec. 2015, https://www.donaldjtrump.com/pressreleases/donald-j.-trump-statement-on-preventing-muslim-immigration/, 访问时间:2016 年 10 月 12 日。

击事件主要就是由在欧洲出生而非中东出生的年轻穆斯林发动的。

现在欧洲还没有人能够为其找到一条在其边境内外与穆斯林和平共处的道路。目前欧洲的主要动力就是构筑一堵墙,控制边境。特朗普称,即使是在社会相对开放的美国,他们也有建立边境墙并将穆斯林挡在边境之外的冲动。美国和欧洲的知识分子有必要到东南亚朝圣一番。他们应该关注一下这个充满希望的地区,并且来感受一下这个不同文明和谐共处、一起进步的世界。

在过去四个世纪中,欧洲是世界上最成功的大陆,尤其是在经济和社会发展方面。欧洲人从来没有想过他们可以向世界上其他地区学习。这就是我们在这本书中着重讨论东盟的原因,就是为了激发目前欧洲封闭的思想,让他们更加开放,并且学会探索向其他地区学习的可能性。

同样,美国的知识分子也可以从这本书中汲取一些有用的信息。美国是人类历史上出现的最成功的国家。没有任何一个国家可以在经济生产力和文化创造力上(或是其超乎想象的军事力量上)与其匹敌。然而,即使是生活在世界上最成功的社会中,美国中产阶级也深受欧洲消极主义的影响。白人中产阶级男性的自杀率显著增长。法里德·扎卡里亚(Fareed Zakaria)写道:"这些死亡的原因跟自杀、酗酒、药品滥用以及非法药物等事实一样让人震惊。安格斯·德亚顿(Angus Deaton)告诉我,'人们似乎都在自杀,慢性地或是快速的'。这些现象一般都是由压力、沮丧以及绝望引起的……"[1] 不断上升的自杀率就说明了目前的消极情绪在不断滋长。

美国和欧洲这种持续蔓延的政治消极主义是极为危险的。毫无

---

[1] Fareed Zakaria, "America's Self-destructive Whites", *Washington Post*, 31 Dec. 2015, https://www.washingtonpost.com/opinions/americas-self-destructivewhites/2015/12/31/5017f958-afdc-11e5-9ab0-884d1cc4b33e_story.html/,访问时间:2016年10月12日。

疑问，这种消极主义正在扼杀那些理想的中立派领导人的希望。2016年美国大选中，共和党内部总统预选阶段杰布·布什的落选，以及更令人感到震惊的2016年11月总统大选中希拉里·克林顿的败北，都清楚地说明了这一点。我们必须提醒西方，正是这种政治消极主义为20世纪30年代阿道夫·希特勒的崛起提供了肥沃的土壤，这一点也不是杞人忧天。其实马丁·沃尔夫在2016年3月的《金融时报》① 上已经对此有所警示。

那么，这种消极主义意味着我们不可能产生变革型领导人吗？这里再次强调，东盟的成长历史为我们带来了希望。本章我们已经介绍了东南亚在20世纪60年代经历的那段黑暗艰难的岁月。但是在那段艰难的时期，五位伟人跨出了重要的一步，促成了东盟的成立。而让人震惊的是，这五位伟人在文化及政治背景方面各有不同。

下面的内容将会对1967年8月8日东盟成立时签署成立宣言的五位勇士进行简要介绍。

他纳·科曼： 佛教徒，1914年出生于泰国，留学法国。由于法国留学的背景，相对于东南亚的历史或文学，他对于欧洲的红酒、文学以及饮食更加了解。然而，他几乎是一个狂热的反殖民主义者。他写道：

> 1967年8月8日，《曼谷宣言》签署，这标志着东盟的诞生，五个国家致力于促进经济合作和人民福祉。经过无数次失败的尝试，东盟的成立无疑是一项独一无二的壮举。殖民时期殖民宗主国设置隔离区，阻止邻国之间的交

---

① Martin Wolf, "Donald Trump Embodies How Great Republics Meet Their End", *Financial Times*, 2 Mar. 2016, http://www.ft.com/cms/s/2/743d91b8-df8d-11e5-b67f-a61732c1d025.html#axzz4Kxj87a3R/，访问时间：2016年10月12日。

流，但是东盟的成立结束了过去的分离和冷漠。①

纳西索·拉莫斯：基督徒，菲律宾方面的签署人，1900年出生于菲律宾，在马尼拉求学。他对于美国历史以及美国国父们的了解比对东南亚自身的了解还多。

亚当·马利克：穆斯林，1917年出生于印尼苏门答腊，在印尼求学。会说流利的印尼语和荷兰语，少量英语。反对荷兰殖民的斗争、苏加诺的民族主义对他的世界观有很大的影响。尽管他积极促成地区组织的成立，帮助马来西亚和新加坡两个近邻化干戈为玉帛，但是他还是同意苏加诺的观点，认为这两个国家只是殖民者人为制造的结果。直接来讲，它们都应该属于伟大的印尼国家——马来世界。但是在面临"共产主义威胁"的背景下只能先抑制这些民族主义情绪。

阿卜杜勒·拉扎克：穆斯林，1922年出生于马来西亚彭亨，在1947—1950年赴伦敦林肯律师学院深造之前一直就读于新加坡的莱佛士学院。在伦敦期间，由于共同反击英国的殖民统治，他结识了许多新加坡领导人，尤其是李光耀、吴庆瑞和拉惹勒南。拉扎克非常了解新加坡。理论上讲，马利克和拉扎克都是说着马来语的穆斯林，他们应该对彼此有着更强的文化亲近感。但是实际上，拉扎克和其新加坡对手拉惹勒南在文化上更加亲近，因为他们早年都是在伦敦一起度过的。他们可能经常一起在伦敦的酒吧里喝酒。

信那谈比·拉惹勒南：1915年出生于斯里兰卡贾夫纳的一个泰米尔印度家庭。1915年（当时他只有3个月大）搬往同是英国殖民

---

① Thanat Khoman, "ASEAN Conception and Evolution", ASEAN, 1 Sept. 1992, http：//asean. org/? static_ post = asean-conception-and-evolution-by-thanatkhoman/，访问时间：2016年10月12日。

地的新加坡，1937—1948年赴伦敦学习。尽管他从来没有从任何一所大学正式毕业，但是文笔很好，陈词激昂，总是能够通过强大的文字激发起民众反抗殖民统治的民族主义情绪。

简而言之，当这五个人——一个泰国佛教徒、一个菲律宾基督教徒、两个穆斯林以及一个放弃宗教信仰的印度教徒，聚到一起签署《东盟宣言》时，他们之间的文化背景差异巨大。只有拉扎克和拉惹勒南有着共同的英国教育背景。但是拉扎克马来穆斯林的身份对他影响很大，而拉惹勒南对宗教生活没有什么兴趣。如果真要找几个人来启动世界上最成功的地区组织的话，人们一开始肯定不会想到这五个人。

那么现在我们来想象一下唐纳德·特朗普（基督徒）、习近平（儒家文化背景的共产党人）、弗拉基米尔·普京（东正教教徒）、阿亚图拉·哈梅内伊（穆斯林）以及纳伦德拉·莫迪（印度教徒）坐到一起签署一项和平合作的宣言。考虑到这五位领导人的政治分歧，很显然这是不可能的。但是东盟五国创始人的政治分歧较之他们有过之无不及。我们将在第二章"和平生态"中解释东盟是如何成立以及如何成功的。

但是，仅是考察过去的50年，人们还是无法理解东南亚的故事。其实，东盟特点以及东盟身份还有着更加深层的文化根源。这也是我们一开始准备写这本书的原因。

首先，我们会解释一下是哪些因素造就了东南亚巨大的多样性。在关于该地区的历史的所有解释中，有一个不争的事实，那就是两千多年来东南亚一直是世界的十字路口。而其巨大的文化多样性就是其结果之一。该地区至少发生过四次巨大的文化浪潮：印度浪潮、中国浪潮、穆斯林浪潮以及西方浪潮。如果无法理解东南亚历史背景中发生过、目前仍然对东南亚社会产生着影响，并且造就了其丰富的文化多样性的四次浪潮,就无法真正理解东南亚。

这四次浪潮中一个惊人的特点是,其中三次都是和平的。只有西方浪潮伴随着暴力。我们只需简述一下葡萄牙海军上将瓦斯科·达伽马是如何对待到麦加朝圣的穆斯林船只上的妇女和儿童的,就可以很好地解释西方殖民者在亚洲施行的暴行了。

> 托梅·洛佩斯生动地描述起那时的情景,船上的女人挥动着她们的金银首饰和宝石,祈求海军上将只要能饶过她们的性命,她们愿意把这些宝物全部上交。一些女人甚至抱起她们的孩子并且指着他们,"这些女人挥动孩子的手做着手势,我们猜她们是在说我们应该可怜一下这些孩子,他们是无辜的"。①

但是最后,"海军上将说将刚才提到的那艘载人的船只全部烧掉,他们无比残忍,毫无怜悯之情"。当时船上有200人,"除了17个孩子和一个驼背的舵手,船上的所有人都被杀了……"

第二章解释了为什么在如此黯淡无光的时代以及如此没有希望的地区会出现和平。事实上,东盟使之产生了一个有弹性的和平生态系统。自从1967年该组织成立起,就没有任何两个东盟国家间发生过战争。尽管也有争吵,甚至小型的军事冲突(柬埔寨和泰国之间),但是类似中东和巴尔干地区发生的那种战争在东南亚地区从来没有发生过。这本书的一个关键假设就是,东南亚地区的这种和平生态系统在其他没有和平希望的地区也可以复制。东盟将成为世界希望的灯塔。如果能够更好地理解东盟的故事,那么世界也将更加和平。

---

① Sanjay Subrahmanyam, *The Career and Legend of Vasco Da Gama* (Cambridge: Cambridge University Press, 1997), pp. 206-7.

第三章强调，东盟仍然需要其他大国的支持与合作，以保持现在这种和平发展的势头。前一章已经解释了东盟如何受益于冷战期间的地缘政治态势。20世纪80年代中美建立起来的强大战略同盟关系对于强化东盟国家之间的凝聚力起到了关键作用。确实，80年代可能也正是东盟五个创始成员国形成强烈的东盟意识的最关键时期。

但是，如果说有利的地缘政治环境促进了东盟身份的构建，那么现在东盟就要准备好迎接对其并不有利的地缘政治环境了。最重要的战略关系永远都是世界上最强的大国（现在是美国）以及最强大的崛起国（中国）之间的关系。20世纪80年代中美两国通过紧密合作遏制了苏联的扩张。这在一定程度上帮助了东盟。目前，尽管中美之间也有很大程度上的合作，但是竞争程度也在激增。一旦这种竞争态势失控，东盟就可能分崩离析。这就是为什么这一章要讨论一下所有事关东盟凝聚力培育的大国，包括美国、中国、印度、日本和欧盟。没有任何一个大国是善意的，在这里我们也没有任何想要挖掘它们善良本质的意愿。相反，这一章的目的就是要激发它们赤裸裸的利己本性。

第四章将分别以概览的形式介绍东盟的十个国家。每一个国家都有其丰富复杂的历史，概览并不能对这些复杂的身份进行详尽的阐述。但是，我们希望读者能够充分去了解东盟国家，它们目前面临的挑战、它们的地缘政治态势以及它们与地区组织的关系。

第五章试图通过对东盟进行态势分析来评估东盟作为一个地区组织目前面临的优势、劣势、机遇和挑战（SWOT分析）。东盟就像一个复杂的生物体一样，如果忽视它或是稍有怠慢，它就会消亡。目前东盟的领导人肩负着巨大的责任，他们不允许东盟创始成员们所做的努力付诸东流。他们必须担负起将东盟建设成人类希望灯塔的责任。如果当前的东盟领导人能够继续维持东盟的发展态势并且将其发扬光大，那么该地区 6.25 亿人口都将从中受益。但是我们在这里想要强调的是，世界上其他地区的 67 亿人口也将受益匪浅，因为他们自此便有了除美国之外的可以仰望的第二个和平灯塔。

最后，第六章会展望一下东盟的未来。这部分会提出一些有助于强化东盟的具体步骤。值得庆幸的是，任何一个建议实施起来都不是那么困难。其中一些甚至成本也不高。显然，东盟需要强化其秘书处。相对于欧盟 1540 亿美元的预算，东盟每年 1900 万美元的预算简直就是微乎其微。东盟整体的 GDP 从 1970 年的 950 亿美元增长到 2014 年的 2.5 万亿美元，那么在东盟秘书处的资金问题上就不能这么吝啬了，因为后者目前急需资金。一旦东盟领导人意识到该组织对于他们是怎样宝贵的财富，他们就应该认识到多为东盟提供资金支持是符合国家利益的。

然而，当秘书处变得更加强大、东盟组织运行更加良好之时，其产生的一个重要成果应该是东盟成员国民众长期以来建立起来的对东盟的归属感。在前 50 年内，东盟主要是由成员国各国政府负责其运行的。尽管东盟还存在很多缺点和弱势，但是各成员国政府所做的工作是了不起的。然而，如果要保障该地区持久的发展和成功，东盟的所有权就必须由政府移交到人民手中。一旦实现这种转变，东盟可能就会成为世界上最伟大的地区组织了。

目前看来我们的设想还比较遥远。但是遥想 1967 年的东盟，再看看现在的东盟，这般成就岂是"壮观"二字可以简单形容的！只要东盟能够保持现在的势头，前途必然无量。东盟飞得越高，它成为人类希望灯塔的前景就越明朗。

一

四次浪潮

为什么东南亚是我们地球上最具文化多样性的地区?

答案很简单,可能是因为东南亚是唯一一个受到四种不同文化浪潮影响的地区。东南亚一直与这四种伟大的普世文化和文明密切相关,并深涉其中。这四种文化(文明)分别是:印度文明、中华文明、伊斯兰文明和西方文明。也许将这些文明的影响视为"浪潮"还有些保守。鉴于它们的长期影响,应将其称为"海啸"。然而,除了西方文明,其他外来文明与东南亚的"相遇"大多是和平的,所以我们用"浪潮"这个词可能更合适。重要的是在这里应该有一个较为深入的理解,一如杨荣文所言,"东盟只是东南亚在历史意义上的延续"①。

我们在本章起始还应该强调的一点是,"浪潮"一词是一种比喻说法。这四种不同文明的到来及其对东南亚的影响太过迥异。然而,使东南亚真正独特的正是它对不同文明的吸纳度。"四次浪潮"的表述是为了突出东南亚的特殊性,这种特殊性使东南亚成为历史研究的天然的人类实验室。本章的目的就是探究该地区在历史上如此迷

---

① 作者对杨荣文的访谈,访谈时间:2016年2月5日。

人的原因。

然而,在一开始,需要回答这样一个问题:在这四次文明到来之前东南亚有哪些历史?20世纪初,历史学家通常会回答"不是很多"。1941年,印度民族主义历史学家马宗达宣称:"印度殖民者将他们的整个文化和文明移植到了一个尚未摆脱原始野蛮状态的地区。"① 法国学者乔治·克代斯在同一时期做出过相似的判断。

但是相对近期的历史学家完全颠覆了马宗达和克代斯的论断。另外,新的研究也表明,在亚洲长距离的海运贸易中,东南亚国家是积极的参与者。② 在印度教和梵语语言在东南亚开始流行的约500年前,东南亚船只就已经在印度洋③上进行贸易活动了。

近年来,历史学家们突出强调了东南亚各国之间的共性,通过这些共性可以解释外来的宗教、宫廷礼乐等大的思想潮流对该地区的影响。著名的历史学家安东尼·里德这么认为:

> 东南亚地区让人眼花缭乱的各种语言、文化和宗教,以及该地区对外来水运贸易的历史开放性,乍一看很难让人对这一地区一语概括。然而,如果我们的关注点不再是宫廷政治和宗教的那些"伟大传统",而是东南亚普通人民的民间信仰和社会实践,那么东南亚的共性就会变得越来越明显了。④

---

① Pierre Yves Manguin, A. Mani and Geoff Wade, eds., *Early Interactions Between South and Southeast Asia: Reflections on Cross-cultural Exchange* (Singapore: Institute of Southeast Asian Studies, 2011), p. xv.

② Craig A. Lockard, *Southeast Asia in World History* (Oxford: Oxford University Press, 2009), p. 15.

③ Kenneth R. Hall, "Review: 'Borderless' Southeast Asia Historiography: New Scholarship on the Interactions Between Southeast Asia and Its South Asian and Chinese Neighbours in the Pre-1500 Era", *Bijdragen tot de Taal-, Land-en Volkenkunde* 167, 4 (2011): 527-42.

④ Anthony Reid, *Southeast Asia in the Age of Commerce: 1450-1680* (New Haven: Yale University Press), p. 3.

东南亚的深层文化多样性反映在其语言网图上：东南亚是世界上最具语言多样性的地区之一。然而，数百种东南亚语言和方言可以归入若干语系，每种语系又包括由同根语种构成的诸多语族。东南亚的语言分属于南岛语系（印度尼西亚、马来西亚和菲律宾的大多数语种，以及夏威夷和新西兰使用的波利尼西亚语族的几种语种）、南亚语系（包括高棉语和越南语）和汉藏语系（壮侗语族的泰语和老挝语，以及藏缅语族的缅语）。① 地理和文化上的一致性强化了该地区的基本分区：东南亚大陆上的主要语言是南亚语系以及汉藏语系中的泰语和缅语，诸群岛则以南岛语系为主。受到四种文化浪潮的影响，比如通过借鉴梵语和其他印度语言、阿拉伯语、汉语、葡萄牙语、荷兰语、英语等，东南亚地区的语言都发生了一定的改变和调整。

在公元前几个世纪，统治海岸和海洋的人都属于南岛语系，其文化以水为本。他们是第一批在东亚、印度洋甚至太平洋开拓海上贸易、探险以及定居的。他们的开拓史要远胜于传说中的地中海盆地的腓尼基人。南岛语系的航海员技术娴熟，从非洲海岸的马达加斯加到位于太平洋深海地区的新西兰和夏威夷，他们对于公海中的危险无所畏惧。

在后来的几个世纪中，一群生活在马六甲海峡和爪哇海岸的南岛语系的人充分发挥了其地理位置的优势，即被中国游人称为季风结束的地方。早期的印度尼西亚人就得益于这一大范围海上商业的战略地位。位于东北和西南季风交汇处的马六甲海峡是人员、思想和贸易货物流通的十字路口。得益于南海和印度洋的盛行风类型，从中国出发向西南行驶以及从印度或波斯出发向东南行驶的船只得

---

① Lockard, *Southeast Asia*, p. 13.

以在马六甲海峡和马来半岛交汇,并在那里进行货物交易。当风向逆转时,它们就开始返航。由于其占据马六甲海峡这一战略要塞,早期马来—印尼航海人员在中国贸易和印度洋贸易中占据统治地位。印度尼西亚人"在公元前500年与印度交易,在公元前400年与中国交易,在公元纪年开始之际,他们在中印之间运送商品"①。公元3世纪,那时50多米长、能够乘载600—700人和600吨货物的大型多桅船让当时的一位中国观察家印象深刻。②

随着中国和印度重回世界上最大的经济体阵营,东南亚与中印之间被几个世纪的西方殖民统治阻断了的密切联系自然会得以恢复。这就是现代东南亚应该更多地了解该地区与欧洲、南亚、中东和东亚深刻历史联系的另一个原因。即使我们试图去理解这些文化浪潮对东南亚的影响,但同时我们也应牢记,东南亚人不只是外来影响的被动接受者。相反,他们也在探索外部世界,利用外来的思想为自己服务。这可能解释了1927年拉宾德拉纳特·泰戈尔访问东南亚时所作的比较隐晦的评论。他说,他看到印度在东南亚的影响无处不在,但是东南亚人似乎没有意识到这一点,印度文化已经被他们消化吸收并融入本土文化中了。

印度浪潮

泰戈尔发现印度在东南亚的影响无处不在并不奇怪。一些史籍显示,印度和东南亚之间的联系可追溯到3000年前。千年的文化接触显然给东南亚打下了深刻的烙印。

---

① Lockard, *Southeast Asia*, p. 15.
② "*Nan-fang Ts'ao-mu Chuang*" [A Fourth Century Flora of South-East Asia], trans. Li Hui-Lin (Hong Kong: Chinese University Press, 1979).

一 四次浪潮

非常明显，印度文化的影响渗透到了东南亚大陆及海洋地区。任何对此有所怀疑的人都应该参观一下柬埔寨的吴哥窟和爪哇的婆罗浮屠遗迹。英国历史学家威廉·达尔林普尔在其文章中是这样描述吴哥寺庙的塔普伦寺的：

> 树干从拱形的佛教寺庙屋顶螺旋而出，像一个哥特式大教堂的扶壁；树枝缠结在梵文铭文上面，拼写和语法纯正，前边围绕的都是刻有印度狮子和大象、大小神灵、精灵和树精灵的浮雕。树的根部像交错的蜘蛛网、抓握破碎条纹的裸胸阿布沙罗斯（apsarasas，印度婆罗门教女神，善歌舞）和蓄着长发的苦行僧（sadhus，流浪的圣人）。①

东南亚与印度那些高雅文化的联系不仅仅可以在静态的纪念碑上寻到踪迹，印度的影响力还体现在东南亚国家的宫廷礼仪上，而且目前仍然保存完好。例如，直到今天，泰国宫廷礼仪中还充满婆罗门教的元素。

中国在泰国的影响也是根深蒂固。却克里王朝的创始人，国王拉玛一世是中国血统（1782年开始执政）。事实上，他的继承人之一拉玛四世蒙固（1851—1868年在位）也因其中国血统而自豪。今天，中国人已经完全融入泰国文化，在泰国社会中，很难分清谁是泰国人，谁是中国人。但是，在中国人融入泰国社会的同时，他们也接受了已深深嵌入泰国的艺术、哲学、书写体系和宗教中的印度文化遗产。因此，泰国华裔在中国和印度文化交融的泰国生活得很舒适。

---

① William Dalrymple, "The Great & Beautiful Lost Kingdoms", *New York Review of Books*, 21 May 2015. http://www.nybooks.com/articles/2015/05/21/greatand-beautiful-lost-kingdoms/，访问时间：2016年10月12日。

泰国轻易吸收中国和印度文化的能力揭示了东南亚社会的一个文化秘密：接受及忍受差异的能力。这可能就是东南亚同时开始与中华和印度文明进行互动时，这两种文明浪潮能够同时对该地区产生影响，但又不会引发冲突的原因。

在新千年早期，统治集团以皇室王权机构巩固权力，印度洋上的贸易活动更加密集，社会更加分化。在一定程度上，他们接受了新的思想和来自印度的语言。谢尔登·波洛克在其权威著作《人类世界中众神的语言》中指出，梵语是如何成为印度洋世界中的有力语言的，当时"从克什米尔到吉兰丹"的国王和王子们都使用这种语言。① 同一时期，当时的各国王室开始在亚洲广大地区，即被波洛克称为"梵文国际大都市"的广大区域内，培育及推行印度教和佛教。

在东南亚地区，很轻易就能找到王权中的印度思想，以及作为宫廷和宗教礼仪的神圣语言梵语的踪迹。② 特别是在东南亚大陆，讲完全不同的语言——如高棉语、泰语和马来语——和生活在不同文化世界的当地精英，都突然开始使用梵语并学习与之相关的政治哲学和文学美学。③（而大约在同一时期，印度的不同地区也开始了这个进程。）随着礼仪、大型寺庙以及宫殿的出现，东南亚大陆平原和三角洲的社会越来越有组织性。出现的各种象征性符号、名称和文本都是印度的。尽管历史学家很难重现印度人在东南亚社会中的数量、角色以及确切地位，但是来自印度的工匠、婆罗门以及专家等肯定是在宫廷里上演的"国际大都会"场景中的一部分，恍惚间

---

① Sheldon I. Pollock, *The Language of the Gods in the World of Men: Sanskrit, Culture, and Power in Premodern India* (Berkeley: University of California Press, 2006), p. 257.

② George Coedes, *The Indianized States of Southeast Asia* (Honolulu: East-West Center Press, 1968), p. 15.

③ Pollock, *Language of the Gods*, p. 124.

好像是东南亚人在印度一般。①

一个最早期的高棉铭文中记录了一个5世纪的统治者,如何在属于现在老挝的地方取了个印度名字"德瓦尼卡",以及在一次庆典中取了个梵文名字"马哈拉杰·阿迪拉贾"(国王的国王)。在这次庆典中,他在一座可俯瞰占巴塞省首府的一个阴茎形状的山下修建了一座湿婆林伽——象征印度教湿婆神的男性生殖器塑像。此外,他在印度梵文史诗《摩诃婆罗多》中爆发伟大战争的地方,将一个水槽奉为神祇,并命名为"古鲁格舍德拉"。②

虽然热心皈依印度文明的大部分人是精英,但是印度文明中新的宗教思想、神话和民间传说,通过与东南亚旧的故事和思想的相互作用,也丰富了东南亚当地的民间文化。印度教和佛教都通过印度这个纽带传播到这些早期的国家,并且在几个世纪中彼此相互作用。最终,佛教成为东南亚大陆的主流宗教。

显然,无论是在东南亚大陆还是东南亚岛屿国家,都能感受到印度化的存在。最早的印度化国家出现在东南亚大陆的湄公河下游地带,即当今柬埔寨和越南的南部海岸,它们从与印度和中国的海运贸易中受益。在印度尼西亚港口贸易崛起之前,它们曾是最繁荣的国家。这些印度化的国家中第一个取得历史重要地位的是扶南,位于湄公河附近,靠近现在的金边和湄公河三角洲。扶南的当地居民很可能像今天的柬埔寨人一样讲高棉语。事实上,今天柬埔寨人的祖先就可以追溯到扶南。扶南人建立的印度教-高棉帝国大约繁荣了500年。

---

① Charles Higham, "The Long and Winding Road That Leads to Angkor", *Cambridge Archaeological Journal* 22, 2 (2012): 265.

② Dalrymple, "The Great & Beautiful Lost Kingdoms". http://www.nybooks.com/articles/2015/05/21/greatand-beautiful-lost-kingdoms/,访问时间:2016年10月12日。

扶南的崛起在某种程度上揭示了印度文明和中华文明之间的关系。它发生在全球贸易的第一个伟大时期，当时的丝绸之路跨越亚洲连接了汉代中国和罗马帝国。陆上丝绸之路上的大篷车和绿洲激发了人们的想象力。但是近年来，我们对于跨越东南亚海域的海上航线有了更多的了解。在全盛时期，扶南与穆伦达王朝时期的印度和三国时期的中国进行了利润丰厚的贸易活动。

在海上贸易的初期，似乎来自中国往返于南海海域的货物并不是通过马六甲海峡，而是通过泰国南部狭窄的克拉地峡先进行陆上运输的。一到达安达曼海的海岸港口，例如伊达港，货物会被重新装载上船，穿过孟加拉湾到达印度和波斯湾，然后再走陆路到达欧洲。来自相反方向的货物则在克拉地峡转运，通过陆路运到中国南海海岸。然后，商人们登上沿泰国湾航行的其他船只，直到他们到达扶南。

扶南在贸易网络中的主导地位最终受到东南亚尤其是马六甲海峡附近的海上贸易竞争对手的挑战。这也可能是丝绸之路始末两端形势变迁的结果，当时罗马帝国衰落，而汉王朝也不再开放陆上丝绸之路。扶南的衰落预示着东南亚印度化初始阶段的结束。随着扶南势力在印支大陆的消逝，印度化的中心从东南亚大陆转向印度尼西亚的海洋群岛。

婆罗浮屠成为大乘佛教的象征，并于7世纪以后，从印度向东南亚、中国和日本传播。当时，佛教和婆罗门教并存，相互交织影响，有时还会受到敌对的政治部落的鼓动，所以那时一定是一个知识和宗教繁荣的伟大时代。绵延数十公里的不朽的建筑文化遗产——普兰巴南和婆罗浮屠，见证了印度教和佛教在爪哇中部地区的繁盛。

于是苏门答腊很快就出现了一个新的佛教王国，以巨港为中心。

该地区拥有一个天然良港可以容纳最大的远洋船只,它位于马六甲海峡战略要地,沟通南海和印度洋。也因此,新的王国三佛齐成为一个更具竞争力的港口。三佛齐迅速繁荣,并维持了在印度尼西亚群岛上小型港口的商业霸权,统治了7到11世纪的海上贸易。在一系列助借马六甲海峡附近优势地位而获取战略优势的诸多伟大海港(马六甲、亚齐、巴达维亚、槟榔岛和新加坡)中,三佛齐是第一个。

与扶南一样,东南亚港口的命运也与全球贸易模式相关。三佛齐的兴起恰逢中国唐朝时复兴的海上和陆上丝绸之路。对于借助东北季风航行的中国船只,巨港很快成为受到青睐的港口。但三佛齐之所以著名不仅仅是因为贸易,其实还与僧人阿底峡有关。他出生于孟加拉王室,前往三佛齐向一位著名的佛教大师学习。在苏门答腊生活了12年后,阿底峡回到了南亚,最终在1043年前往西藏,创立了佛教卡当派,直到现在仍为后世铭记。①

11世纪时,唐朝衰落之后,宋朝崛起,中国出现了新需求,三佛齐在东南亚的主导地位受到一个不寻常对手——印度的挑战。当时印度南部坦焦尔的朱罗王朝正在发展一支强大的海军,并开始沿着东向航线拓展商业影响,进军马六甲。在一段时间内,朱罗王朝和三佛齐似乎保持着友好关系。公元1005年,三佛齐在科罗曼德海岸的纳加伯蒂纳姆修建了一座佛教寺庙。②

但是不久之后,两大强权之间就开启了商业竞争。三佛齐曾试图对朱罗王朝的商业贸易加以限制,不让其通过马六甲海峡,或者

---

① John N. Miksic, *Historical Dictionaries of Ancient Civilizations and Historical Eras*, No. 18 (Lanham: Scarecrow Press, 2007), p. 33; Damien Keown, *A Dictionary of Buddhism* (Oxford: Oxford University Press, 2004).

② Brian Harrison, *South-East Asia, a Short History* (London: Macmillan, 1963), p. 30.

对通过马六甲海峡的商船征收高额的过境税和港口税。毕竟,在马六甲海峡一带,贸易垄断是一种悠久的历史传统。三佛齐还曾试图限制中国的贸易,但是采取了不适宜的方法——自居印度洋地区的霸权而向中国耀武扬威——这无异于玩火自焚。1017 年,一个泰米尔使团去往中国朝贡,回国后报告称朱罗王朝在中国人眼中是属于三佛齐的一个属国。新登基的年轻国王拉金德拉渴望证明自己的能力,不能容忍受到如此的羞辱。① 于是就此引发了朱罗王朝和三佛齐之间的多次战争,此后三佛齐向中国派遣朝贡使节的数量急剧下降。

虽然三佛齐王国衰落了,但是在东南亚大陆上的吴哥崛起为另一个强大的印度化的帝国。印度文化的影响之深,可以在该地区留下的不朽建筑——吴哥窟和吴哥城——中得到很好的体现。吴哥窟是 12 世纪上半叶由吴哥王国国王苏耶跋摩二世主持修建的,阇耶跋摩七世于 12 世纪下半叶修建了吴哥城。

印度文化对东南亚长达几个世纪的影响非常大,印度和该地区的互动也十分频繁,所以本章对扶南、三佛齐以及吴哥王朝的简短介绍仅仅是管中窥豹。本章也仅仅是对东南亚地区的"梵文国际大都市"以及不同时期印度在该地区的影响有一个大概的介绍。约 1400 年前,著名的中国僧人玄奘曾写道:"尽管距离上相隔较远的人们有着不同的风俗,但是人们总是把他们崇敬的那片土地称为印度。"② 东南亚整个历史进程中对印度文化的接受程度验证了这句话。

---

① Arthur Cotterell, *A History of Southeast Asia* (Singapore: Marshall Cavendish, 2014), p. 114.

② Xuanzang, *The Great Tang Dynasty Record of the Western Regions*, trans. Li Rongxi (Berkeley: Numata Center for Buddhist Translation and Research, 1995), p. 49.

我们认为这段历史可以解释为什么东南亚的文化是"柔性"的，而东北亚的就是"刚性"的。诚然，这是一种对文化的比较主观的和个人化的看法，但是这是基于长久的经验得出的。如果试图去寻找证据来支持这一看法，我们大可以拿泰国和韩国这两个不同的社会来进行文化上的比较。这两个国家虽然都深受中国文化的影响，例如泰国的很多当权者就有中国血统，但是，正是因为泰国还有着一千多年的印度文化的影响，而韩国却没有，所以说泰国的社会文化是"柔性"的，而韩国的社会文化是"刚性"的。这一框架可以帮助我们解释东南亚社会中潜在的文化逻辑。

中国浪潮

东南亚受到印度文化渗透的几个世纪中，中国在东南亚的存在感同样是非常强的。虽然东南亚是梵文文化的一部分，但中国在政治和经济领域对东南亚的影响更大。

中国和东南亚国家之间的陆地边界多山，地形复杂。目前两者之间的边陲地带长期受到规模较小的政体、山地部落和纷繁复杂的少数民族群体的统治，而且他们非常看重自主权。航线和季风贸易路线更适合开展贸易，也是旅居人员及移居者的比较好的选择。但在历史上的许多时期，中国的海岸及其贸易潜力并未受到重视。

但中国与东南亚关系中有一个特征一直未变，即几个世纪以来，东南亚地区印度化的几个王国都向中国的皇帝朝贡。我们不知道这个朝贡体系确切的开始时间和原因，但我们可以确定的是，早在约1500年前，即公元500年扶南王国就向中国朝贡。

人们或许认为中国接受东南亚的朝贡是其在东南亚拥有霸权地位的象征。然而实际上，当时东南亚国家的统治者是非常愿意向中国纳贡的,因为此举效益可观。中国认为其与外国使团的所有关系都是"统治—附属"的性质。① 中国人习惯举行"封典仪式",并将此视为是外国对中国霸权的政治承认和象征性臣服。② 而东南亚统治者向中国进贡的东西总能换回价值更大的物品。外国使团还能够按照市场价格在中国市场出售商品。因此,东南亚国家从与中国的朝贡关系中获得了巨大的利益。

通过朝贡,这些王国也可以与中国进行贸易,利润可观。它们向中国出口锡、香料和各种林产品,同时进口令人垂涎的中国奢侈品(如陶瓷、茶和丝绸)和金属(如铁和铜)。精明的中国统治者明白,一旦阻止市场进入或限制奢侈品供应,中国的影响力便显而易见。因此,中国统治者会时不时地实行制裁,以规范或限制私人贸易,来实现外交政策的目标。

朝贡贸易的性质随着时间发展而发生变化,但是米切尔和麦吉弗特发现了一个规律,"在朝贡关系中,中国通常给朝贡国家的回礼会比他们进贡的多,这反映了当时朝廷的态度,即中国通过这种方式来表示,中国地大物博,弱小的邻居能够为中国提供的需求很少,而中国对待邻居很慷慨"③。但是这些来自中国的"豪礼"并没有强烈的文化内涵,贡品更侧重于实用性:

> 朝贡体系的主要目的是为促进朝贡国之间的贸易提供便利。虽然该体系有缺陷,但从经济和安全的角度讲,该

---

① Martin Stuart-Fox, *A Short History of China and Southeast Asia*: *Tribute*, *Trade and Influence* (Crows Nest: Allen & Unwin, 2003), p. 30.
② Ibid., p. 31.
③ Derek Mitchell and Carola McGiffert, "Expanding the 'Strategic Periphery': A History of China's Interaction with the Developing World", in *China and the Developing World*: *Beijing's Strategy for the Twenty-first Century*, ed. Joshua Eisenman, Eric Heginbotham and Derek Mitchell (Armonk: M. E. Sharpe, 2007), pp. 3-28.

体系对中国及其朝贡国都有益。朝贡国家既能获得贸易利益，也能在某些情况下获得安全保障。而中国则获得战略上的安心，重塑自尊，也可以节省一笔戍边军队的开支。①

双向贸易的互惠互利以及东南亚统治者至少象征性地向中国朝贡的意愿，可以解释数个世纪以来中国和东南亚关系相对和平的事实。但越南是一个例外，从公元前111年开始，当时汉武帝征服了南越（包括现在的广东省和越南北部部分地区），此后的将近1000年内，越南都是中国的属国。直到大约公元963—979年前，丁部领才在越南北部建立了一个独立于中国统治的王国。在历史上，缅甸也与中国交过战，但不像越南那样长期受到中国的威胁，如蒙古人在13世纪末打败了缅甸蒲甘王朝，18世纪中期清朝也对缅甸进行过自卫反击战，这些都多多少少塑造了今天东南亚与中国的边界。

然而，虽然越南在一千多年前摆脱了中国的统治而获得独立地位，但它仍然深受中华文化的影响。被泰国同化的中国人放弃了儒家学说和祖先崇拜，接受了印度的宗法仪式。与此相反，越南人努力争取政治独立，摆脱中国的统治，但他们却接受了中国文化，采用儒家思想、中国政治哲学和中央集权的中国模式。越南的身份定位是在其与中国的截然对立和深刻洞悉中形成的。

尽管小国向中央朝廷纳贡并且寻求庇护，但是中国并不总是处于统治的地位。例如，王赓武教授这样描述占婆："它是越南的常年敌人，也是中国的忠实臣民。它依靠中国来对抗越南……中国的权威是由其巨大的军事潜力所支持的，这是越南人不敢去试探的。明

---

① Joshua Eisenman, Eric Heginbotham and Derek Mitchell, eds, *China and the Developing World: Beijing's Strategy for the Twenty-first Century* (Armonk: M. E. Sharpe, 2007), pp. 8-9.

代皇帝的警告就会产生很有效的威慑。"① 可悲的是,"当明代军队一次又一次败给越南'叛军'时,中央王朝的权威就失去了其威慑力量"。这最终导致了占婆被越南击溃。

中国曾在东南亚地区实施过最大规模的海军远征行动,这说明了中国更加积极地探索南部还有很多未开发的潜力。作为一系列海军远征的主帅,海军名将郑和———一个中国穆斯林,按照明朝皇帝的旨意,于1405年率领300余艘船,27 000多人第一次出现在东南亚。其中有62艘是巨大的"宝船",携带大量珍宝。据测,这些宝船长达122米,宽52米。② 从1405到1433年,郑和先后七次参与航海活动。王赓武教授写道:"郑和的航海活动在中国海洋史上只是一次单独事件。这些航行显示出中国有能力,但没有任何企图控制海洋或建立海洋帝国的野心。当这些航海者确认中国不存在海上威胁后,航海活动就停止了。"③

作为郑和航海考察外交工作的一部分,永乐皇帝对马六甲的贸易港口给予了特别的认可。马六甲港是14世纪末由新加坡的一位落难王子所建,后被郑和用作航海基地。1405年11月,明成祖为马六甲西部的山岭题字树碑,且封此山为"镇国山"。王赓武指出:

> 了不起的是,马六甲是第一个接受中国皇帝题字的国家。总共只有三个国家有过这样的仪式:1406年的日本(马六甲之后的三个月)、1408年的文莱和1416年的印度

---

① Wang Gungwu, "Ming Foreign Relations: Southeast Asia", in *The Cambridge History of China*, ed. Denis Twitchet (Cambridge: Cambridge University Press, 1998), pp. 317-8.

② Frank Viviano, "China's Great Armada, Admiral Zheng He", *National Geographic*, July 2005, http://ngm.nationalgeographic.com/features/world/asia/china/zheng-he-text/,访问时间:2016年10月12日。

③ Wang Gungwu, "Singapore's 'Chinese Dilemma' as China Rises", *Straits Times*, 1 June 2015.

科钦。但马六甲是唯一一个在第一次向中国朝贡时就获得封授的国家。①

既受到中华帝国的厚爱，随后的统治者又皈依伊斯兰，因此马六甲作为亚洲领先商贸市场的地位得以确立。

东南亚与中国数千年的互惠邻国关系证明了中国国家主席习近平提出"一带一路"的倡议是明智之举。这项倡议旨在恢复中国与亚洲其他地区在陆上和海上的丝绸之路贸易。2013年9月，习主席在纳扎尔巴耶夫大学的演讲中提出了"丝绸之路经济带"计划：

> 千百年来，在这条古老的丝绸之路上，各国人民共同谱写出千古传诵的友好篇章。两千多年的交往历史证明，只要坚持团结互信、平等互利、包容互鉴、合作共赢，不同种族、不同信仰、不同文化背景的国家完全可以共享和平，共同发展。这是古丝绸之路留给我们的宝贵启示。②

随着中国重新崛起为一个大国，东南亚国家面临的一个大问题是，两者之间的关系是否会回到东南亚国家向中国"朝贡"的古老模式。在现代，很难想象"磕头朝拜"的旧封建模式的复苏。然而，认为千百年来中国与东南亚之间的关系模式没有一些象征性的力量也是不客观的。这就是为什么东南亚国家需要深入了解中国是如何看待这股中国浪潮的长期影响的。

---

① Wang Gungwu, "The Opening of Relations between China and Malacca, 1403-05", in *Admiral Zheng He & Southeast Asia*, ed. Leo Suryadinata (Singapore: Institute of Southeast Asian Studies, 2005).

② 习近平：《弘扬人民友谊 共创美好未来》，2013年9月7日，http://www.fmprc.gov.cn/ce/cebel/eng/zxxx/t1078088.htm，访问时间：2016年11月9日。

穆斯林浪潮

我们在学校学到,伊斯兰教是通过商人和平地进入东南亚的。历史学家今天描述的关于"伊斯兰国际大都会"的世界,纵贯7世纪到16世纪这个时间段,横跨西班牙的安达卢斯到中国的泉州这个巨大区域,贸易商、旅行者、朝圣者和教师在其中充当着文明传播的载体。除了阿拉伯人和印度人,中国穆斯林的角色也很重要,因此也是伊斯兰教进入东南亚的故事的重要组成部分。

但这个故事不仅是"谁"的问题,还有"怎么样"和"为什么"的问题。伊斯兰进入东南亚仍然是一个谜题。在公元674年苏门答腊西海岸有一个外国穆斯林的小殖民地,公元878年以后,其他穆斯林定居点开始出现。但直到12世纪或13世纪,我们才开始看到穆斯林融入东南亚的证据。

是什么从12世纪和13世纪开始,并在未来几个世纪突然促进东南亚增加对伊斯兰教的兴趣?正如几个世纪前的印度化,我们知道它与政治、权力和贸易息息相关。一个常见的模式是统治者或酋长采用伊斯兰教,这也许是因为他们希望吸引贸易商;或与强大的穆斯林王国,如马穆鲁克时期的埃及、后来的奥斯曼土耳其和莫卧儿王朝时期的印度建立联系;或因为伊斯兰教义的吸引力。伊斯兰教苏菲派禁欲神秘主义旨在通过使用诸如冥想和催眠等方式,在精神导师的帮助下与安拉直接对话,这对于寻求增加自身魅力的统治者非常有吸引力。

伊斯兰在东南亚影响力的加速提升发生在一个革命性变化的时期。从14世纪末到17世纪中期,东南亚贸易迅速扩张。随着十字军东征后的"香料狂欢",以及沟通红海和地中海的苏伊士运河的开凿，欧洲对东南亚产品的需求更加强烈。

因此，许多东南亚人开始接受伊斯兰教的时期，恰好与国际贸易环境的革命性变革及其带来的经济和社会变革时期相吻合。在这一时期，城市开始以惊人的速度发展。马六甲、格里塞克、望加锡、亚齐、万丹和帕塔尼都在这一时期得到迅速发展。这些城市是思想和商品的市场。

古吉拉特、孟加拉和南印度的穆斯林地区都与东南亚有着牢固的贸易关系。据 16 世纪的葡萄牙贸易商和作家托梅·皮雷斯所言，孟加拉的贸易商长期在北苏门答腊的帕赛港口经商；在 13 世纪的晚期，他们一直负责将"属孟加拉种姓的摩尔帝国的王"推上帕赛的宝座。[1] 伊斯兰教从帕赛传播到邻近的亚齐。14 世纪中期，亚齐接受了伊斯兰教，并迅速发展成为穆斯林贸易的中心。亚齐统治者因为他们对伊斯兰教的皈依而闻名，他们还沿着苏门答腊的东部和西部海岸传播伊斯兰教。

马六甲统治者接受伊斯兰教成为东南亚地区穆斯林浪潮中的一个转折点。托梅·皮雷斯在其伟大著作《东方简志》中称，帕塞穆斯林从与印度穆斯林的贸易中受益，这刺激了马六甲统治者。皮雷斯（一个基督徒）坚持认为伊斯兰的成功归因于其务实主义而不是精神动机。

15 世纪，穆斯林商人形成的网络主导了世界贸易，并控制了从欧洲到中国的东西方贸易路线以及东印度尼西亚香料群岛的马鲁古。[2] 明朝的航海船队在 15 世纪的前 30 年主导了东南亚海洋，他们

---

[1] Tome Pires, *Suma Oriental of Tome Pires: An Account of the East, from the Red Sea to China, Written in Malacca and India in 1512-1515*, ed. and trans. Armando Cortesao (New Delhi: Asian Educational Services, 2005), p. 143.

[2] D. G. E. Hall, *A History of South-East Asia* (London: Macmillan, 1955), p. 180.

的领袖郑和就是一个穆斯林,船上许多关键人员也是穆斯林。① 于是政治和商业之间出现了一个矛盾:东南亚的港口城市出现了这样一种情况——国王是异教徒,而商人是穆斯林。

而皈依伊斯兰教解决了政治权威和商业权力之间的矛盾。马六甲通过信仰伊斯兰获得了所有利益。此外,伊斯兰教还向马六甲提供了具有巨大潜在价值的政治工具。马六甲通过主动皈依伊斯兰教,确保其成为荷兰学者雅各布·科内利斯·范·勒尔所描述的"统一的伊斯兰"的一部分,并得到了其强大盟友的承诺。②

整个东南亚地区的伊斯兰化步伐在16和17世纪才加速。几个因素共同加快了公元1500年后伊斯兰化的步伐,尤其是葡萄牙攻陷马六甲后,许多王子和贸易商纷纷逃离马六甲,将伊斯兰教传播到了更广大的区域内。

伊斯兰教传播的另一个重要港口是在婆罗洲的文莱。1520年左右,文莱的统治者皈依伊斯兰教,虽然在此200年前就有穆斯林王子统治文莱的有趣记录。③ 文莱由于赞助伊斯兰在菲律宾群岛的传教活动而很快赢得了声誉。1565年,当西班牙人抵达菲律宾时,苏禄和马丁达诺已经在穆斯林统治者之下。马尼拉由文莱苏丹的亲属所控制。④

虽然马来—印度尼西亚群岛的海洋世界最终被穆斯林商人和古兰经学者所主导,但也有抵抗穆斯林的力量。虽然马六甲和香料岛

---

① 关于马六甲和东南亚伊斯兰化中的中国因素,参见:Geoff Wade, "Early Muslim Expansion in South-East Asia, Eighth to Fifteenth Centuries", in *The New Cambridge History of Islam*, Vol. 3: *The Eastern Islamic World, Eleventh to Eighteenth Centuries*, ed. David O. Morgan and Anthony Reid (Cambridge: Cambridge University Press, 2010), pp. 395-7。

② Jacob Cornelis van Leur, *Indonesian Trade and Society: Essays in Asian Social and Economic History* (The Hague: W. Van Horve, 1967).

③ Wade, "Early Muslim Expansion", p. 369.

④ Nicholas Tarling, ed., *The Cambridge History of Southeast Asia*, Vol. 1: *From Early Times to c. 1800* (Cambridge: Cambridge University Press, 1992), p. 519.

之间主要贸易路线上的大多数港口都充满了穆斯林商人,尽管他们长期接触穆斯林,但并非所有沿海统治者都接受伊斯兰信仰。

此外,伊斯兰教的传播主要集中在东南亚岛屿国家,除了占婆,很少成功进入东南亚大陆。即使是在东南亚岛屿国家,伊斯兰教的传播也经过了好几个世纪,才逐渐渗透到爪哇和香料群岛的东部地区。1597年左右,当荷兰人第一次到达爪哇时,大部分地区仍然是"异教徒"。

巴厘岛成功地击退了所有试图引入伊斯兰教的企图,即使在17世纪30年代马塔兰的苏丹阿贡发动针对巴厘岛王室和人民的圣战,也没有在该地区植入伊斯兰教。尽管伊斯兰教横扫爪哇,导致许多传统的爪哇文化及文学作品在该地区以及其他地区都消失不见,但是巴厘岛却继续与东爪哇的印度教—佛教国家保持着密切联系,并成为了传统爪哇文化和文学的储存库。

最后,东南亚人民对强大的本土万物有灵论以及印度教—佛教文化传统的狂热信仰,对伊斯兰进入东南亚也构成了阻碍。在许多东南亚岛屿地区,民众高度忠诚于其习惯法,这意味着他们对更为严厉的、教条主义的伊斯兰教不感兴趣。毫不奇怪,反而是伊斯兰变体,这种非正统和神秘的苏菲派在东南亚享有相当高的接受度。

正如克利福·格尔茨等人类学家所记录的,东南亚的伊斯兰教是高度多样化的,不同地区之间有差异,即使一个地区或村庄的不同人之间也有所不同。亚齐是苏门答腊最北端的省份,长期以其强大的伊斯兰特征而闻名,甚至今天该地区还拥有最保守的伊斯兰法律。它实施了伊斯兰教法,其中包括严厉的惩罚。

相比之下,伊斯兰并不是爪哇人的核心身份[①],格尔茨指出,

---

① Clifford Geertz, *Islam Observed: Religious Development in Morocco and Indonesia* (Chicago: University of Chicago Press, 1971), p. 15.

几个世纪以来，

> 爪哇的上层阶级失去了印度的仪式主义，但保留了其泛神论，变得越来越主观主义。在此基础上，他们形成了一种本质上是照明学派的哲学思想，一种远东的诺斯替主义，以及神秘主义思辨和心理玄学等哲学方法。只要理解其含义，东南亚的农民便可以将伊斯兰的概念和实践纳入一般的东南亚民间宗教中。之前他们还吸收过印度方面的东西，将鬼、神、精灵和先知纳入一个引人注目的、充满冥想与哲学意义的万物有灵论中。而那些越来越依赖麦加朝圣的生命线来拓展更广阔的伊斯兰世界的商业阶层，他们则会在这条生命线上吸收一些观点和思想（他们在路上会碰到一些"爱唠叨"的人，来自东南亚之外的岛屿），同时在爪哇也会接触当地的民间信仰。他们就在两股力量中间寻求一种妥协与折中，从而发展出一种宗教体系，既不像中东的伊斯兰那样教条，也不似南亚的那般超凡缥缈。①

只需要去看一看雅加达的印度尼西亚独立纪念碑，就可以找到伊斯兰教在爪哇的痕迹。此地有一个著名的阿朱纳·瓦加亚战车雕塑，它是一辆几匹战马拉着的战车，比实际的大几倍。雕塑描绘了《摩诃婆罗多》中的一个场景。

这个雕塑修建于1987年，当时印度尼西亚已经独立四十年。简而言之，这个雕塑是在爪哇人皈依伊斯兰教几个世纪后所建，证明了印度史诗对该地区的影响。坚持要修建这个大型雕塑的是总统苏

---

① Clifford Geertz, *Islam Observed: Religious Development in Morocco and Indonesia* (Chicago: University of Chicago Press, 1971), p. 13

哈托,他是个穆斯林。然而,他相信生动地演绎著名的印度史诗中的一个戏剧性场景会触动爪哇人的思想和灵魂。

印度传说也以其他方式留在爪哇人们的意识当中。爪哇文化以其传统的哇扬皮影偶戏而闻名。哇扬皮影偶戏的很多场景来自印度史诗。这些故事通常取自印度史诗《罗摩衍那》和《摩诃婆罗多》或者《Serat Menak》。其中一个特别受到崇拜的生灵是著名的印度神猴哈奴曼。

伊斯兰教与印度教神话之间的文化交融是印度尼西亚社会发展出来的"宽容差异"文化的一部分。苏加诺总统提出的"潘查希拉"五原则很好地体现了这种宽容的文化。这五个原则分别是:信仰神道(信仰唯一的上帝)、人道主义(公正和文明的人性)、民族主义(印度尼西亚的统一)、民主和社会公正。这种宽容的文化也可以解释独立后印度尼西亚的迅速恢复能力。鉴于其地理、历史和文化背景,印度尼西亚是世界上最具多样性的国家之一,它比前南斯拉夫更加多样化。

此外,印度尼西亚比前南斯拉夫遭受的危机也更严重,例如1997—1998年的亚洲金融危机、1965年惨不忍睹的暴力事件,但是这个国家从未分崩离析过。宽容文化并不总能防止族裔间的暴力,但它已经渗透到了印尼社会中。这种文化并非一蹴而就,需要若干世纪的培育。几个世纪以来,不同派别的伊斯兰教在爪哇的共存便是这种宽容文化的一部分。

这种宽容的文化也可以解释巴厘岛的耐力。作为一个被伊斯兰邻居环绕的地方,巴厘岛能作为一个信仰印度教的岛屿而生存下来确实有些不寻常。历史上鲜有这样的例子。例如,欧洲所谓的先进的基督教社会连在文化上与其相似的犹太教都不能容忍,就表明人类社会对不同于自己的文化族群是多么的没有容忍度。但有趣的是,正如印度尼西亚的伊斯兰社会能够容忍和保护巴厘岛的印度教群体一样，西班牙和土耳其的伊斯兰社会也能够保护犹太人群体，其中包括在欧洲受到基督教迫害的犹太人。

即便今天仍有许多基督教社会认为伊斯兰社会本身是不具容忍能力的，它们倒是应该提醒一下自己：世界上许多伊斯兰社会对其他文明的包容度由来已久，甚至比基督教的历史更长。莫卧儿王朝皇帝阿克巴尔（1556—1605年在位）是历史上最开明的统治者之一。正如阿玛蒂亚·森在其著作《惯于争鸣的印度人》中所写的那样，"阿克巴尔的首要观点就是'追求理性'而不是'依赖传统'。这是解决破坏社会和谐问题的方法，其中蕴涵着对理性对话的极大推崇"。他补充说：

> 值得回顾的是，根据四百年前的阿克巴尔关于国家需要宗教中立的声明，我们可以确定一个政教分离的世俗国家需要哪些基础，尽管此类国家尚未在印度或其他地方出现。因此，编纂在1591年和1592年法典中的阿克巴尔的理性观点具有普遍含义。①

相比之下，印度的伊斯兰统治者在实施宽容和开明统治的同一时期，即西班牙宗教法庭存在的1478—1834年，那里正在进行着宗教迫害——去穆斯林化。

西方浪潮

西方浪潮对东南亚产生影响的一个巨大悖论是：西方文明在某

---

① Amartya Sen, *The Argumentative Indian: Writings on Indian History, Culture, and Identity* (New York: Farrar, Straus and Giroux, 2005).

些方面彻底改变了该区域，但有些方面却根本没有触碰到。特别是在过去的150年里，该地区的政治和经济制度得到了彻底颠覆。然而，除了西班牙殖民统治下的菲律宾被基督化之外，该区域的根本文化结构并没有受到西方文明的根本性影响。

为什么不是所有的东南亚国家都像菲律宾那样被基督化呢？对于这个问题可能没有一个确定的答案，但应该指出的是，西方文明浪潮有两大关键特点：商业主义和暴力。可以公平地说，尽管葡萄牙人曾发动十字军东征为屠杀穆斯林正名，但是欧洲人来到东南亚的优先目标绝不是传教。16世纪和17世纪欧洲人被吸引到东南亚，是源于这段时间东南亚的"淘金热"：寻求直接获得东南亚有价值的香料。在19世纪中期到19世纪末期的工业革命之前，对茶、香料、瓷器和丝绸等商品的需求驱使着欧洲帝国主义者进入东南亚。

葡萄牙人是最早进入东南亚的，而寻找香料是其主要目的。事实上，葡萄牙人在五百多年前就到达了东南亚。14世纪和15世纪中东形势的变化破坏了东南亚和欧洲之间的香料贸易。为了解决这一问题，葡萄牙人开始寻找替代路线。1497年，当一艘由瓦斯科·达伽马率领的船队在非洲南部的好望角附近航行时，新的路线逐渐出现眉目。也因此，1498年5月达伽马能够到达印度的马拉巴尔海岸。

毫无疑问，葡萄牙人的目的是从印度到达当时最繁荣的港口马六甲。1511年7月1日，当人们正在庆祝马六甲苏丹女儿的婚礼时，葡萄牙印度总督阿丰索·德·阿尔布克开克"率领全部力量出现在葡属印度——19艘船、800名欧洲士兵和600名本地印度兵，喇叭高鸣、横幅挥舞，到处鸣枪放炮，每一次示威似乎都会引发海港和军队战士之间的恐慌"。① 1511 年 8 月 24 日,葡萄牙攻陷马六甲。另外,据里德讲,"葡萄牙人之所以能够攻下马六甲城,是因为他们在风下之地(无风地带)集结了前所未有的密集军力"②。

葡萄牙人用来征服马六甲的压倒性军事力量成为西方浪潮及其对东南亚影响的标志。随着时间的推移,西方浪潮给该地区带来了许多好处。的确,没有西方浪潮,该地区就不可能出现现代化。然而,尽管许多西方历史学家总是强调所谓的西方对该地区的文明开化,我们也必须明确,第一个西方人出现在东南亚时可没有怀着教化本地人的美好意愿。相反,他们纯粹寻求利益,并不择手段地确保他们的商业目标。使用暴力时,无所不用其极。

布莱恩·哈里森说得好:

> 葡萄牙的商业战争和宗教十字军的特殊组合对东南亚来说是完全陌生的东西。对葡萄牙来说,挺进东方不仅仅是沿着亚洲主要贸易通道进行的侵略活动,同时也是基督教和伊斯兰教圣战中重要的里程碑式的事件。因此,葡萄牙的商业目的,及其所使用的手段,例如对穆斯林的暴力行为,或者对穆斯林航运的掠夺,都有着神圣的宗教目的。③

换句话说,基督教的目的就是神圣化其暴力手段。

从当地统治者和贸易商的角度看,欧洲人的武力活动和尖端武器并没有改变东南亚世界的基本形态,甚至没有改变其贸易体制。欧洲人的传播过于表面化。从那时起到 19 世纪,亚洲人迅速学会了

---

① R. J. Wilkinson, "The Capture of Malacca, A. D. 1511", *Journal of the Straits Branch of the Royal Asiatic Society* 61 (1912): 71-6.

② Anthony Reid, *Southeast Asia in the Age of Commerce* 1450-1680, Vol. 2: *Expansion and Crisis* (New Haven and London: Yale University Press, 1993), p. 271.

③ Harrison, *South-East Asia*, p. 70.

如何使用、制造更好的武器，来极力弱化欧洲的军事优势。① 一旦欧洲人有一项优势，他们便会毫不犹豫地使用它。葡萄牙人和西班牙人，以及英国人、荷兰人和法国人，在使用暴力方面同样毫无节制。但值得注意的是，西方浪潮开启的速度较慢，其影响是在一个较长的时间段内确立起来的。在西方人进入东南亚的前300年左右的时间里，欧洲人对亚洲的影响并不大。他们在这段时间对东南亚的领土几乎没有控制权。

由于殖民者的主要目标是商业性的，所以，每个殖民者都旨在征服和保持对关键商业节点的控制。殖民者对这些节点相互争夺，这甚至多于他们与亚洲贸易伙伴之间的竞争。东南亚殖民势力之间的对抗基本上是他们在欧洲的战争和对抗的延伸。1511年，葡萄牙人征服了马六甲，但1641年他们败给了更强大的荷兰军队。荷兰统治马六甲近两个世纪，之后按照1824年《英荷条约》，英国接手控制了马六甲。

同样，葡萄牙人和西班牙人也在争夺对著名的香料群岛——莫卢卡斯的控制权。葡萄牙和西班牙利用两个关键岛屿蒂多雷岛和特尔纳特岛的统治者之间的世仇获得了控制权。显然，西班牙人和葡萄牙人通过完全不同的路线到达了香料群岛。西班牙人向西通过大西洋、经过南美洲，而葡萄牙人则向东穿过印度洋、经过非洲，到达香料群岛。16世纪初，葡萄牙人赢得了斗争。1527年，西班牙人被驱逐出香料群岛。这直接导致西班牙人将其精力集中在对菲律宾的殖民化上，经过四个世纪的殖民统治，西班牙给菲律宾打下了深刻的烙印。

---

① Tonio Andrade, *The Gunpowder Age: China, Military Innovation, and the Rise of the West in World History* (Princeton: Princeton University Press, 2016).

这些新兴的殖民者都没有在东南亚扩张领土建立帝国的意图。葡萄牙人只想控制几个商业节点：马六甲、帝汶、新几内亚和马鲁古群岛。同样，当荷兰人到达东南亚时，他们也遵循同样的模式：集中在几个战略要点，以此控制香料贸易。在四百多年的漫长时间里，它们才逐渐开始控制更多的爪哇领土，以及部分苏门答腊、婆罗洲、小巽他群岛、苏拉威西、部分马鲁古和巴布亚等领土。

英国和法国人来到东南亚的时间相对较晚。17世纪和18世纪，英国人专注于控制印度，在东南亚并没有实质性存在，直到从1762年到1764年他们花费两年时间占领了马尼拉。1703年，柔佛的苏丹为了得到英国的支持来对抗区域对手，向一个名叫亚历山大·汉密尔顿的英国商人许诺了60年的新加坡使用权。汉密尔顿解释了拒绝的理由：

> 在伊斯兰教纪元1703年，我在去中国的途中拜访柔佛，柔佛苏丹阿卜杜勒·阿奇兹·里阿亚图·沙阿·利亚沙很友好地接待了我，并把新加坡作为礼物送给我。但我告诉他，对我个人来讲，一个岛屿可能是没有意义的，但是这是一个非常适合开设公司的地方，可以发展成为贸易中心。借助良好的河流和安全的港口条件，方便货物管理和航运。这里的黑土地非常肥沃，树林里有许多可用于制作船舶的优良桅杆和用于建筑的木材。我看到大豆在树林里疯狂地生长，口味和外观不亚于欧洲最好的种类。围长五六英寸的甘蔗同样疯狂地生长在这片土地上。①

17世纪，英国人企图控制香料群岛，但被荷兰人断然拒绝。

---

① Alexander Hamilton, *A New Account of the East Indies*, Vol. 2 (Edinburgh: John Mosman, 1727), p. 97.

1623 年，荷兰在安汶屠杀了英国人。一百五十多年后，真正的竞争才开始。1780 年 12 月，英国向荷兰宣战，因为英国人发现荷兰支持美洲殖民地独立。1781 年，英国占领了一家位于苏门答腊巴东市的荷兰工厂。有趣的是，英国虽然失去了美洲殖民地，却在亚洲（包括东南亚）拥有了更强的地位。

一切都随着工业革命的到来而改变。欧洲对原材料的需求急剧增加。农业组织的新模式发展为种植园模式，糖、棉花和咖啡等开始大面积种植。这就需要一定的劳动力，同时控制人口，还需要采用暴力手段加以保障。18 世纪，欧洲人关注新世界，但到了 19 世纪，英国人、法国人和荷兰人开始将目光转向东南亚。至此，西方浪潮猛烈地袭击着东南亚。从 19 世纪中叶到 20 世纪中叶，这个时期的殖民主义持续了约一百年。

现代东南亚的地图显示了欧洲大国之间的地缘政治冲突和斗争的结果。拿破仑战争中，英荷两国联合对抗法国。战争结束后，两国于 1824 年签订《英荷条约》，划分在东南亚马来群岛的势力范围。按照条约，苏门答腊归荷兰，马来半岛划归英国势力范围。受到外部地缘政治较量而非本土趋势的驱动，殖民势力决定了东南亚各国现代的边界，同时也为该地区留下了一片狼藉，边界问题难以实现政治解决。

现代东南亚地区能够切实可行地解决边界问题真是一个地缘政治的奇迹。为了说明这一点，我们来举一个鲜明的反例。1916 年在中东地区，英国外交官马克·塞克斯爵士和法国外交官弗朗索瓦·乔治-皮科在沙漠中绘制了一个完全虚构的边界。他们信手而为的地图如同一个诅咒，给该地区造成了一个多世纪的困扰。罗宾·赖特说："《塞克斯-皮科协定》，及其他协议、声明和条约，引发了一个为期九年的划界进程，它们从奥斯曼帝国的废墟中创造了现代中东国家。

最终的边界与原始的'赛克斯-皮科地图'相似度很小,直到现在,那个地图仍然被视为是引发许多争端的根本原因。"① 他还写道:"殖民者在殖民地划定的领土边界存在很多缺陷,因为他们往往会忽略当地的地方认同和政治偏好。于是边界就沦为统治者武断决定的结果。"几个现代评论家一致认为《塞克斯-皮科协定》造成了一定的破坏性后果。伊拉克埃尔比勒省省长纳瓦扎德·哈迪·穆卢德告诉赖特:"数以十万计的人因为《塞克斯-皮科协定》及其造成的问题而被杀害。它改变了历史和自然的历程。"库尔德斯坦总统马苏德·巴尔扎尼的顾问兹克里·摩萨说:"当然,《塞克斯-皮科协定》是一个错误,这就像逼婚。它从一开始就注定要失败。这是不道德的,因为它未经人们同意就决定了他们的未来"。②

如中东的"塞克斯-皮科地图"一样,东南亚本来也会有几条人为划分的非自然形成的政治边界。但令人惊讶的是,东南亚大陆的最终国界都很好地反映了其历史上的边界。英国对缅甸(现代缅甸)的统治和法国对印度支那(包括现代越南、老挝和柬埔寨)的统治导致其在去殖民化后都建立了能够有效运行的国家。泰国从来没有被殖民过,它通过在英国和法国之间的巧妙周旋,利用法国对抗英国使本国免受殖民。当然,其中也有运气的成分。

西方的影响也有助于保护一些小国或更脆弱的国家。在越南的大举扩张面前,柬埔寨作为一个独立国家的地位岌岌可危。但法国的统治使柬埔寨免受越南和泰国的侵略。事实上,目前东南亚唯一的边界争端是柬埔寨和泰国之间在柏威夏寺上的争端。2011年,泰

---

① Robin Wright, "How the Curse of Sykes-Picot Still Haunts the Middle East", *New Yorker*, 20 Apr. 2016, http://www.newyorker.com/news/news-desk/how-the-curse-of-sykes-picot-still-haunts-the-middle-east/, accessed 12 Oct. 2016.

② Ibid.

国和柬埔寨几乎到了要全面战争的临界点。这一事件令人不安，但它的特殊性也从侧面说明了东南亚的大部分边界已经确定。

虽然在缅甸、泰国、老挝、柬埔寨和越南相对稳定的国家周围，东南亚大陆的边界已经形成，但是，正如前面提到的，东南亚各群岛国的边界并不容易确定。在当代的前两个千年中，出现在该地区的许多王国和帝国都是横跨马六甲海峡的。

西方浪潮退却后，东南亚群岛地区划分为两个独立的"马来"实体：马来西亚和印度尼西亚（如果包括文莱，则为三个），这有点人为分裂的意思。然而，这种分裂却是有效的，并且已经被各方和平接受了，至少在1963—1966年苏加诺总统加强"摧毁马来西亚"运动之后是这样的。马来西亚当时的总理东古·阿卜杜·拉赫曼在他的回忆录中解释说，苏加诺总统担心，马来西亚的独立可能引发苏门答腊寻求摆脱印度尼西亚而加入马来西亚。他写道：

> 苏加诺是虚伪的，因为在他的头脑中，他总是想压制我们。我认为，最重要的原因是，他怀疑我们和苏门答腊之间存在着强大的马来情感。毫无疑问，苏门答腊对我们是有着强烈的情感。他觉得，相对于爪哇人，苏门答腊人更亲近我们。苏门答腊的大多数马来人认为他们应该与我们联系在一起……①

虽然将欧洲对东南亚的殖民统治界定为仁慈并不准确，但客观地说，欧洲殖民统治者确实在进行殖民统治的一个世纪中将现代化的方方面面带到了东南亚。

1869年，苏伊士运河的开通"促进了东南亚海域轮船数量的快

---

① Tan Sri Abdullah Ahmad, *Conversations with Tunku Abdul Rahman* (Singapore: Marshall Cavendish, 2016), p. 68.

速增加,迅速使该地区进入海上运输的新机械化时代……这条新路线通过红海连接地中海和印度洋,将蒸汽船从欧洲到达亚洲所需的时间减少了三分之一……新加坡迅速获益,其贸易额从 1868 年的 5800 万英镑猛增到 1873 年的近 9000 万英镑"①。

20 世纪后期,该地区橡胶生产显著增长,这是该地区贸易扩张和西方对该地区自然资源新需求的一个很好的例证。1905 年,东南亚出口 200 吨橡胶。到 1920 年,这一数字已经增加到 19.6 万吨,1948 年,橡胶出口数量已经达到 70 万吨。②

在 19 世纪末和 20 世纪初的欧洲殖民统治期间,东南亚的经济活动和资源出口的显著增长引发了另外一个领域的发展,即中国和印度经济移民的到来,这也是西方对东南亚的主要影响。移民数量巨大,改变了几个东南亚国家的政治和经济环境。

自英国统治印度和缅甸以来,大量的印度移民在 19 世纪中叶来到缅甸。他们工作在:

> 各个领域:小工、技工、文员、教师、工程师等各行各业。铁路、河运、邮政、碾米机厂、矿山、油田、银行及商店尤其需要工人。在缅甸,无论是新的公共机构还是军队、警察以及民事行政机构,无不充斥着印度人。随之而来的还有一些人,他们提供的服务正是欧洲人和印度人所需要的,如仆人、洗衣人(印度的一个特殊种姓)、鞋匠、看门人(也是一个特殊的种姓)、货币兑换商、餐馆业

---

① S. Dobbs, *The Singapore River: A Social History, 1819-2002* (Singapore: Singapore University Press, 2003), p. 10.

② Harrison, *South-East Asia*, p. 212.

主、酒店经营者等。这些都是缅甸人此前从未听说过的职业。①

同样，从 1907 年到 1957 年间，也有许多印度人前往马来亚，并在橡胶种植园工作。根据"康甘尼"契约制度，泰米尔头人负责从印度招聘，并且监督在马来亚种植园工作的工人，于是大量的泰米尔人移民到马来亚。泰米尔人还在马来亚和缅甸的各个城市做着各种各样的工作。20 世纪后期，日本在东南亚的行为对泰米尔种植园的工人造成了灾难性的后果。其中约十万人被日本人征召来建造泰国和缅甸之间的"死亡铁路"。②

战后，在马来亚的印度种植园工人并没有受到布米普特拉人（马来西亚土著人，意为"大地之子"）的反抗，而同样的印度工人在其他东南亚国家就遭遇了此种境况，尤其是缅甸。1962 年印度人被缅甸人驱逐出境。马来西亚和新加坡的印度社区异常繁盛，印度人活跃在法律、商业和政治的各种领域。马来亚印度裔的成功例子就是新加坡前总统塞拉潘·纳丹。他的父亲移民到马来亚，是一个橡胶种植园的法律部门办事员。同样，马来西亚的开国者之一敦善班丹以及东古·阿卜杜·拉赫曼和陈祯禄，都是马来西亚和丰地区的第一批橡胶种植者之子。

在东南亚的中国人数量非常多，对该地区的经济和社会产生了更大的影响。吸收中国人最多的国家是泰国，泰国接受中国移民也已经有好几个世纪。在大多数情况下，中国人都能幸福地融入泰国。

---

① Moshe Yegar, *The Muslims of Burma: A Study of a Minority Group* (Wiesbaden: Otto Harrassowitz, 1972).

② Ravindra K. Jain, *South Indians on the Plantation Frontier in Malaya* (New Haven and London: Yale University Press, 1970), in Christophe Z. Guilmoto, "The Tamil Migration Cycle, 1830-1950", *Economic and Political Weekly* (16-23 Jan. 1993): 111-20.

孙合记和妻子皮姆写过一本书，对此有很多记述。①

19世纪和20世纪初，印度尼西亚、马来西亚和菲律宾也吸引了大量的中国移民。虽然这段时期，这三个国家的中国人在经济方面取得了巨大的成功，但他们在政治方面往往不太受欢迎。

菲律宾作为一个基督教国家，近来更容易吸收中国移民，其中许多人皈依天主教或取了西班牙语的名字。也许中国移民到菲律宾的历史可以追溯到公元10世纪。1879年，西班牙作家卡洛斯·雷图尔写道："从商业的角度来看，菲律宾是一个拥有西班牙印记的英中殖民地。"② 欧洲殖民势力喜欢中国人充当中间人，这里有许多华裔菲律宾企业家。许多菲律宾的大型集团都是由华裔菲律宾人创办，都是由小型企业发展壮大的。

相比之下，中国人并不容易融入马来西亚或印度尼西亚社会。在20世纪，这两个地方的中国人在经济上非常成功，但必须应对严重的政治挑战。相对而言，马来西亚吸纳了更多的中国人。中国人主要是在19世纪到达这里，最初是在锡矿上工作，后来在种植园工作。正如查尔斯·赫希曼所描述的：

> 19世纪40、50年代是一个决定性的时代，标志着人口和经济发展模式与过去的决裂。贸易的扩张，特别是西方的工业革命，促进了经济活动和劳务移民的大量增加。对锡的需求是最初的原因，但随后的农业性（咖啡、糖等）商业活动也需要更多的廉价劳动力来供应不断增长的出口

---

① Sng and Bisalputra, *A History of the Thai-Chinese*.
② Carlos Recury Carazo, *Filipinas: estudios administrativosy comerciales* (Madrid: Imprenta de Ramón Morenoy Richard Rojas, 1879), in E. Wichberg, *Early Chinese Economic Influence in the Philippines, 1850-1898* (Lawrence: Center for East Asian Studies, University of Kansas, 1962), p. 110.

部门。马来亚人口稀少、劳动力短缺。不难理解,马来农民不愿意到早期矿山和种植园那种非常艰苦的环境中工作。而其他亚洲人选择较少,只能以合同工的身份到马来亚工作。①

到 1957 年马来亚实现独立时,中国人的数量已经增加到了其总人口数的 38%。最初在马来亚、后来在马来西亚的马来人害怕无法控制自己的政治命运,所以努力限制华人的政治权利。即使是马来亚和马来西亚相对宽容和开明的第一任首相东古·阿卜杜·拉赫曼也对此表示担忧。他说,将新加坡分离出去的决定"完全是我自己的决定,如果有任何责任,我来承担。但在我心里,这是正确的决策。否则,华人将主宰我们的国家,其人口比马来人多 200 万,他们会完全主宰我们这个国家。"许多年前,当他还是一个学生的时候,他就曾写道:"如果马来亚要实现独立,那就必须首先被分裂。如果华人占主导地位,而且占据着比马来人强大得多的地位,我们的马来亚就不能称之为一个国家。它就像一条坏腿,我们别无选择,必须截肢。"②

和菲律宾一样,印度尼西亚的中国移民也有悠久的历史。但是,始于 19 世纪的移民潮是一个完全不同的数量级。德威·苏桑蒂做出过以下判断:

> 自 1945 年印度尼西亚独立到 1998 年,出于政治原因,印尼华裔的地位和身份始终没有得到改善。在"新秩序"期间(1966—1998 年),印尼华裔在政治和文化上被疏远。

---

① Charles Hirschman, "The Meaning and Measurement of Ethnicity in Malaysia: An Analysis of Census Classifications", *Journal of Asian Studies* 46, 3 (1987): 555-82.

② Tan Sri Abdullah Ahmad, *Conversations with Tunku Abdul Rahman*.

他们因拥有商业头脑而被"规定"只能从事商业活动,这样就不会对政府构成政治威胁。在社会生活方面,他们经常自动疏远印度尼西亚本地人。①

鉴于他们在印尼有着强大的经济实力,并且与印尼本土人存在苏桑蒂所描述的社会疏离,在动乱时期,华裔发现自己成了暴力大屠杀的目标,如1946年的丹格朗、50年代的苏门答腊以及1965年的印度尼西亚大屠杀,以及1998年5月的骚乱。

东盟所有国家都有中国移民。然而,除了上述国家和新加坡外,华人数量并不显著。但是这些小的华人社区在促进东南亚内部贸易方面发挥了关键作用,创造了一个"竹网"。根据默里·韦登鲍姆所言,"'竹网'超越了现有的国界。他们占据着关键的位置,如拥有中国背景的商业行政人员、贸易商和金融家等,大多数的日常经济决策都由他们制订"②。

毫无疑问,西方的浪潮对东南亚历史的进程产生了深远的影响。尼克·奈特说:

> 欧洲殖民主义对东亚和东南亚的影响是不均匀和零星的,但是累积效果明显。历史和文化在塑造地方历史方面仍然很重要。但西方通过殖民主义的手段,对东亚和东南亚施加了外部影响,如建立了一个以资本主义、工业化和商业化农业生产为基础的国际贸易体系,促进了民族国家的建立,并且激发了民族主义浪潮,这都对该地区的各国

---

① Dewi Susanti, "Paradoxes of Discriminatory Policies and Educational Attainment: Chinese Indonesians in Contemporary Indonesia", in *Equity, Opportunity and Education in Postcolonial Southeast Asia*, ed. C. Joseph and J. Matthews (New York: Routledge, 2014), p. 135.

② Murray Weidenbaum, *One-Armed Economist: On the Intersection of Business and Government* (New Brunswick and London: Transaction Publishers, 2005), pp. 264-5.

人民和社会产生了严重后果。①

东南亚的现代边界是西方浪潮作用的结果。里德指出:

> 东南亚国家曾试图以历史、文化或意识形态的名义改变国家边界,但归于失败,这说明了〔帝国〕魔力的力量。泰国战时吞并了柬埔寨西部、缅甸东部、马来亚北部(1941—1915年),印度尼西亚在1975到1999年吞并了葡属东帝汶,越南在1954至1975年处于分裂状态(尽管与其前殖民历史一致),印度尼西亚(1956—1962年)爆发地区叛乱,1978年柬埔寨在其东南边界试探越南,随后越南入侵柬埔寨……这些活动归根结底都失败了,最终都没有破坏帝国时期定下的边界。马来西亚在马来世界中继承了杂乱无章的不列颠帝国,随后在1962—1966年遭到印度尼西亚的挑战,同时,还遭到了菲律宾的反对(1962年,菲律宾提出对沙巴的领土要求)。但从长远来看,只是小文莱(1962年)和新加坡(1965年)的分离削弱了帝国的遗产。②

幸运的是,这些边界与东南亚社会的基本政治和社会结构相当一致。不管怎样,边界线对东南亚地方社会的冲击远不如中东地区或印度和巴基斯坦之间的边界冲突。

在东南亚的大部分现代基础设施——公路、铁路、学校、医院等等,都是在殖民时代修建的,并有幸保存至今。除了1975到1978

---

① Nick Knight, *Understanding Australia's Neighbours: An Introduction to East and Southeast Asia* (New York: Cambridge University Press, 2011), pp. 61-2.
② Anthony Reid, *Imperial Alchemy: Nationalism and Political Identity in Southeast Asia* (Cambridge: Cambridge University Press, 2010), p. 2.

年柬埔寨在波尔布特的统治下实行过种族灭绝政策外,还没有哪个东南亚国家濒临彻底失败的命运。殖民时代留下的各种现代行政制度(包括非殖民化的泰国)存续至今,并为许多东南亚国家提供行政支撑。新加坡在独立之后的超凡成就得益于诸多因素,其中包括建立和加强英国遗留下来的许多治理机构的能力。

但这些并不意味着现代东南亚国家应该感谢西方殖民者。因为欧洲殖民统治留下了同样巨大的负面遗产:对军事力量较弱的社会实施的野蛮暴力,以及对农民和城市劳动者的无情剥削。例如,在19世纪40年代,因为荷兰对当地农村劳动力的大量需求,迫使他们种植咖啡、甘蔗和蓝靛等经济作物。这一荷兰种植体系致使整个爪哇地区饥荒和流行病盛行。[①] 甚至在正式独立之后,东南亚人花费了几十年在精神上去殖民化。这推迟了东南亚社会的复兴进程。总之,西方浪潮对现代东南亚的影响是复杂多样的,值得历代东南亚历史学家深入研究。

[①] Siddharth Chandra and Timothy Vogelsang, "Change and Involution in Sugar Production in Cultivation System Java, 1840-1870", *Journal of Economic History* 59, 4 (1998): 885-911.

（二）和平生态

在全世界，没有任何一个地区能够如东南亚一般，对差异极大的各种文明浪潮保持如此开放的姿态。所以说，也没有任何一个地区能够像东南亚一样有着如此丰富的多样性和差异性。简言之，从理论上讲，相较于其他地区，东南亚应该是最不热心开展地区合作的。

从历史经验来看，东盟本应是注定要失败的。但是东盟在这样一个不利于地区合作的环境下取得了成功，并且维持了地区的和平与繁荣，这不得不说是一场奇迹。那么，东盟为什么能够，以及是如何为这个号称"亚洲巴尔干"的地区带来和平的呢？某位睿智的人曾经说过，在每一千本关于战争根源的书中，只有一本是关于和平起源的。的确，无论是在科索沃还是格鲁吉亚，叙利亚还是利比亚，一旦爆发战争，我们都会立即注意到。总是有成千上万的文章来解释冲突的原因。然而，一个持久的和平生态系统出现时，却很少有人注意到。更不用说去解释这样一个系统了。在东盟地区，曾经冲突不断，现在却实现了持久的和平。这是一个巨大的谜题，但是罕有学者试图去解开这个谜题。

令人遗憾的是，西方国际关系学者似乎不太可能来填补这一空白。那些学者将新闻剪报和事件报道（如科索沃战争）作为学术研究的经验数据。但是和平不是一个具体的事件，没有人对其进行报道。多年的和平总是无人问津，而一个小冲突事件却会成为新闻。这就有助于解释为什么东盟内部的和平没有引起学界的重视了。

本章旨在解释一个历史性的谜题，即一个和平的生态系统如何在最不可能和最没有希望的地区——东南亚地区——发生。这是一个复杂的故事，伴随着曲折的过程。如同其他进程一样，东盟的发展历程也总是福祸相依。

在解释这一生态系统发展的影响因素前，必须先了解与之相关的大事记。东盟发展的第一阶段也是最重要的阶段是在冷战时期，即1967至1990年。但这个关键阶段又可分为两个部分。从1967到1975年，东盟的创始成员国（印度尼西亚、马来西亚、菲律宾、新加坡、泰国）国内共产主义运动兴起和盛行，统治者非常害怕其政权被颠覆。然而，很快地，共产主义分裂成两个阵营。苏联和中国出现了较深的裂痕（在东南亚地区，则表现为越南对柬埔寨的入侵），东盟对共产主义的恐惧逐渐减退。事实上，1978年12月对于越南入侵柬埔寨的事件，东盟的态度较为团结一致。在后来扭转越柬态势的全球运动中，东盟各国的行动也较为协调。这在一定程度上促进了五六个创始国（文莱于1984年加入东盟）之间深厚的共同体意识的产生。如果没有这十年反对越南占领柬埔寨的密切合作，东盟也许就不会形成这一和平生态系统。

第二阶段贯穿了20世纪90年代的大部分时间。始于冷战结束，终于1997—1998年，当时的亚洲金融危机对几个东盟国家产生了灾难性的影响。这十年间，东盟的进一步发展有赖于前二十年的团结合作所累积的政治资本，以及几位关键领导人的推动，如李光耀、

二　和平生态

马哈蒂尔和苏哈托。与此同时，东盟共同体的性质也随着越南（1995年）、老挝（1997年）、缅甸（1997年）和柬埔寨（1999年）的加入而发生了改变。令人惊讶的是，一些曾经的敌对国也相继加入东盟。一个更具包容性的东南亚共同体因此而出现。

第三阶段开始于21世纪初。在这一阶段，东盟显著加强了制度建设。从1993年开始实施的东盟自由贸易区（AFTA），已于2003年生效（越南2006年生效，老挝、缅甸为2008年，柬埔寨为2010年）。最重要的是，《东盟宪章》在2007年1—11月的11个月内完成谈判并达成协议。这一阶段的制度建设建立在过去三十年积累的政治团结的坚实基础之上，并且促成了今天所看到的东盟。

我们在本章将要尝试回答的一个大的问题是：形成东盟享有的和平生态系统的关键因素是什么？主要包括以下内容：第一，凝聚东盟五个创始国的主要动力是恐惧。这些创始国担心，随着共产主义的扩大，在"多米诺骨牌效应"下它们也将受到影响。第二，东盟国家有着相当优秀的领导人。一国的领导层是影响其在国际事务中发挥重要作用的关键因素。第三，运气也是因素之一。东盟在20世纪末的主要地缘政治博弈即美苏冷战中，站到了胜利的一方。还有其他重要地缘政治事件，如1969年的中苏交恶也帮到了东盟。第四，东盟国家成功地融入了繁荣的东亚经济生态系统。这一时期世界贸易进入快速扩张阶段，东盟国家向日本和"四小龙"学习经济发展经验，并且在其国家发展政策中效仿东亚国家和地区的成功经验。其实对于东盟国家而言，最初它们并没有要实行自由贸易以及开放市场。东盟国家都曾是联合国77国集团的成员，该集团提倡基于劳尔·普雷维什的民族主义思想的民族主义和保护主义政策。①但是东盟国家拒绝了这些第三世界的传统政策。第五，东盟的发展势头逐步增强，且每年在东盟框架下都会召开众多多边会议。借此，东南亚地区的联系更加紧密，且在不同的领域形成了相应的网络。然而，这些网络对地区和平的影响却未得到很好的阐释。

另一个因素也很重要。马凯硕经常半开玩笑地说，东南亚地区的和平离不开三个字，这三个字就是"高尔夫"。凯硕与他的东盟同事经常在一局愉快的高尔夫后解决掉许多棘手的问题，因为他们通过打高尔夫促进了彼此的友谊。新加坡前外交部长黄根成也同意这一观点，他认为，"高尔夫是很重要的因素。它能够消除障碍并促进友谊。我们甚至曾经在某一年的联合国大会后的周末，举行过东盟高尔夫比赛"②。他还补充道：

> 每年联合国的东盟晚宴就是团结的象征。部长们的夫人都会到场并同人们握手——这在其他地区性组织中是没有的。我们也会准备一些简单的纪念品。如在招待会后会有兰花。许多人都会到场，包括联合国秘书长。

简而言之，在联合国，全世界都可以亲眼目睹东盟的和平合作模式。东盟创造的这个和平生态系统既可以强化自身，也能够给东盟的邻国带来好处。一些东盟的对话伙伴国，包括日本、韩国、澳大利亚和新西兰发现了参与东盟会议的意义，并在这一和平生态系统中获益。同时，它们会在更大的区域，如东亚和亚太地区传播合作精神。

---

① "Establishment of the Group of 77", G77, http://www.g77.org/paris/history/establishment-of-g77.html/，访问时间：2016年10月12日。
② 作者对黄根成的访谈，2015年7月24日。

因素一：对共产主义的恐惧

我们从东盟的起源开始分析。东盟国家团结起来的关键因素是对共产主义的恐惧。如果对 20 世纪 60 年代的政治环境没有深刻的了解，现在可能很难理解这种恐惧。现在来看，由美国领导的非共产主义世界对抗由苏联领导的共产主义，前者取得胜利似乎毫无疑问，是很容易预测的。但是对于生长在 20 世纪 60 年代东南亚的我们来说，这一胜利并不是必然的。事实上，在当时看来，共产主义是一股不可抗拒的潮流。

东盟的五个创始国也害怕共产主义，因为它们国内都经历了共产主义者的暴动。20 世纪 40 年代和 50 年代，马来西亚和新加坡都经历了由马来亚共产党领导的暴力事件。当时苏哈托总统执政的印度尼西亚政府，受到印度尼西亚共产党（PKI）发动的 1965 年未遂政变的重创。政变策划者杀害了几名印尼将军，并将矛头直指苏哈托及战略储备司令部指挥官。泰国也受到类似的困扰，并且担心如果印度支那倒向共产主义后，泰国将成为东南亚对抗共产主义的前线。菲律宾则在 1942—1954 年经历了"虎克党"的起义。

1949 年中国共产党领导的中华人民共和国成立，随后在朝鲜半岛和印度支那半岛爆发了两次针对共产主义的战争。1953 年 7 月 27 日《朝鲜半岛停战协议》签订，战争结束，朝鲜的局势稳定下来，但朝鲜半岛一分为二。然而，战火却在印度支那愈演愈烈，最初是在越南和老挝，随后蔓延到柬埔寨，尤其是在 1970 年 3 月 18 日美国中情局废黜西哈努克之后。凯硕曾在 1973 年 7 月到 1974 年 6 月住在柬埔寨金边，亲眼目睹了红色高棉每日对城市的炮击。他永远不会忘记在家时炮火击碎窗户的经历。越南、老挝和柬埔寨共产党的决心是可畏的。他们坚信历史站在他们一边。

与之相比,东盟创始国的非共产党领导人非常担心他们的生命安全和国家安全。时任美国国家安全委员会执行秘书的詹姆斯·莱曾在1952年的报告中预测:

> 如果任何一个东南亚国家落入共产主义政权,那么它们都将受到中共的影响,这一局面将会产生严重的心理、政治和经济后果。若没有进行及时和有效的反击,那么任一国家的损失将导致其他国家相对迅速地倒向共产主义及其联盟。①

这个想法得到了重视。1954年,美国总统艾森豪威尔表示印度支那有着重要的战略意义,因为"将多米诺骨牌立起之后,推倒第一块骨牌,最后一块也将很快跟着倒下去。因此,只要有一个地方开始瓦解,它就会产生一系列极为深刻的影响"②。

无论我们如何夸大这一理论带来的心理影响都不过分。1975年5月,马来西亚内政部长加扎利·沙菲曾说过:"多米诺骨牌理论在理论和实践上都是存在问题的……当前的事件似乎暗示了黑暗和不确定的未来。在这种沮丧的气氛中,多米诺理论可能会讽刺地成为一种自我实现的预言。"③ 在这种恐惧的氛围下,1967年8月在曼谷召开了东盟成立会议,时任新加坡外长的拉惹勒南坚定地对其他东

---

① "Report to the National Security Council by the Executive Secretary (Lay)", 25 June 1952, *Foreign Relations of the United States*, 1952-1954. East Asia and the Pacific (*in two parts*) Vol. 12, part 1, https://history.state.gov/historicaldocuments/frus1952-54v12p1/d36/,访问时间:2016年10月12日。

② "President Eisenhower's News Conference, April 7, 1954", *The Pentagon Papers*, Gravel Edition, Vol. 1 (Boston: Beacon Press, 1971), pp. 597-8, https://www.mtholyoke.edu/acad/intrel/pentagon/ps11.htm/,访问时间:2016年10月13日。

③ "Vietnam: The End of the War. Broadcast by Malaysia's Minister of Home Affairs, Tan Sri M. Ghazali Shafie 6 May 1975", *Survival* 17, 4 (1975): 186-8.

二 和平生态

盟代表说道:"如果我们不团结(hang together),那么我们就会四分五裂(hang separately)。"大多数说英语的人很容易理解这句话,但是这句话却被泰国代表团幽默地误解了。在拉惹勒南外长发言后,泰国代表说:"作为佛教徒,我们是反对'绞刑'(hang)的。所以,为什么你们只给我们提供了两种不同的'绞刑'(hang)方式呢?"幸运的是,在拉惹勒南外长解释了其原句的意思后,泰国代表团同意这一提议。

这就是为什么恐惧是重要的因素之一。因为它是将五个国家团结在一起的重要凝合剂。尤其当共产主义在柬埔寨、老挝和越南南部扎根后,这种恐惧情绪就愈加强烈。确实,凯硕在金边的那段时间,整个城市都被包围了,从城市到农村的道路也走不通了。同时,1972年"水门事件"及1974年8月9日理查德·尼克松总统的辞职,让东盟国家认识到,它们依赖的安全盟友美国受到国内问题的牵制。所以,东盟国家愈加清晰地认识到,用拉惹勒南外长的话来说便是,"要么团结,要么分裂"。1968年8月7日,马来西亚副总理阿卜杜勒·拉扎克对其他东盟国家代表发出警告,"我们应该共同关心且确保没有任何事情能危害东盟未来的发展"①。

1975年4月30日西贡解放时,东盟领导人认为最黑暗的时刻已经来临。美国外交官和士兵从西贡的美国大使馆撤离,这一戏剧性场景的发生加深了东盟领导人对共产主义将占领东南亚的担忧。在此八年前,即1967年10月19日,李光耀曾经对美国副总统休伯特·汉弗莱说过,如果美国从越南撤退,"在其后一年半到两年间,泰国将爆发战争,紧接着就是马来西亚,不到三年我肯定会在广场

---

① Tun Razak, "Our Destiny", *Straits Times*, 7 Aug. 1968, http://eresources.nlb.gov.sg/newspapers/Digitised/Article/straitstimes19680807-1.2.3.aspx/, accessed 12 Oct. 2016.

被施以绞刑"①。所以,当西贡解放时,这种黑暗的日子似乎近在眼前。1975年5月8日,李光耀跟福特总统说:"我当时的第一反应就是吃惊,担忧局势迅速崩溃。"② 在谈及东南亚的混乱局势时,李光耀说到,泰国人认为"美国没有道德,媒体在狂欢……老挝已经濒临垂死的局面,柬埔寨则在中国和越南之间挣扎"。

这种对共产主义的担忧,直接导致了1976年2月23—24日巴厘岛第一届东盟领导人会议的召开,那是在印度支那解放一周年之际。马凯硕参加了那次会议。美国学者唐纳德·韦瑟比说道:

> 1975年共产主义在印度支那的胜利,促使东盟国家为加强安全合作采取紧急措施。1976年2月,东盟国家元首在印度尼西亚巴厘岛召开了第一届东盟峰会。这为东盟加强政治和经济合作奠定了基础,但是它并未关上与印度支那国家和解的大门。③

在巴厘岛开会的东盟领导人充满恐惧和担忧,但是与他们形成对比的是,越南领导人则显得非常傲慢。他们认为东南亚地区的历史终将站在他们那边。1976年8月,在斯里兰卡召开的不结盟运动首脑峰会上,新加坡前总统纳丹就发现越南领导人对局势的自信。纳丹总统碰巧读到了越南总理范文同给西丽玛沃·班达拉奈克夫人的便条。上面写道:"随着美国的失败和越南的统一,一场革命已经

---

① "Foreign Relations 1964-1968, Volume XXVI, Indonesia; Malaysia-Singapore; Philippines", U. S. Department of State Archive, 10 Dec. 1966, http: //2001-2009. state. gov/r/pa/ho/frus/johnsonlb/xxvi/4432. htm, 访问时间:2016年10月12日。

② "Memorandum of Conversation, Washington, May 8, 1975, noon-1 p. m., *Foreign Relations of the United States*, 1969-1976, *Volume E-12*, *Documents on East and Southeast Asia*, 1973-1976, 8 May 1975, https: //history. state. gov/historicaldocuments/frus1969-76ve12/d297/, 访问时间:2016年10月12日。

③ Donald Weatherbee, *International Relations in Southeast Asia: The Struggle for Autonomy*, 2nd ed. (Plymouth: Rowman & Littlefield, 2009), p. 76.

二 和平生态

开始。共产主义将横扫整个东南亚地区。"①

越南领导人的这种傲慢,导致其做出了越南历史上具有灾难性的一个战略决定。1975年共产主义政权占领印度支那后,柬埔寨、老挝和越南共产党理应形成一个统一的集团,因为它们曾共同抵抗过美国支持的其国内的军事力量。然而,相反的情况发生了。三国的共产党执政后,柬埔寨和越南之间持续了数百年的传统竞争关系再次上演。柬埔寨红色高棉领导人波尔布特与越南断交。波尔布特开始站在中国一边以抵抗越南和苏联的联盟。中苏分裂的态势蔓延到了印度支那。

随着分裂形势的演化,越南开始计划入侵和占领柬埔寨。由于越南领导人仍存有打败一个超级大国的信心,且他们相信可以依靠苏联的军事力量来对抗中国,因此他们无视中国的警告,于1978年12月入侵了柬埔寨。

越南这一行动存在几个误判。第一,1979年2月几十万中国人和越南人陷入战争泥潭。虽然越南士兵气势如虹,也赢得多场战役,但最后以越南的投降而告终。在给了越南教训之后,中国领导人明智地将军队撤回。然而,这给了越南一个明确的信号,即中国将不遗余力地反对越南对柬埔寨的侵略。在邓小平回忆录中,他曾精辟地指出,如果选择以卵击石,那么只能是自取灭亡。

第二个误判是越南低估了东盟的反抗力量。由于打败了印度支那的非共产主义势力,越南领导人认为东盟国家的非共产主义领导人也是无能和软弱的。他们的这种想法也不是完全没有道理。在欧洲殖民时期,泰国从未被殖民过,其原因就是泰国已经形成了一种

---

① Timothy Auger, *S. R. Nathan in Conversation* (Singapore: Editions Didier Millet, 2015), pp. 12-3.

适应性文化，习惯了新的势力盘卧到自家门口。所以，当越南坦克迅速进入柬埔寨境内并到达柬泰边境时，部分泰国政治家非常自然地接受了越南侵占柬埔寨的这个事实。有人幽默地评论道，唯一能阻止越南侵占泰国的是曼谷糟糕的交通，因为越南的坦克将寸步难行。

但出乎意料的是，东盟领导人对越南侵占柬埔寨，采取了坚定和团结的立场。拉惹勒南曾在其1992年的论文中写道："这并不是出于对地区主义的信仰，而是面临共同的恐惧时的本能反应，正是后者最终导致了越共的失败。"① 在东盟历史上，这将会是东盟做出的最重要的决定。东盟数十年反对越南侵占柬埔寨的努力，有助于东盟高度团结的建立。正如李光耀曾说："正是受到这种艰难抉择的冲击，各方开始严肃地对待合作目标。当务之急就是要加强经济合作，加速经济增长，减少共产党游击队招募人员的可能性。我们找到了各方共同的政治意愿，并以此为纽带将其凝聚起来，共同应对出现的新问题。"②

东盟主要借助多边论坛来反对越南的侵略行径，尤其是联合国。凯硕在1984—1989年任新加坡驻联合国大使时曾有过亲身经历。在这一过程中他与许多东盟重要的外交官建立了深厚的交情，其中包括印尼前外长阿里·阿拉塔斯、马来西亚的扎因·阿兹莱、泰国外长尼·披汶颂甘。即使在反对越南侵略活动结束后，他们之间的私交仍持续多年。这种协作与合作产生了更深层的社会和政治资本。

---

① S. Rajaratnam, "ASEAN: The Way Ahead, ASEAN, 1 Sept. 1992, http://asean.org/? static_ post=asean-the-way-ahead-by-s-rajaratnam/, 访问时间：2016年10月12日。

② Lee Kuan Yew, "Speech by the Prime Minister, Mr. Lee Kuan Yew, at the Commonwealth Heads of Government Meeting in London on Wednesday, 8 June 1977: Changing Power Relations", *National Archives of Singapore*, 8 June 1977, http://www.nas.gov.sg/archivesonline/data/pdfdoc/lky19770608.pdf/, 访问时间：2016年10月12日。

二 和平生态

这种资本将东盟团结成一个整体,并使其在接下来的几十年里能团结应对不可避免的困难和压力。值得注意的是,虽然东盟的这种友谊形成于20世纪八九十年代,但是其积极影响在21世纪初得以显现,这时东盟国家一起制定了《东盟宪章》。负责起草《东盟宪章》的名人小组(EPG)的成员之一贾古玛教授曾说道:

> 虽然我们面临各种问题,但是名人小组最终达成了一致报告。一个重要的原因是,大部分名人小组成员在东盟圈里交往多年,彼此已非常熟悉。我与马来西亚的穆萨·希塔姆熟悉,从学生会时代开始就认识,他是名人小组的主席。我也与印尼的代表、外交部长阿里·阿拉塔斯非常熟悉。同样地,泰国和越南的代表都是其前外交部长。菲律宾前总统菲德尔·拉莫斯和文莱代表林玉成也都与我相识。名人小组内的私人交往有助于消除我们之间观点的分歧。①

更令人惊讶的是,从东盟的社会政治资本中获益最多的国家竟然是越南,而其恰恰是导致这种资本产生的源头。冷战结束和苏联解体后,越南领导人意识到其失去了保护伞,应该寻求新的朋友和盟友以加强国家安全,尤其是对抗其传统对手中国。在20世纪90年代,在寻求加强国家安全的新途径过程中,越南领导人意识到东盟是一个合适的安全伙伴。然而,东盟之所以能发挥这种作用,是由于它们在十年抗越的过程中形成了一种紧密的团结性。1995年7月越南决定加入东盟,这一决定将会是历史上最具讽刺意味的事件之一。

---

① S. Jayakumar, *Be at the Table or Be on the Menu: A Singapore Memoir* (Singapore: Straits Times Press, 2015), p. 90.

越南在 1995 年决定加入东盟极为引入注目,要理解这一点只需回顾一下越南在十年前发表的对东盟的宣言。那个时候,越南经常谴责东盟。1977 年末,越南总理范文同说道:"在东南亚地区,建立像东盟这样的军事集团的政策是失败的,而且永远不会得逞。"艾丽·巴曾记录道:

> 例如,河内曾多次提到"真正的中立"和"真正的独立"这些字眼,并且多次暗示东盟既不是真正的中立也不是真正的独立。同样,在 1976 年 2 月的巴厘岛东盟领导人峰会上,越南和老挝领导人继续谴责东盟,认为东盟和东南亚条约组织一样(SEATO),是另一个帝国主义的产物……在呼吁不结盟运动(NAM)国家支持"东南亚人民抵抗新殖民主义的斗争"的同时,他们不仅质疑东盟的合法性,还建议越南继续在政治上(即使不是物质上)支持各东盟国家的反抗活动。事实上,尽管与个别东盟国家存在交往,但河内始终拒绝将东盟看作是一个组织,从而否认东盟及其目标的意义及合法性。
>
> ……他纳·科曼站在一个普通民众的立场上描述了 1976 年的情况:"当东盟国家不断地对越南和其他印度支那新政权伸出友谊之手时,这三国的领导人却挥舞拳头来回应。"①

尽管有许多不愉快的记忆,东盟还是在 1995 年 7 月决定接纳越南为其成员国。这一决定显示出东盟多年积累的固有的地缘政治智慧。理解这一现象的最好办法是比较冷战后欧盟对待其昔日对手俄

---

① Alice Ba, (Re) Negotiating East and Southeast Asia: Region, Regionalism, and the Association of Southeast Asian Nations (Singapore: NUS Press, 2009), pp. 84-5.

罗斯的态度。最初，在20世纪90年代，欧盟非常明智地接纳了俄罗斯。1996年2月俄罗斯加入欧洲委员会，1997年6月加入八国峰会，这些似乎表明了欧盟有能力和包容度接纳其前对手。然而，欧盟的领导国家，尤其是英国、法国和德国，却将北约东扩到俄罗斯边界，这是相当缺乏智慧的。更令人震惊的是，在2008年，这些欧盟国家通过了一个由乔治·W.布什提出的《北约宣言》，即要求乌克兰加入北约。这种对俄罗斯的故意挑衅就类似于在公牛面前舞红旗。与东盟相比，欧盟国家的行为显然缺乏地缘政治智慧，而东盟则明智地将前对手——越南——纳入自己的框架中。

因此，东盟的故事是非常精彩的。最初，东盟因为恐惧而团结在一起。恐惧是一种负面情绪。但是，这种负面情绪产生了正能量，并推动了东盟多年的发展。20世纪70年代，东盟国家并没有因为共产主义国家的发展而产生恐惧，而是更加努力地齐心应对地区挑战，尤其是在80年代，逐渐增强了东盟的团结和凝聚力。

因素二：政治强人的作用

能够发生上述这些情况，是因为在20世纪80年代（东盟的形成期）东盟国家出现了一些政治强人。代表人物包括印度尼西亚的苏哈托总统、新加坡的李光耀总理、马来西亚的马哈蒂尔总理、泰国外长西提·沙卫西拉等。从性格和个性来看，他们是迥然不同的。他们有不同的文化背景，这也反映出东盟特有的文化差异性。但是，他们有着共同的重要特点，那就是他们都是硬骨头。

拉惹勒南最喜欢的一句话就是列宁的名言："若刺刀插入，遇到软东西就继续用力，遇到钢铁则抽回。"越南领导人是列宁主义的信奉者。1978年12月，他们在进攻柬埔寨时，期待东盟国家能软弱地应对。令他们吃惊的是，东盟国家如钢铁一般强硬。

对四位东盟国家领导人的简单介绍将展现出他们如钢铁般的强硬性格。同样重要的是，他们都深藏政治智慧。在东盟发展的早期，最重要的领导人无疑是苏哈托总统。相比其他东盟领导人，他在团结东盟中发挥了重要作用。新加坡前外长黄根成曾说："东盟成功的重要原因是苏哈托总统有足够的影响力且愿意支持东盟。"①

为了理解苏哈托总统的重要性，我们可以对比一下其他类似的地区组织，如美洲国家组织和南亚区域合作联盟。前者的失败在于美国，这个最强大的成员国总是想主导该组织。因此，该地区组织难以形成一种地区的共同体意识。同样，南亚区域合作联盟的失败是因为印度，它显然是最强大的成员国，也试图主导该组织。这些都阻碍了地区凝聚力的产生。与美国和印度一样，印度尼西亚明显也是东盟内最强大的成员国。但是与美国和印度不同，印度尼西亚有着非凡的智慧，并不试图主导东盟。相反，苏哈托总统让小国——泰国、马来西亚和新加坡——来领导东盟。新加坡总统纳丹在与我们的访谈中提到："苏哈托总统的老练之处在于他决定在东盟中扮演幕后角色，并让其他成员国自己处理彼此的关系。"② 这有助于东盟培育真正且可持续的共同体意识。

苏哈托总统愿意放手，允许其他国家来经营东盟，这一行为是非常了不起的。因为在国内，他是一个强势的领导人，并不是一个畏首畏尾的人。虽然苏哈托可能并不是一位理想的印尼领导人，但是他却成为一个强势领导者。他的前任苏加诺总统是一位有魅力的领导人，他通过精彩的演讲使印尼民众信服。虽然苏加诺总统的经

---

① 作者对黄根成的访谈，2015 年 7 月 24 日。
② 作者对纳丹总统的访谈，2015 年 6 月 27 日。

二 和平生态

济政策具有灾难性,但是印尼不同种族的民众无疑都折服于他的魅力。

苏哈托总统与苏加诺总统是截然不同的。苏哈托总统的演讲相对逊色。因此,他很难将国家团结在一起。他唯一受过的训练和教育来自于军队。本以为他对印度尼西亚的统治会和其他强势军人的领导一样,将给国家带来灾难,如伊拉克的萨达姆·侯赛因、叙利亚的哈菲兹·阿萨德或者缅甸的奈温将军。令人惊讶的是,苏哈托的统治恰恰相反。在他的领导下,印尼经济蓬勃发展。印尼经济规模从1965年(他就任时)的260亿美元增长到1995年(下台前三年)的2020亿美元。更重要的是,印尼的穷人受益于苏哈托的执政。由于苏哈托在印尼稻米自给自足方面的成就,1985年联合国粮农组织授予其金质勋章。亚当·施瓦茨很好地概括了苏哈托的贡献:

> 在苏哈托任期内,数千万印尼人摆脱了贫困。在雅加达、泗水和棉兰的新兴中产阶级住进了新式公寓,并在亮丽的购物中心里购物。外国投资者每年投资数十亿用于扩建新的工厂,让贫苦农民的孩子在工厂工作,他们生产的产品应有尽有,从锐步运动鞋到索尼电视机。一个稳定和日益繁荣的印尼引领了东盟的发展,并奠定其基础。在此进程中,苏哈托这一经验丰富的政治家起到了重要作用。①

毫无疑问,他执政期间确实存在腐败。他的直系亲属变得富有了。但是,印尼人民同样也受益匪浅,东盟人民也从中获益。苏哈托展示出非凡的地缘政治智慧,因为他没有试图主导或遏制东盟。

---

① Adam Schwarz, "Indonesia after Suharto", *Foreign Affairs*, July/Aug. 1997, https://www.foreignaffairs.com/articles/asia/1997-07-01/indonesia-aftersuharto/,访问时间:2016年10月12日。

他听从其他东盟邻国的意愿。例如,他取消了对越南的支持,因为其他东盟国家反对越南对柬埔寨的侵略。这是十分难得的,因为苏哈托对中国有着较深的疑虑。中国共产党曾经支持印尼共产党,在1965年的政变中,印尼共产党将苏哈托作为主要目标。且其政府内部也有许多声音希望苏哈托支持越南对抗中国,包括时任国家首席安全顾问的贝尼·穆达尼。

印尼著名的知识分子林绵基曾记录下这一印尼政府内部的斗争,以贝尼·穆达尼为首的亲越势力和以外交部长莫克塔尔·库苏、马哈查教授为首的反越势力间的斗争。林绵基这样描述到:

> 最后这些斗争都到了苏哈托那里,需要他做出裁决。苏哈托同意莫克塔尔的观点,即东盟是首要的。贝尼曾经公开给予越南支持,但是现在他被迫做出少许让步,这种转变让东盟很困惑。然而当时整个国际社会都在反对越南对柬埔寨的侵略,因此从外交上看,他也别无选择。①

许多人会想当然地看待东盟的团结与合作,但我们必须认识到这并不是自然而然发生的,而是在东盟历史的关键时刻做出的重要决定所造就的。由于苏哈托对中国的强烈疑虑,如果他支持贝尼一方而非莫克塔尔的话,这是完全可以理解的。那么这就可能会损害东盟的团结。如果苏哈托带领印尼向相反的方向发展,东南亚的命运将会改变。由此可见,领导人的作用对东盟的成功至关重要。

20 世纪 80 年代,东盟历史上另外一个惊人的进步就是,苏哈托和李光耀之间建立了特殊且深厚的友谊。两位领导人的精神世界是迥然不同的。苏哈托仅在军队受过教育,他受传统爪哇文化影响较

---

① Jusuf Wanandi, *Shades of Grey: A Political Memoir of Modern Indonesia 1965-1998* (Singapore: Equinox Publishing, 2012), p. 139.

二 和平生态

深。李光耀接受英式教育,并取得律师资格,深受盎格鲁-撒克逊现代文化的熏陶,并且也受到中华传统文化和土生华人文化的影响。因此,很难想象这两个人能结成如此紧密的合作关系。

然而,两位领导人在20世纪80年代定期会晤,实现了紧密合作。李光耀在回忆录中写道:"在20世纪70年代和80年代,我们每年都会见面,保持联系,交流观点以及讨论遇到的问题。"① 他们的会面都是两人的私下谈话。通过这些私人会面,他们相互间建立了信任和对合作的信心。两位重要领导人的信任和对合作的信心为东盟的建立奠定了基础。李光耀评价苏哈托说:"我觉得他是一个信守承诺的人。他很少做出承诺,但是一旦承诺必然做到。言行一致是他的优点。"1986年,李光耀对澳大利亚媒体说道:

> 回顾过去,在各种对地区发展产生深远影响的因素中,没有什么能够比得上印尼总统苏哈托的个性和眼界。在过去20年间,印尼集中精力发展经济,振兴社会,而这一切如果没有苏哈托是不会成功的。由于苏哈托的政策,东盟成员国之间建立了富有建设性与合作性的关系,当遇到外部问题时它们能够团结一致,使东盟成为一个真正的组织。如果在20世纪90年代,能够出现一位像苏哈托一样致力于印尼发展和社会进步的领导人,那么东盟在21世纪后的发展就有保障了。②

东盟内另一对意想不到的伙伴关系是李光耀和马哈蒂尔。从

---

① Lee Kuan Yew, *From Third World to First: The Singapore Story, 1965-2000*, Vol. 2 (Singapore: Marshall Cavendish, 2000), p. 306.
② "Speech by Prime Minister Lee Kuan Yew to the National Press Club in Canberra, Australia, on 16 Apr. 86", National Archives of Singapore, 16 Apr. 1986, http://www.nas.gov.sg/archivesonline/data/pdfdoc/lky19860416a.pdf/,访问时间:2016年10月12日。

1963 年到 1965 年，当新加坡还是马来西亚联邦的一员时，两位领导人曾是强劲的政治对手。李光耀曾倡导马来西亚内部的种族平等，而马哈蒂尔则主张给予马来人以特殊待遇。1965 年 5 月 26 日，马哈蒂尔解除了李光耀的职务，因为他认为"这个人有疯狂的野心，将自己看成是马来西亚第一位华人总理"，并说他是"狭隘、自私和傲慢"的中华沙文主义的典型代表。① 李光耀回应道："好了，我来告诉马哈蒂尔：当我们加入马来西亚时，我们从未同意过马来人的统治；我们同意的是马来西亚的统治，从来都不是马来人的统治。看起来这些都是废话。但是如果有人认为我们会同意马来人的统治，那么他就大错特错了。"② 但是，当 1976 年 3 月 5 日马哈蒂尔出任马来西亚副总理时，两位领导人摒弃前嫌、共同合作。在马哈蒂尔出任副总理后，在两位领导人的第一次会晤中，凯硕就在场。那是一场由时任新加坡政府驻马来西亚最高专员黄金辉在吉隆坡举行的小型晚宴。两位领导人对其第一次会面都小心谨慎，期间并没有明显的敌意。

尽管之前两位领导人存在政治不和，但是他们在 20 世纪 80 年代却能够相互合作。两方都同意进行双边军事演习，这些演习"最初遭到了反对，因为这可能会导致来访国的安全部队熟悉东道国的'领土'"③。这些演习包括 1989 年开始的"团结精神"军演和 1984

---

① Parliamentary Debates, Malaysia, 26 May 1965, 引自 Khoo Boo Teik, *Paradoxes of Mahathirism: An Intellectual Biography of Mahathir Mohamad* (Kuala Lumpur: Oxford University Press, 1995), p. 20。

② "Transcript of Speech by the Prime Minister, Mr. Lee Kuan Yew, on 30th May, 1965, at the Delta Community Centre on the Occasion of Its 4th Anniversary Celebrations", National Archives of Singapore, 30 May 1965, http://www.nas.gov.sg/archivesonline/data/pdfdoc/lky19650530a.pdf/，访问时间：2016 年 10 月 12 日。

③ Amitav Acharya, *Constructing a Security Community in Southeast Asia: ASEAN and the Problem of Regional Order* (London: Routledge, 2001), p. 147.

二 和平生态

年开始的"马来坡拉"海军演习。这些都是联合军事训练项目。从1981年到1990年,新加坡是马来西亚柔佛州的最大投资者(虽然日本是马来西亚的最大投资者)。由于意识到本地区的经济增长潜力,时任新加坡副总理的吴作栋,在1989年提出建立"新加坡—柔佛—廖内增长三角",以加强三个地区间的经济联系和互补。后来印度尼西亚和马来西亚更多的州加入,于是就演变成了"印度尼西亚—马来西亚—新加坡增长三角"。

第四位领导人是泰国的空军元帅西提·沙卫西拉,他在20世纪80年代越南侵略柬埔寨的关键时刻表现出了强烈的决心。从1975年到1991年,在泰国的体制下出现了很多位总理,社尼·巴莫、克立·巴莫、他宁·盖威迁、江萨·差玛南上将、炳·廷素拉暖、差猜·春哈旺和阿南·班雅拉春。幸运的是,从1980年到1990年,西提·沙卫西拉一直担任泰国外交部长。泰国国王和政府的重要官员都对他有信心。在越南侵略柬埔寨的事件中,尽管政府内部有要员提议要对越南妥协,但是他确保了泰国外交政策的连贯性和一致性。

因为菲律宾在地理上与东南亚大陆分离,其领导人对待越南侵略柬埔寨这一问题的关切程度可能不如其他东南亚陆上国家的领导人。但是,菲律宾仍积极参与了东盟反抗越南侵略柬埔寨的行动。这得益于1968—1984年菲律宾外交部长,即传奇人物卡洛斯·罗慕洛。到20世纪80年代,他是仅存的在1945年《联合国宪章》上签字的人之一。他非常迷人且富有个人魅力,还经常讲精彩的笑话。他在动员国际支持以反对越南侵略上发挥了关键作用。

回顾20世纪80年代的历史,可以清晰地看到东盟幸运地在不同层面拥有一批优秀的外交官,他们在国际社会视野中建立起了强大的东盟形象。一些值得特别提到的外交官有:新加坡的许通美教授、印度尼西亚的阿里·阿拉塔斯、马来西亚的扎因·阿兹莱、泰国的尼·披汶颂甘。当时的许多外交部长也是强势政治领导人。除了西提·沙卫西拉和卡洛斯·罗慕洛外，还有新加坡的拉惹勒南和印度尼西亚的莫克塔尔·库苏马哈查。没有这些人的贡献，东盟很难在20世纪80年代形成强烈的团结意识。

如果任何人在1967年东盟成立时预测，20年后信仰伊斯兰教的马来西亚和印度尼西亚，信仰佛教的泰国，信仰基督教的菲律宾和世俗国家新加坡等国的领导人间将形成深厚的友谊和信任，这个人会被当作傻瓜。然而，不可能的事情发生了。较深的恐惧感以及强势的领导人促成了东盟间友谊的产生。

因素三：地缘政治上的运气

领导人重要，运气也同样重要。东盟感到幸运的是，20世纪80年代发生的一系列地缘政治事件对它都是有利的。首先，东盟恰好处在美苏冷战中胜利的一方。而共产主义阵营中两大领导国间的信任和合作的彻底崩塌，即中苏交恶也让东盟从中获益。的确，如果中苏关系没有分裂，那么可以想象，整个东南亚地区都有可能成为共产主义或亲共产主义的政权。

当然，东盟也获益于中国的改变。中国的改革对东盟的发展产生了积极的影响。1967年8月，东盟成立时，中国称其为"新帝国主义"的产物。《北京周报》称东盟创始国为"美帝国主义在东南亚的走狗"，并将东盟称之为"针对中国、共产主义和人民的彻头彻尾的反革命联盟，美帝国主义和苏联修正主义在亚洲追求新殖民主

二 和平生态

义的新工具"①。与之不同的是，1978年11月，在邓小平执政后，他做的第一件事情就是访问三个东盟国家的首都。这些访问让他意识到，即使与东盟国家相比，中国都是落后的。1992年，邓小平在视察南方时说："新加坡的社会秩序算是好的，他们管得严，我们应当借鉴他们的经验，而且要比他们管得更好。"邓小平还提到广东应该争取在20年内赶超"四小龙"，"不仅经济要上去，社会秩序、社会风气也要搞好"。② 因此，中国政府很快开始向东盟国家学习，而不是谴责东盟。

从马克思主义思想中可以看到，信奉马克思主义的领导人喜欢谈论"力量对比"，他们认为历史总是站在革命的一方，即不同国家的革命力量最终会联合起来推翻资本主义的剥削。而中苏分裂的讽刺结果是，在非共产主义的东盟和共产主义的越南间的较量中，东盟获胜了。

越南被孤立并不是必然的。在20世纪70年代末期，越南给亚洲、非洲、拉丁美洲新独立的殖民地国家带来了光明。毕竟，它挫败了西方最强大的国家美国。因此，在1978年12月，越南入侵柬埔寨时，越南领导人希望第三世界国家能同情他们。但是出乎意料的是，越南被第三世界国家孤立了。

1979年8月在古巴哈瓦那，越南及其支持者苏联利用古巴不结盟运动峰会主席国的身份，阻止红色高棉政权在不结盟论坛中获得合法席位，使之出现有利于越南的结果，当时凯硕就在现场。古巴违反所有程序规则，达成了一个有利于亲苏政权的结果。期间，菲

---

① Derek McDougall, *The International Politics of the New Asia Pacific* (Singapore: Institute of Southeast Asian Studies, 1997), p. 221.
② Nicholas D. Kristof, "China Sees Singapore as a Model for Progress", *New York Times*, 9 Aug. 1992, http://www.nytimes.com/1992/08/09/weekinreview/the-world-china-sees-singapore-as-a-model-for-progress.html/，访问时间：2016年10月12日。

德尔·卡斯特罗召开了一个小型会议来决定谁将在不结盟运动中代表柬埔寨：是波尔布特的"合法"政府还是越南支持的伪政权。这个小会议室聚集着亲苏联的各国首脑：菲德尔·卡斯特罗（古巴）、萨达姆·侯赛因（伊拉克）、哈菲兹·阿萨德（叙利亚）等。新加坡外交部长拉惹勒南投了唯一的反对票。面对这种压倒性的局势，他本可退缩。但是，他像狮子一般反击，展示出新加坡开国领导人们的气概。

古巴企图挟持第三世界的粗暴尝试完全破产了。峰会后的一个月，联合国大会中大多数第三世界国家，通过投票支持越南撤离柬埔寨的决议，并谴责了古巴的行径。联合国大会的强烈谴责预示着越南侵占柬埔寨的行动即将结束。关于这一决议，赞成票数从 1979 年的 91 票增至 1989 年的 124 票，东盟不断以外交手段争取更多的支持。东盟成功的外交是越南被孤立的一个重要原因。

而两个大国——美国和中国，在这件事情上对东盟的支持也是另一个重要的原因。理论上，它们支持东盟是因为其符合国际法。但是在实践中，美国和中国只有一个重要的目标，那就是羞辱苏联。东盟在 1981 年 7 月联合国关于柬埔寨的一场会议中就发现了这一点。苏联及其支持者抵制这次会议。这次会议要解决的关键问题就是，在越南侵占柬埔寨的行动结束之后，柬埔寨应该由哪个政府接管。

中国政府根据国际法采取了正确的立场，坚持前波尔布特政府有权重新执政。东盟国家反对中国的这一立场。东盟认为，由于波尔布特政府从 1975 至 1978 年有着可怕的种族灭绝记录，国际社会是不会让其重新执政的。当东盟和中国的分歧逐渐激烈后，美国代表开始干预。由于美国往往是坚定的人权捍卫者，东盟国家希望美国能支持它们的道义立场。但是出乎东盟国家的意料，美国决定支

二　和平生态

持中国，甚至想逼迫东盟接受中国的立场。简而言之，世界的人权卫士美国与中国一道支持有种族灭绝行径的波尔布特政权重新执政。若非凯硕亲身经历了此次会议，他是不会相信这一事情真的可能发生。

但是，它的确发生了。这只是证明了一条最古老的地缘政治规则。作为大国的美国和中国，不会因为在国际法上东盟是正确的，或者东盟代表的是友好的非共产主义政权，而与东盟合作。相反，美国和中国视东盟为打击苏联的有利工具。东盟明显被两大国利用了。尽管被利用，但是这对东盟而言仍然是幸运的。在两大国的支持下，东盟最终成功扭转了越南侵占柬埔寨的局势。这一成功反过来又提高了东盟的国际地位，同样重要的是它提高了东盟国家的自信。所有东盟成员国意识到它们属于胜利的一方。它们加强了彼此间的承诺。20世纪80年代的这些事件为日后东盟发展成为更加成功的地区组织奠定了基础。

美国对东盟强有力的支持也让美国的许多重要盟友接受东盟，包括欧盟、日本、韩国、加拿大、澳大利亚和新西兰。事实上，它们都成为东盟的对话伙伴国。1974年澳大利亚成为东盟的对话伙伴国；1975年是新西兰；1977年是加拿大、日本、欧盟和美国；1991年是韩国。由于东盟发展得较好，它们都认为来参加东盟会议的时候应该带些好东西来。

因素四：以市场为导向的经济政策

许多亲西方的发达国家对东盟提供的援助是非常有益的，但是这不是20世纪八九十年代东盟经济成功的主要原因。比这重要的是，东盟从东亚经济体中学习先进的经济发展经验，尤其是从日本和"四小龙"那里。简言之,东盟创始国——印度尼西亚、马来西亚、新加坡、泰国和菲律宾——融入繁荣的东亚经济生态系统,利用全球贸易扩大带来的机遇,并且进一步推动了全球贸易的发展。菲律宾的发展受到内部政治动乱的阻挠,但是印度尼西亚、马来西亚、新加坡和泰国在 20 世纪 80 年代实现了经济高速增长。从 1980 至 1990 年,东盟五国的平均经济增长率达到 6.1%,其中印度尼西亚达到 6.6%,马来西亚 6.2%,新加坡 7.6%,以及泰国 7.7%。(遗憾的是,菲律宾在这一时期的经济增长率仅为 2.1%。①)

1981 年 7 月 16 日,马哈蒂尔成为马来西亚总理,他紧赶时代浪潮,实施了"向东看"政策。他曾说道:

> 马来西亚找到了日本成功的原因。它们是爱国主义、纪律、良好的工作道德、合理的管理系统,尤其是政府和私人部门间的紧密合作。因此,我们尝试采纳这些经验,并在国民中灌输这种文化。现在每个人都认为马来西亚取得了比其他发展中国家更好的发展。在马来西亚"向东看"的政策指导下,马来西亚在过去二十年间取得了最快的发展。②

在东盟与东亚经济生态系统逐步一体化的过程中,该地区的氛围也发生了改变。从 20 世纪 40 年代二战的爆发到 20 世纪 50 年代的叛乱,从印度支那毁灭性的战事到 1975 年西贡的陷落,再到 1979 年的中越战争,在这 40 年间本地区冲突不断。因此,在此之后延续

---

① Teofilo C. Daquila, *The Economies of Southeast Asia: Indonesia, Malaysia, Philippines, Singapore, and Thailand* (New York: Nova Publishers, 2005), p. 5.
② Mahathir bin Mohamad, "Look East Policy: The Challenges for Japan in a Globalized World", *Ministry of Foreign Affairs of Japan*, 12 Dec. 2002, http://www.mofa.go.jp/region/asia-paci/malaysia/pmv0212/speech.html/,访问时间:2016 年 10 月 12 日。

这种战争和冲突的模式也是正常的。但是，不可思议的情况发生了。经济增长和发展代替了战争。

如果东盟创始五国加入以美国为首的自由市场生态系统，情况可能会不一样。20世纪70和80年代，五个东盟创始国都是77国集团（G77）的成员，该组织是发展中国家建立的。其核心的思想是反资本主义和反自由市场，拒绝对外投资。事实上，对外投资者经常被描绘成资本主义的吸血鬼，吸取第三世界农民和工人的血液。

马凯硕在1984—1989年间担任新加坡驻联合国大使时，就曾亲身感受了77国集团的这种思想。联合国第二委员会（经济和金融委员会）内，以美国为首的自由市场的支持者和以拉美国家为首的反对者之间进行了激烈的争论。主要的第三世界经济体，包括印度、尼日利亚和埃及，反对自由市场。在此背景下，新加坡的发言是孤立的。幸运的是，当我们走进像"狮子洞穴"一般的77国集团会场时，我们虽然孤立无援，但还是勇敢地捍卫了对外投资自由。马凯硕生动地记得当时的一些片段，如他的同事林琼华在提倡自由企业时便受到了攻击。

新加坡很早就做出了逆第三世界潮流的大胆决定，并且取得了成功，这对其东盟邻国产生了催化作用。新加坡支持对外投资和出口的政策很快带来了明显的经济收益。新加坡经济稳步增长，在20世纪70年代和80年代保持了平均8%的增长率。这或许能解释，1965年新加坡脱离马来西亚后，尽管马来西亚不断谴责新加坡，却仍决定效仿新加坡的政策。马来西亚的公务人员做的最明智的事情则是，全盘复制了新加坡经济发展局编制的《为什么你应该在新加坡投资》。因此，外资也陆续流入马来西亚。在马来西亚，外资流入从1970年的9400万美元增长到1990年的26亿美元。在新加坡，外资流入从 1970 年的 9300 万美元增长到 1990 年的 56 亿美元。① 到 1990 年，对外直接投资占马来西亚 GDP 的 23%，新加坡则达到 83%。②

同一时期，泰国也决定开放其经济，尤其是从日本的投资中获益。诚然，泰国有着成本优势。但没有人知道为什么日本如此偏爱泰国。马凯硕回忆起，一位日本学者曾经解释说是因为泰国"文化中的甜味"。泰国占主导地位的佛教文化以及其文化中的开放性，让日本人觉得在泰国是受欢迎的。20 世纪 70 年代，日本已经开始在泰国投资，所以毫不奇怪，在 1985 年《广场协议》后，日本的制造商在被迫转变其海外生产方式后，许多日本商人加大了在泰国的投资，特卡卡隆博士写道：

> 20 世纪 90 年代，汽车生产和销售显著增长的原因有两个。一方面，1985 年日元升值，促使日本制造商扩大在泰国的生产。另一方面，泰国政府致力于汽车业的自由化。例如，2000 年取消了《国产化程度要求》（Local Content Requirement）的规则。③

印度尼西亚和菲律宾没有像新加坡、马来西亚和泰国那样放开外国投资。弗雷德里克·舍霍尔姆指出，东盟各个国家在时机和方法上存在不同："例如，马来西亚在 20 世纪 70 年代就已经开始改革，印尼在 20 世纪 80 年代末和 90 年代初才开始，而以前实施中央

---

① United Nations Conference on Trade and Development Statistics, http://unctadstat.unctad.org/, accessed 9 Apr. 2015.

② Ian Coxhead, ed., *Routledge Handbook of Southeast Asian Economics* (Abingdon: Routledge, 2015).

③ Kriengkrai Techakanont, "Thailand Automotive Parts Industry", in *Intermediate Goods Trade in East Asia: Economic Deepening through FTAs/EPAs*, BRC Research Report No. 5, ed. M. Kagami (Bangkok: Bangkok Research Centre, IDE-JETRO, 2011).

计划体制的国家则开始得更晚。"① 在印尼,"伯克利黑帮"是苏哈托总统的顾问。然而,苏哈托却在自由主义和民族主义阵营间摇摆。他似乎听从了"伯克利黑帮"的建议,在20世纪60年代末和80年代中期,即印尼经济衰退时期,推动经济自由化和宽松管制。但是,在经济繁荣的20世纪70年代中期奉行经济民族主义和保护主义。②"伯克利黑帮"受到印尼强烈的民族主义思想的限制。许多印尼政策制定者当时认为(有些现在仍然这样认为),印尼有广阔的国内市场,它不需要像新加坡、马来西亚和泰国那样开放市场。

一位观察家约翰·佩奇曾描述过促进东盟经济成功的因素。他总结出了新加坡、马来西亚、泰国和印度尼西亚促进经济发展的"共同政策纲领":

> 这些国家的宏观经济管理异常好,且宏观经济表现非常稳定,这为私人投资提供了必要的环境。加快完善银行系统,为非传统储蓄者提供更多便利,提高了金融储蓄的水平。重视小学和中学教育的政策迅速提高了劳动力素质。农业政策则注重生产力的转变,且不对农村经济过分征税。③

遗憾的是,由于菲律宾费迪南德·马科斯总统的腐败统治,菲律宾在20世纪80年代经济发展受阻。虽然马科斯总统在1965年执政初期有个较好的开端,但是随后他和他的夫人变得越来越贪婪。

---

① Fredrik Sjöholm, "Foreign Direct Investments in Southeast Asia", IFN Working Paper No. 987 (Stockholm: Research Institute of Industrial Economics, 2013).
② Cassey Lee and Thee Kian Wie, "Southeast Asia: Indonesia and Malaysia", in *Routledge Handbook of the History of Global Economic Thought*, ed. Vincent Barnett (Abingdon: Routledge, 2014), pp. 310-1.
③ J. Page, "The East Asian Miracle", in *NBER Macroeconomics Annual* 1994, Vol. 9, ed. Stanley Fischer and Julio J. Rotemberg (Cambridge: MIT Press, 1994).

一位评论员曾描述过当时他们的运行体系：

> 他们敛财的方式丰富多样，如利用裙带关系受贿、收取回扣；转移政府贷款和合同；从高价的货品和建筑工程中获利；提高税收，转移不经审计的政府收入；通过法令接管企业，以及从政府控制的实体中转移资金。所有领域无一幸免。甚至每天送到伊米（马科斯长女）、艾琳（马科斯次女）和小费迪南德·马科斯（马科斯长子）家的鲜花都是由政府基金支付的。自 1972 年颁布戒严令后，伊梅尔达（马科斯夫人）和马科斯及其亲信利用绝对权力想尽一切办法来敛财。①

另一位观察家威廉·奥弗霍特阐述了阻碍菲律宾外资流入的因素：

> 尽管修订了相关外国投资的法律，官僚作风和腐败依然持续阻碍外资的流入……尽管菲律宾曾经是亚太地区吸引外资的主要国家，但是在马科斯统治期间，菲律宾成为亚太市场经济体中最不受外资青睐的地方。许多总统法令和限制措施导致所有经济领域的垄断或几近垄断，这直接打消了外商投资的念头……一些有出口潜力且生产效率高的生产商被迫宣告破产，而那些低效且没有出口潜力的，总统的朋友们开的工厂则受到保护。数十亿美元的贿款来源于高昂的税收，从而导致进口商（由此提高出口商的投入成本）、出口商和外国投资者不同程度地被征收重税。②

---

① Carmen Navarro Pedrosa, *Imelda Marcos: The Rise and Fall of One of the World's Most Powerful Women* (New York: St. Martin's Press, 1987).

② William H. Overholt, "The Rise and Fall of Ferdinand Marcos", *Asian Survey* 26, 11 (1986): 1137-63.

二 和平生态

菲律宾遭受了由其经济带来的不利影响,尤其是其土地所有权掌握在少数家族手中,这几大家族持封闭和保护主义的经济态度。当时流行的说法是,菲律宾就像是亚洲的一个拉丁美洲。

然而,即使印尼和菲律宾经济开放的程度相对低,它们仍在20世纪70年代和80年代日益加强的东亚经济生态系统中获益。这种增长源于几个因素:美国巨大消费市场的开放;日本充满活力和竞争力的制造商;韩国和中国台湾不停寻找新的供应商;中国大陆开放经济的决定;东亚和东盟政策制定者间日益形成的共识,认为开放经济优于封闭经济;大多数东盟国家愿与东亚国家实现经济一体化的意愿。(与之形成对比的是,印度不愿与东亚国家实行经济一体化,以至于印度经济明显落后。)此外,还包括亚洲逐渐形成的商人和政策制定者之间的网络,包括华人华侨和那些在美国大学受教育的人。

因此,在没有任何总体规划或者任何单个有远见的领导人(如让·莫内)来推动这一进程的背景下,整个东亚地区逐渐融合(当然这也有赖于美国经济,这个经济增长的引擎)。融入这个更大范围的经济生态系统是东盟成功发展的关键因素。一个由对共产主义的恐惧而建立起来的组织,意外地在一个良性环境中发展起来,使五个创始国保持发展和繁荣。

因素五:以东盟为基础的地区网络

前一节强调东盟如何通过融入更大范围的东亚地区一体化而获得经济收益。本节将着重分析东盟在这一环境下如何发展出一系列地区内和地区外的网络,这些网络反过来怎样让更大范围的东亚地区在政治上获益。

"东盟的中心地位"是在探讨东盟外交作用时经常听到的一句话。这句话的含义是什么？它是描述这些年东亚地区和更广范围内亚太地区一体化的简单的说法。这些一体化进程之所以发生，很大程度上是由于东盟的成立，它启发了地区合作，并为其提供了平台。现在，它已成为描述东亚地区合作进程的真正术语。这也是为什么某天应该在诺贝尔和平奖上提名东盟。它对地区和平的贡献胜于其他地区组织。

1978年东盟开始邀请其对话伙伴和朋友来参加年度部长级会议时，"东盟的中心地位"开始形成。在每年东盟外长会议后召开的是东盟外长扩大会议。早期的东盟外长扩大会议是与来自美国及其冷战盟国的外长们召开，有澳大利亚、新西兰、加拿大、欧盟和日本。在东盟外长扩大会议后召开的是"东盟+1"会议。中国和印度在很久之后才加入东盟外长扩大会议，时间分别是1991年和1996年。

随着时间的推移，东盟外长扩大会议促进了更大范围内共同体的发展，至少可以说是复制了在东盟成员国内形成的共同体意识。在20世纪80年代，所有参与国团结起来是因为它们处于冷战的同一阵营，反对越南对柬埔寨的侵略。但是在东盟外长会议和东盟外长扩大会议中形成的共同体意识，为后续更大范围内的合作倡议提供了基础。这些倡议包括亚太经济合作组织（APEC，1989）；东盟地区论坛（ARF，1994）；亚欧会议（ASEM，1996）；"东盟+3"会议（中国、日本、韩国，1997年）；"东盟+6"会议（"东盟+3"再加上澳大利亚、新西兰和印度，2005）；东亚峰会（EAS，2005），东亚峰会的基础是"东盟+6"机制，2011年美国和俄罗斯加入。

简而言之，东盟的成功为地区合作带来了信心，创建了一个功能性的地区组织（及一个和平生态系统），反过来也促使许多其他以合作思想（由东盟创立的协商一致原则）为基础的地区进程和组织

二　和平生态

的产生。这些区域外的进程都是不完美的。每一个进程的发展都有波折。然而，一个最主要且重要的评判标准是：这些由东盟产生的地区外进程，是否阻止了地区内国家间战争的爆发？简单而明确的答案是：是的，阻止了。

　　由东盟创立的在东南亚范围内的和平生态系统影响到了更广阔的地区，并改变其氛围，将其转向更加积极的方向。在本地区，占世界半数的人口都受到了东盟方式的影响。东盟维护和平的努力也对世界历史产生了积极的影响。这也是为什么世界应该更加理解并赞赏东盟的原因。

大国共舞

东盟的未来将主要取决于东盟内部的决策，但它也会受到外部大国的影响。的确，作为一个区域组织，东盟的最大威胁来自外部势力。东盟领导人和决策者别无选择，只能与大国培养默契，照顾彼此诉求，推动东盟与大国关系的发展。本章将尝试对此进行概述。

正如前面章节所述，东盟受益于有利的地缘政治环境。尤其在冷战期间，各创始成员国受到地缘环境的影响提出了建立一个地区组织的构想，进而创立了东盟。回顾历史，显然东盟在20世纪80年代的发展受到两个关键地缘因素的影响，一是中美合作共抗苏联；二是越南入侵柬埔寨。美国和中国都有意支持东盟，这对东盟的发展起到了极大的推动作用。

像东南亚季风一样，地缘政治的"大风"也会扭转形势走向。因此，东盟应该把握好风向，顺势而为。中美合作曾经极大地促进了东盟的发展，如今中美之间日益严峻的竞争态势却会对东盟构成真正的挑战。

本章的主要目的在于，希望各大国的决策者和思想领袖们能够深刻反思它们与东盟的关系，以及这种关系中它们的长期利益是什么。每个大国，特别是美国和中国，都需要仔细考虑，强化或削弱东盟是否符合其长远利益。

理论上，大国的政策是经过深思熟虑的，有长远利益的考量。但是在实践中，人们往往会更加关注眼前利益。近年来，中美两国与东盟的交往实践显然缺乏智慧。中国在南海问题上的强硬立场是没有必要的，也是不明智的。同样，美国利用东南亚和中国在南海问题上的分歧也不明智。这一决定可能为美国赢得了一些短期的红利，但它也造成了东盟国家之间的分歧。如果这些分歧最终导致东盟分崩离析，那么美国就是为了获得短期利益而牺牲了长期利益，得不偿失。用一句谚语说，这叫"捡了芝麻丢了西瓜"。

说服大国明智行事从来都不容易。短期的政治利益，特别是短期的选举利益，往往胜过长期利益。例如，许多欧盟的政治家想要取悦关心缅甸局势的国内选民。他们在1997年呼吁欧盟暂停与东盟的关系，因为东盟在这一年接纳缅甸成为其成员。然而，正是因为东盟与缅甸的军事政权接触，缅甸才开始了脱离军人政权的和平转变。相比之下，在叙利亚，欧盟和美国的制裁导致了战争。这就是为什么我们在本书讨论"东盟与欧盟"关系的那一节中，建议欧盟应对其批评东盟处理缅甸问题的立场道歉。

对于东盟来说，在21世纪不可低估经营大国关系的难度。随着本世纪取得的进展，显然我们正在摆脱冷战结束后出现的单极世界，走向一个更加多极化的世界。最终，多极世界很可能会导致更加稳定的权力配置。每个权力将经历不同种类的制衡，但也意味着这将是一个更复杂的权力游戏。

因此，东盟领导人每次举行仅限政府首长参加的闭门会议时，不妨将"大国关系现状及其对东盟的影响"列为固定议程。很多东

三 大国共舞

盟领导人都是精明老练的，他们能够从大国领导人的公开声明中察觉和分辨出他们的真正意图。我们总是在报纸上看到大国之间的公开竞争。但是我们没有看到的是大国之间私底下的串谋。例如，在联合国安全理事会对伊朗实施严厉制裁的所有决议中，美国竟然设法说服中国投了赞成票，这是相当令人惊讶的。显然，中美两国在伊朗的利益是不同的，那么美国是如何成功说服中国的呢？它们之间进行了什么交易？它们在这次交易中是否牺牲了东南亚的利益？当然，中美双方都会否认存在这种串谋。但如果东盟的官员选择相信中美两国的措辞，那么他们一定是脑子进水了。

显而易见，地缘政治较量就是肮脏的游戏。许多中小国家都可能会受到大国地缘政治操纵的牵连，东盟国家也都很脆弱。一个当代的例子可能有助于理解这一点。冷战期间，美国与泰国军政府合作得很愉快。但是现在华盛顿越来越认为泰国军政府正在向中国靠拢，于是美国就找到各种方法疏离泰国。杨荣文告诉我们一个有趣的故事，美国外交官曾试图重新安排东盟外长的站位，就是为了不让康多莉扎·赖斯和泰国外长站到一起。所以说，地缘政治竞争甚至可以狭隘到这种水平。

鉴于东南亚地区地缘政治游戏所可能产生的重大风险，东盟也要认识到，与大国建立长期制度性关系的必要性。在这个过程中，历史记忆很重要。例如，在冷战期间，由于认为东盟亲美，历届印度政府都与东盟保持着距离。但是冷战结束后，印度发现了接触东盟的好处，而新加坡在其中起到了促进作用，推动印度成为了东盟的对话伙伴国。许多年过去了，但印度仍然感谢新加坡和东盟。所以，善意和信誉的积累很重要。

我们本来打算用相同的方式来阐释东盟与每个大国的关系。但是，事实证明这是不可能的，因为每个大国都千差万别。推动它们与东盟交往的关键考量完全不同,它们的行为模式也相去甚远。中国对东南亚有着深刻的历史记忆,因此其政策总是基于长期考量。与之形成鲜明对比的是,美国经常受到短期利益的驱动,而且很健忘,政策不够一致。冷战结束后,美国开始疏离东盟,它曾经在东盟这个组织中积累的宝贵财富也随之付诸东流。幸运的是,虽然美国已将东盟抛诸脑后,但是东盟对美国的好感并没有完全消失。

东盟与每一个大国的关系都面临各式各样的挑战。我们将在下文对此进行进一步的讨论。在国际事务中,不可能总是一帆风顺,坑坑洼洼才是常态。事实上,东盟与大国的关系已经碰到了各种各样的颠簸。好在东盟与所有大国的关系都从未完全中断过。2014年乌克兰危机严重损害了欧盟—俄罗斯的关系,但是东盟与其他任何大国的关系都没有遭遇过类似的冲击。让人充满希望的是,这至少部分得益于东盟外交官和领导人多年来积累的智慧。但是,说实话,它可能也只是运气。

在本章的每个小节,我们都会提出一些解决措施以改善东盟与每个大国的关系。有时候,这些"良方"其实很简单,如出席每年的东盟部长级会议(AMM)。例如,科林·鲍威尔就通过出席每一次东盟部长级会议(AMM)来向东盟释放善意。而康多莉扎·赖斯担任国务卿以后,就因为没有出席2005年的东盟部长级会议而发出了一个负面信号。这使东盟国家感到困惑。正如鲁道夫·塞维里诺所言:"事后很久,观察家们仍在试图弄清楚为什么赖斯没有参加2005年7月在万象举行的部长级会议和东盟地区论坛。她的工作人员表示她当时正在解决中东地区事务,所以不能出席亚洲的会议。"[1]

---

[1] Rodolfo C. Severino, *Southeast Asia in Search of an ASEAN Community: Insights from the former ASEAN Secretary-General* (Singapore: ISEAS Publishing, 2006).

三 大国共舞

2007年,赖斯再次错过了东盟部长级会议和东盟地区论坛。白宫推迟了美国—东盟峰会的时间,这次峰会本来是为了庆祝东盟—美国对话30周年而举办的。之后布什决定邀请东盟领导人在得克萨斯州牧场举行首脑会议,但又因为缅甸对持不同政见者的打压而被取消。所有这些事件表明,美国虽然有意维持长期且稳定的美国—东盟关系,但常常被短期的国内和国际考量所束缚。一些美国外交官私底下对马凯硕悄悄说,虽然他们认为这些决定是不明智的,但是他们无法影响赖斯。这就是为什么经验传承对经营长期关系如此重要的原因。如果每个大国都能将它与东盟的往来做成口述历史,它们自己也会从中受益。而且,它们还可以将这份口述历史赠至东盟秘书处,提供给未来撰写东盟历史的人参考。

但是,我们在这里并不会对其中一个大国——俄罗斯——进行深入探讨。尽管现在俄罗斯仍是一个大国,并且会对全球发展产生重大影响,但是俄罗斯在东南亚的影响力和影响范围已经大为收缩。冷战期间,俄罗斯做出的任何决定都会对东南亚地区产生重大影响,这尤其体现在越南战争以后及后来的越南对柬埔寨的侵略战争中,然而,苏联解体后,俄罗斯对东南亚的影响就非常有限了。

普京总统是一个坚强和果敢的领导人。他的观点很重要。然而,他主要关注的是美国、欧洲和中东。俄罗斯与东盟关系本质上只是象征性的,几乎没有实质内容。2016年5月,普京总统亲自主持在索契举办的"俄罗斯—东盟索契峰会"。这是普京第一次在俄罗斯领土上与东盟领导人举行会晤,这是积极的进步。然而,这对于双方关系的实质性发展作用有限。

在一篇有洞察力的文章中①,伊莲娜·马尔季诺娃很好地解释

---

① Elena S. Martynova, "Strengthening of Cooperation between Russia and ASEAN: Rhetoric or Reality?" *Asian Politics & Policy* 6, 3 (2014): 397-412.

了俄罗斯与东盟关系面临的挑战。她指出，俄罗斯甚至不是东盟十大贸易伙伴之一。与东盟其他主要贸易国，如中国（11.7%）、欧盟（11.4%）、日本（9.8%）及美国（8.3%）的贸易份额相比，俄罗斯在东盟贸易中的份额只有0.6%。2006年到2011年，俄罗斯对东盟的对外直接投资流量也在下降。

但即使只是象征关系，这种关系也是时好时坏。2005年，普京总统作为观察员国参加了第一次东亚峰会。他表达了加入该会议机制的愿望，但是当时被委婉地拒绝了。然而，在2010年俄罗斯被接纳为正式成员之后，普京总统却未能参加2012年的东亚峰会，当时即使是奥巴马总统都出席了会议。

马尔季诺娃认为，俄罗斯和东盟之间缺乏紧密的关系反映了一个更深层的问题。她说："总统和总理几次都指出需要转向亚洲。然而，俄罗斯尚未制定长期和全面的亚洲战略。"总而言之，俄罗斯与东盟的关系只有在俄罗斯制定了全面的亚洲战略之后才能开始。这可能在一二十年内发生，但也将取决于全球地缘政治的发展。现在，东盟还不是莫斯科的主要关注点。

同样，本章不会讨论东盟与澳大利亚的关系，尽管澳大利亚是东盟的主要对话伙伴。但从任何定义来说澳大利亚都不是一个大国。根据国民生产总值的大小，可以将澳大利亚列入"中等大国名单"中。这就是为什么它是G20的成员。

然而，正如马凯硕在题为《澳大利亚在亚洲世纪中的命运》的文章中所言，澳大利亚在其经营东盟关系方面犯了一些严重的地缘政治错误。他认为：

> 澳大利亚拥有一个意想不到但宝贵的地缘政治缓冲区，即东盟。尽管东盟存在这样或者那样的缺陷和不足，但是

东盟却是增强澳大利亚安全态势的重要因素。例如，东盟保障了东南亚地区几十年的和平，没有难民会跑到澳大利亚这个空旷的大陆；东盟避免与所有亚洲大国（如中国和印度）过于亲近；东盟推进多边合作网络的建设，创造了更大的地缘政治稳定性。澳大利亚最近几十年做出的最大的地缘政治错误之一就是，将东盟的地缘政治成功视为理所当然。更糟糕的是，澳大利亚还不时在其外交倡议中试图破坏或绕过东盟。①

澳大利亚试图削弱或绕过东盟，其在地缘政治问题上所表现出的愚蠢真是无出其右。它生生地将东盟建立起来的能够覆盖澳大利亚的地缘政治保护伞给捅破了。所以说，相较于其他亚太国家，澳大利亚最有必要加强对东盟的重要性的认知。澳大利亚政府还需要制定一个针对东盟的持续性的长期战略，使其与东盟的关系不受澳大利亚政府和总理频繁更迭的影响。一旦东盟四分五裂，最大的输家之一将是澳大利亚。但是如果东盟做得好，澳大利亚也将是最大的受益者。一切都显而易见。所以说，无论是现在的还是将来的澳大利亚决策者，都应该好好研读一下本书。

当前，澳大利亚对东盟的最大价值在于，澳大利亚可以利用其与美国的特殊关系来培养美国对东盟的长期价值和战略意义的认知。正如下文关于东盟与美国部分所言，美国的东盟政策受到短期利益的驱动。确实，在南海问题上，如果美国坚持将东盟作为短期工具来羞辱中国，那么美国可能最终将使东盟分崩离析。一旦如此，澳大利亚将丧失取得巨大成功的机会。这是澳大利亚战略思维的悲哀，

---

① Kishore Mahbubani, "Australia's Destiny in the Asian Century: Pain or No Pain?" Australian National University, 31 July 2012, https：//asiapacifi c. anu. edu. au/researchschool/e-merging_ asia/papers/Mahbubani_ fi nal. pdf/，访问时间：2016 年 10 月 12 日。

但现在的澳大利亚显然还未意识到这一点。在引导美国（或其他大国）重视东盟的长期战略价值上，澳大利亚毫无建树。

澳大利亚自我毁灭式的东盟政策以及对东盟与美国关系的忽视是极不明智的。为了扭转上述局势，澳大利亚需要仔细研读本章，然后去反思应该如何审时度势，识时达变，成为东盟的长期战略伙伴，服务于其长期利益。

东盟与各大国关系的概述将按照美国（America）、中国（China）、欧盟（EU）、印度（India）和日本（Japan）的英文字母顺序展开。

东盟与美国

东盟自诞生之初就是亲美的。的确，从广义上讲，东盟在大部分时间里都秉持亲美的方向。不幸的是，美国对东盟的政策前后不一致导致东盟与美国的关系跌宕起伏。

美国与东盟关系经历了三个阶段。第一阶段，即冷战期间，由于双方有着共同的战略利益，所以关系非常紧密。第二阶段始于冷战结束。20世纪90年代，由于各种原因，美国对其前盟友失去了兴趣，例如东盟。于是东盟感到被美国遗弃了。第三阶段始于2001年"9·11"悲剧，美国重新注意到了东盟的战略价值。本节将对这三个阶段进行介绍。

值得注意的是，尽管美国与东盟关系起起伏伏，但是东盟亲美的性格从来没有变过。东盟使用英语也不是因为英国，而是因为美国。冷战期间，东盟不仅在政治上愈发亲近美国，且在经济和文化领域也越来越受到美国的影响。这也就是为什么许多美国人认为东盟的市民社会让人感到舒适。因为所有东盟社会都采用自由市场经济学，并且欢迎美国投资。例如，从东盟各国首都的商会和扶轮社

三　大国共舞

（扶轮国际的分支机构）就能看到美国的影响力。东盟精英阶层的孩子主要在美国大学学习。我们孩提时，美国快餐连锁店艾德熊（A&W）入驻新加坡，这让我俩很是震撼。对于那时生活在可怜的第三世界的我们来说，它就像开启了全新文明的大门。美国文化在冷战期间对我们有吸引力，而这种吸引力又因为好莱坞电影和美剧而得到强化。总之，虽然政治关系起伏不定，但美国在东盟社会中始终维持着亲善的形象。约瑟夫·奈曾信誓旦旦地认为，美国的软实力已经深入东南亚的骨髓中了。不幸的是，除了巴拉克·奥巴马，很少有美国人能够意识到美国曾经在东南亚建立起来的软实力。美国应该认识到双方多年建立起来的友好关系，其东盟政策应该更加一致。遗憾的是，唐纳德·特朗普的当选将更加疏离美国和东盟的关系，因为他非常不了解东盟。

第一阶段

第一阶段，即冷战期间，东盟和美国维持着非常密切的关系。东盟于1967年8月成立，主要目标是抵制共产主义在东南亚的"扩张"。而美国也有此目标。所以中国完全有理由说，东盟是美国人创建的。

从1967年到1989年冷战结束，美国与东盟合作密切。1975年，美国在越南灾难性地失败后，丧失了勇气，于是与东盟的合作暂时中断。但幸运的是，当时美国的东盟政策是由一位天才外交官理查德·霍尔布鲁克主导，即使双边关系暂时中断，他还是奋力保住了美国在东南亚的强烈存在。当霍尔布鲁克退休时，他在自己的办公室里很自豪地炫耀李光耀写给他的信，信中赞扬他保障了美国东南亚政策的连续性。

正如在下文"东盟与中国"部分也将提到的，1978年12月越南入侵柬埔寨时,东盟、美国和中国曾一起向越南施压,要求其撤军。而这一时期美国与东盟的亲密关系以及利益共享,在华盛顿决定邀请新加坡总理李光耀于1985年10月9日在国会联席会议进行演讲时得到最好的体现。凯硕陪同李光耀访问了华盛顿,并且亲眼目睹了里根政府和东南亚之间的密切关系。在此期间,美国国务卿乔治·舒尔茨定期出席一年一度的东盟会议,并赞扬美国与东盟建立更加密切关系的好处。有些不可思议的是,罗纳德·里根总统在1986年5月出席了东盟部长级会议,并作出以下致辞:

> 美国看到了东盟的团结和决心,你们为其他自由人民树立了榜样。东盟负责任的国际行为,以及为此发出的集体声音,全世界有目共睹。我今天来到这里,就是为了倾听你们的心声。我们支持东盟,并且期待与东盟合作,这是美国太平洋政策的关键。是你们的领导促使全世界来反对越南对柬埔寨的入侵和占领,没有什么是比这个更加鼓舞人心的了。①

在20世纪80年代,新加坡并不是与美国保持密切关系的唯一国家。基于1962年的《腊斯克-他纳协定》和1964年的《马尼拉条约》,美泰保持了非常紧密的双边关系,并且每年都举行联合军事演习。1985年,泰国从美国通用动力公司购买了12架F-16战斗轰炸机,这也许是对越南在同年购买苏联的米格-23战斗机的回应。美泰两国于1985年10月签署了一项协议,美国将在泰国建立一个战争物资武器储备库,使其成为在没有美国军事基地的情况下第一个

---

① "Address to the Ministerial Meeting of the Association of South East Asian Nations in Bali, Indonesia", Ronald Reagan Presidential Library & Museum, 1 May 1986, https: //reaganlibrary. gov/34-archives/speeches/1986/5513-50186c/,访问时间:2016年10月12日。

三 大国共舞

实施这种安排的国家。两国之间的政治关系也得到了加强。①

美国也将苏哈托总统视为反对苏联的重要盟友。印度尼西亚在印度洋占据重要的战略位置,并且控制着马六甲和巽他海峡,对美国在该地区的战略和安全利益具有特别重要的意义。美国向印度尼西亚提供了大量军事援助,即使是今天它仍然是印度尼西亚武装部队最大的武器供应国。美国与印尼邻国澳大利亚和菲律宾的同盟关系也使印度尼西亚受益。②

1986 年,在里根政府的干涉下,马科斯下台,科拉松·阿基诺成为菲律宾总统。阿基诺曾经在美国接受过教育,在那里取得了本科学位,而且很受美国人喜爱。1986 年访问美国时,她在美国国会联席会议上发言,并得到了美国将对其政府大力支持的承诺。1990 年,美国对菲律宾的发展援助达近 5 亿美元,同时私人投资超过 10 亿美元。通过以美国和日本为主要捐助国的多边援助倡议,菲律宾还获得了债务减免和新的信贷安排。此外,在美国政治活跃的菲律宾裔也进一步强化了美菲关系。③

美国和东盟之间的地缘政治联系也促进了其他领域双边关系的进一步发展。1980 至 1990 年期间,美国和东盟之间的贸易额翻了一番,从 1980 年的 226 亿美元增加到 1990 年的 475.7 亿美元。④ 同一时期,美国在东盟国家的投资激增。1980 至 1992 年期间,美国在东盟五国的直接投资总额从 31.5 亿美元增加到 146.7 亿美元。⑤

---

① 关于这一点以及随后本部分中关于美国与个别国家关系的内容叙述,参见《国家研究/区域手册》系列,美国国会图书馆联邦研究部,http://countrystudies.us/。
② Country Studies/Area Handbook Series, Indonesia.
③ Country Studies/Area Handbook Series, Philippines.
④ "Direction of Trade Statistics", International Monetary Fund, https://www.imf.org/external/pubs/cat/longres.aspx?sk=19305.0/,访问时间:2016 年 10 月 12 日。
⑤ Chia Siow Yue, "Foreign and Intra-regional Direct Investments in ASEAN and Emerging ASEAN Multinationals", in *Asia & Europe: Beyond Competing Regionalism*, ed. Kiichiro Fukasaku, Fukunari Kimura and Shujiro Urata (Eastbourne: Sussex Academic Press, 1998), p. 56.

美国的对外投资产生的不仅仅是经济效益。与日本不同，美国的跨国公司会有意识地去培养本土人才。美国投资在东南亚创造了一个全新的管理和创业阶层。许文辉曾担任包括新加坡航空公司、星展银行和新加坡电信有限公司等多家新加坡公司的董事长。他说，80年代在惠普的那段岁月改变了他，为他事业的成功铺平了道路。同样，在东南亚，特别是新加坡，许多成功的银行家都曾接受过花旗银行的训练和培养。①

此外，许多东盟的年轻人都有北美留学经历，这在一定程度上也强化了东盟与美国之间的密切联系。例如，在美国主流大学留学的学生在求学过程中建立起终身联系，从而形成了东亚的人际网络。当他们中很多人成为成功的领导者时，他们与东亚其他同辈之间建立起来的关系会对该地区的和平发展起到重要作用。这可能就是为什么美国在包括东南亚在内的东亚地区，拥有超越其他任何地区的"软实力"储备的原因。

第二阶段

但是，随着冷战的结束，美国与东盟关系的第二个阶段开启。苏联解体后，美国曾经对共产主义"扩张"那挥之不去的恐惧终于消失了。东盟不再被华盛顿视为宝贵的地缘政治资产。而如果这个资产失去了应有的价值，那么就成了美国的政治包袱。没有美国政治家或历史学家会承认，东盟在冷战期间被美国利用，但是在冷战结束后却像个烫手山芋一样被抛弃了。凯硕在《走出纯真年代》一书中，就分析了美国许多冷战期间的盟友是如何被其当作工具使用的。一旦这些国家失去实用价值，美国就会立马过河拆桥，揭露它

---

① 马凯硕与花旗银行主席佘林发的私人交流。

们的"人权"污点。①

也正是因为这种政策上的转变,美国失去了一个将其与东盟的关系提高到更高的合作水平的黄金机会。由于美国始终没有对其冷战后东盟政策的突然变化进行诚恳的解释,所以我们在这本书中还是有必要对此详细讨论的。20世纪80年代,东盟与美国的关系发展较好,这本应在90年代更上一层楼的。然而,事情却朝着相反的方向发展了。如果我们把冷战时期的美国与东盟关系定义为"蜜月期"的话,那么第二阶段就是"排斥期"。虽然这个词有点刺耳,但是我们觉得很恰当。美国的决策者需要正视美国与东南亚关系史的严酷现实。如果美国决策者拒绝承认与东盟关系中的这段"排斥期",那么他们将永远无法理解其东盟政策中的错误。如果拒绝承认错误、吸取教训,那么还会导致其他错误。这意味着他们将会重复地犯错。那么为了避免上述情况发生,我们必须正视这残酷的现实。

公平地说,在这个"排斥期"东盟并不是唯一的受害者。同一时期,许多其他第三世界的国家也同样受到美国的排斥。为什么会这样?真相很简单,在冷战期间,美国人认为自己正在跟苏联进行生死决斗,因此只要是能团结的他们一概不拒,即使是那些令人讨厌的独裁者和残酷的刽子手也不例外。例如,很少有美国人知道,本·拉登和他的同伙在冷战期间曾是美国的主要盟友。同样的独裁者还有扎伊尔总统蒙博托和巴基斯坦总统穆罕默德·齐亚·哈克。

随着冷战结束,苏联解体,美国如释重负,到处洋溢着喜悦。一个美国人曾经在与凯硕的私人谈话中这样说过,每天早晨醒来,不再担心某个时刻会爆发核战争,这真是一种解脱。他的心情形象

---

① Kishore Mahbubani, *Beyond the Age of Innocence: Rebuilding Trust between America and the World* (New York: Public Affairs, 2005), pp. 181-2. 中文版为《走出纯真年代:重建美国与世界的信任》,北京大学出版社2008年版。

地代表了当时美国的情况。然而,美国看待其冷战时期的盟友的视角也开始变了,开始质疑它们的实用性,而且更加赤裸裸地揭露它们的缺陷。由于利用完盟友再背弃它们会被认为是不道德的(更不用说这是忘恩负义了),所以美国需要一个冠冕堂皇的理由。20世纪80年代吉米·卡特执政期间,美国开始在外交政策对话中引入人权问题。到了20世纪90年代,人权就成了疏离麻烦的盟友或是前盟友的工具。

表面上,事情看起来没有什么异常。美国国务卿继续参加一年一度的东盟部长级会议,但关系的基调明显发生了改变。詹姆斯·贝克(老布什政府的国务卿)下台后,他告诉参议院外交关系委员会:"从北约到东盟,我们有最广泛的战略联盟。"① 严格地说,东盟没有与美国结成"战略联盟"。但贝克在他的发言中表明了对东盟的积极态度。但是相比之下,接下来的两位国务卿沃伦·克里斯托弗和马德琳·奥尔布赖特,对参加东盟部长级会议没有表现出什么热情。他们要么缺席那些会议,要么就提前离开。在冷战期间,东南亚几个国家中存在的暧昧不清的"人权"问题并没有成为双边交往的障碍,但冷战后它却成了一个问题。1997年,奥尔布赖特威胁不参加东盟会议,她的这一行为促使泰国记者钟嘉滨迅速作了这样的报道:

> 现在的风险是难以避免的:如果东盟坚持承认缅甸,那么它与美国之间的关系就会面临风险。上周在兰卡威岛举行的东盟地区论坛会议上,华盛顿就向东盟各国高级官员明确表示,美国新任国务卿奥尔布赖特将重新考虑美国

---

① "Opening Remarks, James A. Baker, III, Senate Foreign Relations Committee", United States Senate Committee on Foreign Relations, 12 May 2016, http://www.foreign.senate.gov/imo/media/doc/051216_Baker_Testimony.pdf/,访问时间:2016年10月12日。

三 大国共舞

是否参加东盟地区论坛和今年7月在吉隆坡举行的部长级会议。①

就是通过这种方式,东盟从资产沦为了美国需要承担的责任。尽管美国没有公开承认这一战略转变,但是克林顿政府对东盟显然缺乏热情。克林顿执政期间,以美国为首的"单极世界"形成,没有哪个国家能与之抗衡,因此美国在这个时期不需要盟友。后来,在他的第二任期内,克林顿总统忙于国内事务,并且受到了莱温斯基事件的牵制。

随着东盟战略重要性的下降,负面事件开始主导美国与东盟国家的关系。冷战期间,新加坡是美国最受信任的朋友之一,新加坡领导人也经常访问白宫。然而,1994年5月,一个美国青年在新加坡受到鞭刑,于是美国冻结了与新加坡的关系。在冷战期间,这样的小事不会破坏美新关系。实际上,在20世纪80年代,新加坡与美国发生过比上述事件严重得多的双边争端,例如1987年2月的《华尔街日报》事件,1988年5月新加坡驱逐美国外交官事件。但是在20世纪80年代,冷战高于一切,上述争端并没有影响双边关系。冷战结束后,像新加坡这样的盟国就变得可有可无,一点小问题就变成了大麻烦。

在有些事件中,美国的行为更加过分,甚至威吓其前盟友。1999年5月7日,美国空军飞机轰炸中国驻贝尔格莱德大使馆。在此后不久,也就是2000年4月,在新加坡举行了东盟地区论坛会间辅助工作组会议。由于轰炸大使馆事件关系重大,所以此次会议的主持方新加坡就主张在会议结束后的主席声明中提及此事。美国外

---

① Kavi Chongkitt avorn, "Asean to Push back New Admission to December", *The Nation* (Bangkok), 30 May 1997.

交官库尔特·坎贝尔、陆士达以及新加坡方面的比拉哈里·考斯甘已经就声明中的措辞谈妥,似乎这件事情已经得到圆满解决。

然而,当奥尔布赖特抵达会场时,她强烈反对提及任何有关轰炸的字眼。新加坡外交部长尚穆根·贾古玛在他的著作《外交》一书中写道:"奥尔布赖特简直就是恃强凌弱,而且固执己见。"① 争论越来越激烈,奥尔布赖特要求暂缓发表主席声明。当时同在那个房间里的一个旁观者说,她挥一挥手,招呼她的盟友们加入她的阵营,而且大多数人纷纷小步快跑过去。韩国代表显然对于这种公开"召见"感到耻辱,所以尽量慢慢地走,但是最后还是无法抵抗美国国务卿的召唤。因为美国的力量是不可战胜和难以抗拒的。

马来西亚在1999年也曾让美国愤怒。当时的总理马哈蒂尔·穆罕默德决定逮捕和控告他的前副总理安瓦尔·易卜拉欣。安瓦尔在被捕时遭到了殴打,这显然是不可接受的,于是美国副总统阿尔·戈尔在访问马来西亚时竟然公开谴责马哈蒂尔总理,他的这种做法违背了所有的外交礼仪规则。美国在20世纪90年代的外交政策中总是占据道德制高点,但并没有看到疏离马来西亚的代价。

但是与上世纪90年代泰国和印度尼西亚遭受的苦痛相比,新加坡和马来西亚就显得微不足道了。亚洲金融危机于1997年5月在泰国爆发,并迅速蔓延到其他国家。印度尼西亚在1997年7月成为另一个主要受害者。1997至1999年期间,泰国经济从1430亿美元萎缩到1380亿美元。② 许多大公司破产,失业率从0.9%上升到3%。印度尼西亚遭受的损失更多。它的国内生产总值从2620亿美元下降

---

① S. Jayakumar, *Diplomacy: A Singapore Experience* (Singapore: Straits Times Press, 2011), p. 121.
② Constant US dollars. "National Accounts Main Aggregates Database", United Nations Statistics Division, http://unstats.un.org/unsd/snaama/dnllist.asp/,访问时间:2016年9月7日。

三 大国共舞

到 2300 亿美元①，失业率从 4.7%增加到 6.3%。

自 1954 年以来，在美国的所有条约盟国中，泰国算是一个特别好的朋友。例如，在越南战争期间，泰国允许美国轰炸机使用自己的空军基地。于是，当 1997 年 7 月爆发亚洲金融危机时，曼谷普遍预期，如果情况真的恶化，华盛顿将会施以援手，就像它在 1995 年对墨西哥所做的那样。毫无疑问，如果在冷战期间出现这种情况，泰国将很快得到援助。然而，到了 1997 年，华盛顿已经逐渐忘却了泰国曾在冷战期间对自己的强力支持。于是，泰国孤立无援。客气地说，泰国统治阶层深深地感到自己被美国背叛了。当华盛顿于 1997 年 12 月对韩国进行紧急援助时，这种被背叛的感觉变得更加强烈。美国在泰国的不作为，与美国对韩国财政问题的迅速反应，两者之间形成鲜明对比。它清楚地表明泰国对于美国已经变得不再重要。相比之下，中国以拒绝人民币贬值的方式，试图挽救泰国与其他东盟国家，并且付出了一定的经济代价。因此，今天的曼谷仍存有一个信念，那就是它认为中国是比美国更可靠的朋友。

相比之下，作为美国冷战期间的非正式盟国和亲密朋友，印度尼西亚被美国背叛的意识同样强烈。经济危机期间，华盛顿的确帮助了印度尼西亚。但美国提出的解决方法充满意识形态和教条主义色彩，给印尼社会和经济造成了巨大的阵痛。例如，华盛顿坚持认为，所有陷入泥沼的印尼银行都应该关闭。但是约十年后，当美国的银行遇到类似的问题时，美国却对这些银行实施了救援。这种双重标准的做法显现无疑。正如印度尼西亚前贸易部长冯慧兰解释的：

---

① Constant US dollars. "National Accounts Main Aggregates Database", United Nations Statistics Division, http: //unstats. un. org/unsd/snaama/dnllist. asp/，访问时间：2016 年 9 月 7 日。

在 1997 年亚洲金融危机期间，国际货币基金组织要求关闭银行，拒绝救市，要求削减预算，采取财政紧缩措施，收紧货币政策。相比之下，2009 年爆发金融危机时，美国政府的反应是纾困银行，为一些部门提供支持，并且提出了一个财政刺激计划，实施宽松的货币政策。在欧洲的影响下，国际货币基金组织为陷入困境的欧洲经济体提供了大量的配额援助以及软性条件，这与在东亚金融危机期间的做法形成了鲜明对比。值得注意的是，在 1997 年东亚危机中提供咨询和执行方案的一些关键人物与 2008 年金融危机中的一样。①

第三阶段

本来第二阶段东盟与美国关系的这种消极趋势可能会持续到 21 世纪。然而，一次重要的地缘政治事件扭转了走向。2001 年 9 月 11 日发生恐怖主义袭击之后，美国意识到它需要全球盟国来帮助其打击国际恐怖主义。于是，华盛顿对东盟的价值认知转变了。

东南亚那些温和的穆斯林国家在 20 世纪 90 年代看起来不太重要，但是到了 21 世纪的头十年却成了宝贵的战略资产。美国与东盟关系中关于人权问题的讨论消失了。以往那些被美国指责为侵犯人权的行为（如酷刑和不经审判拘留）现在都只是作为惯例被提及，对此东盟国家感到非常震惊。所以说，当美国的国家利益改变时，美国就可以顺利地从人权卫士的身份中抽离出来。

"9·11"事件后，美国为寻求支持向东盟抛出了橄榄枝，后者本可以冷漠以对。但是，东盟选择积极响应美国密切合作的建议。美国和几个东盟国家强化了情报合作。2002 年 8 月，东盟和美国签

---

① 来自作者与冯慧兰博士（Dr. Dangestu）的电子邮件。

署了《合作打击恐怖主义联合宣言》。"9·11"危机使华盛顿重新认识到东盟的价值,并且提出了加强双边关系的若干建议。美国与东盟关系的具体进展包括以下几个里程碑式的步骤:

- 2005年:《关于增进东盟与美国伙伴关系的联合远景声明》;
- 2006年:加强东盟—美国经济联系的《贸易与投资框架协议(TIFA)》;
- 2009年:首届东盟—美国首脑会议决定为实现持久和平与繁荣增进伙伴关系;
- 2010年:成立美国常驻东盟办事处;
- 2013年:首届东盟—美国峰会——东盟和美国领导人年度会议的机制化。领导人承诺进一步加强东盟与美国在不扩散、网络安全、反恐、人口贩卖、贸易和投资、科技和教育等领域的合作。

2016年2月,奥巴马总统成为第一个在美国本土接待东盟10国领导人以及东盟秘书长的美国总统。阳光庄园首脑峰会被广泛认为是东盟与美国关系中的一个重要里程碑。结束时,与会者发表了一份联合声明,其中概述了加强经济和安全合作的原则,以及启动美国—东盟互联互通倡议。这将协调美国在东南亚的经济参与,使企业能够利用美国和东盟互联互通建设所带来的优势。最后,联合声明谈到以下问题:

> 共同承诺维持该区域的和平、安全与稳定,确保海上安全,包括1982年《联合国海洋法公约》中规定的航行与飞越自由、其他海上合法用途和无障碍的合法海上贸易,以及海上活动的非军事化和自我克制;共同促进合作,应对海洋领域的共同挑战;坚定信念,引领全球性问题的解

决,如恐怖主义和暴力极端主义,贩卖人口,贩毒,非法、隐瞒不报和无管制的捕捞行为,以及非法贩运野生动物和木材等。①

东盟与美国关系在安全问题上也有所提高。在对话伙伴关系中增加了一个东盟—美国安全对话。

双方在跨国犯罪领域加强合作,东盟和美国处理跨国犯罪的高级官员定期会面(SOMTC+US)。2014年5月,东盟—美国网络犯罪讲习班成功举办。美国建议与东盟加强在处理人口贩卖方面的合作。此外,美国开始更积极地参加包括东盟地区论坛、东盟防长扩大会议、东亚峰会和东盟后部长级会议等在内的各种区域性会议。

我们在这里强调了美国东盟政策的不一致性,这并不是为了给美国的外交决策进行打分,而是为了强调东盟对于美国来说是多么有潜力的战略资产。除非华盛顿能够制定出一套明确、长期且前后一致的东盟政策,否则东盟这个战略资产终将被浪费。尽管政府换届会导致外交政策有所调整,但是关于一些敏感地区(例如以色列和沙特阿拉伯的地位)的外交政策却存在一种"深刻的共识",不会因政府更迭而在短期内改变。因此,华盛顿的东盟政策也应该建立起一种共识,并且依据三个原则:一致性(consistency)、谨慎(delicacy)和教育(education)。可以把这称为CDE原则。

一致性是关键。政策保持一定的一致性能够保障关系稳定,而稳定的基础又能够使关系变得更加亲密。证明一致性的重要性的最好办法是观察奥巴马执政时期(2009—2016年)美国与东盟的关

---

① "Joint Statement of the ASEAN-U. S. Special Leaders' Summit: Sunnylands Declaration", Permanent Mission of the Republic of Singapore, ASEAN, Jakarta, 17 Feb. 2016, http://www.mfa.gov.sg/content/mfa/overseasmission/asean/latest_news_in_asean/2016/2016-2/Latest_News_In_ASEAN_2016-02-17.html/,访问时间:2016年10月12日。

三 大国共舞

系。奥巴马是美国唯一一个非常重视东盟的总统,在他执政期间,美国与东盟关系本来可能会繁荣发展的。2014年11月14日,他在缅甸面对民众的提问时,做出了他对东南亚的个人承诺,他说:

> 作为美国总统,我把加强美国与东南亚的关系作为优先事项,特别是与东南亚的年轻人。而我之所以这样做,不仅仅是因为我在东南亚的印度尼西亚度过了我的部分童年。确实,那段经历让我对东南亚这个地区有一种特别的依恋,一种特殊的感情。但我这样做主要是因为东盟10国有着世界上十分之一的人口,而其中约三分之二的人口都在35岁以下。东南亚是一个新兴经济体,有着众多新兴的民主化国家。这个地区充满活力,有着丰富的多样性,有海洋和岛屿、丛林和城市,人们来自不同种族,有着不同的宗教和信仰。因此,这样一个地区将成为塑造21世纪的主要力量。①

奥巴马的讲话表明他对东南亚以及该地区对美国的独特价值有着深刻的理解,那么美国在外交政策中重视东南亚也是理所应当。但不幸的是,事实并不是这样。奥巴马在任期间不得不取消几次跨太平洋的访问:2010年3月访问印度尼西亚和澳大利亚的行程由于国内医保法案被迫取消;2010年6月再次计划访问印度尼西亚和澳大利亚,由于海湾石油泄漏事件被迫取消;2013年10月准备访问巴厘岛、文莱、菲律宾和马来西亚,但由于美国政府关门事情而被迫取消。虽然他无法避免华盛顿的变幻莫测,但他本可以充分利用包

---

① "Remarks by President Obama at Young Southeast Asian Leaders Initiative Town Hall, 11/14/14", White House, 14 Nov. 2014, https://www.whitehouse.gov/the-press-offi ce/2014/11/14/remarks-president-obama-young-southeastasian-leaders-initiative-town-ha/, 访问时间:2016年10月12日。

括他个人魅力在内的各种唾手可得的机会来做更多的事情。奥巴马在印度尼西亚度过了部分童年，年轻时还曾在东南亚旅行，甚至会说印尼语。如果他能在当选后不久就对印度尼西亚进行一次重大访问，那么印尼人一定会夹道欢迎。世界上最大的伊斯兰国家会将美国总统当作摇滚明星一样疯狂地追捧。布什政府曾经对伊拉克进行灾难性的入侵，导致世界上 16 亿的穆斯林都疏离美国。奥巴马的印尼之行本来是可以极大地修复这种关系的。唐纳德·特朗普就不会有这样的机会，他对待穆斯林过于轻蔑。奥巴马未能利用他与印度尼西亚的特殊关系深化双边关系，而特朗普的上台则将使这种情况更加糟糕。

当奥巴马决定举行两次关于美国和伊斯兰关系的主旨演讲时，其实又出现了一个加强美国与东南亚关系的机会。这两个演讲分别是于 2009 年 4 月 6 日在西亚的伊斯坦布尔举行，以及 2009 年 6 月 4 日在中东非洲的开罗举行。演讲内容很精彩，但场地的选择有缺陷。伊斯坦布尔代表东西方的十字路口，作为第一次演讲的地点是很好的选择。然而，如果奥巴马第二次演讲的地点选在伊斯兰世界的东部地区就好了，毕竟这里没有西部地区那么乱。仅东南亚的穆斯林数量就相当于整个阿拉伯世界。如果当时奥巴马选择了印度尼西亚，那么他将受到英雄般的待遇。

如果 25 年后白宫文件解密，我们倒要看看是否有哪位外交政策顾问曾经建议他选择在东南亚而非中东演讲，这一定会很有意思。如果没有人（我们相信没有人）提出这样的建议，那么我们就可以肯定，美国竟然没有一个高级政策顾问意识到东盟是多么重要的战略资产，以及美国在东南亚可以挖掘的战略机遇，这实在是可悲。这就是为什么美国必须重新认知东盟的价值，并且保持美国东盟政策的一致性。华盛顿应当给予东盟更大的战略优先地位，达成这种

三 大国共舞

强烈的共识将给美国带来巨大的好处。

改善美国外交的第二个原则是谨慎,这是处理与东南亚关系的关键因素。随着未来几十年中美地缘政治竞争的加剧,双方很有可能都抵挡不住诱惑,试图利用东盟作为地缘政治工具对抗另一方。如果最终因为中美地缘政治竞争而伤害了东盟,那将是一个巨大的历史讽刺。因为20世纪80年代中美的地缘政治合作曾经促进了东盟的发展。那么华盛顿在战略决策中的一个关键考量就是,到底是一个强大团结的东盟更有利于美国,还是一个弱小分裂的东盟更有利于美国。如果是前者,华盛顿必须避免使用东盟作为应对中国的武器。

例如,美国会想办法羞辱中国坚定维护南海主权的行动。一些美国领导人都曾经公开谈论这个问题,例如奥巴马总统曾说:"无论是乌克兰南部、南海,还是世界上其他地区,如果放任地区侵略性行为,都将影响到我们的盟友,如果它们被侵略,我们就应该派出军队保护盟友的安全。"[1] 希拉里·克林顿任国务卿时也曾提到:"我们反对任何声索国在南海威胁或使用武力声索领土,或是干涉他国合法的经济活动。"[2] 前美国国防部长查尔斯·哈格尔在2014年新加坡举行的香格里拉对话会中对此进行了更加详细的阐述,他说:

> 中国把南海称为"和平、友谊与合作之海"。它确实应该如此。但是近几个月来,中国坚持其在南海的主张……

---

[1] "Remarks by the President at the United States Military Academy Commencement Ceremony", White House, 28 May 2014, https://www.whitehouse.gov/the-press-office/2014/05/28/remarks-president-united-statesmilitary-academy-commencement-ceremony/,访问时间:2016年10月12日。

[2] "The South China Sea, Press Statement, Hillary Rodham Clinton, Secretary of State, Washington, DC", U.S. Department of State, 22 July 2011, http://www.state.gov/secretary/20092013clinton/rm/2011/07/168989.htm/,访问时间:2016年10月12日。

中国﹍制其他国家进入黄岩岛,对菲律宾在仁爱礁的长期存在施加压力,开始在多个地点进行填海造陆活动,并且将石油钻井平台部署到西沙群岛附近的争议海域。①

美国官员可能会试图争取全部或部分东盟国家让中国难堪。如果他们这么做了,那么这将会是一个巨大的战略错误。这种方式不仅不能遏制中国,而且东盟也有可能会在这个过程中受损。所以,在不断增长的中美地缘政治竞争中,双方都应把东盟视作一个精致、易碎的贵重花瓶。如果东盟遭到破坏或毁灭,那么美国和中国的利益都会受到损害,谨慎地处理与东盟的关系对于双方至关重要。

"教育"作为指导东盟与美国关系的最后一条原则似乎让人有些惊讶。如果被要求列出美国在该地区最大的资产,大多数美国领导人无疑都将指出其军事或经济存在。确实,这两个都很重要。然而,随着时间的推移,美国在这两个领域中的份额将减少。例如,美国对东盟的投资流量从 2011 年的 91.3 亿美元下降到 2013 年的 37.57 亿美元,美国在东盟地区的直接投资份额从同期的 9%下降到 3%。②

然而,另外一种美国资产正在增长,那就是东南亚精英的"思想份额"(mind-share)。这是因为现在在美国大学留学的东南亚青年数量比 20 世纪 80 年代更多。在 2014—2015 年度,来自东南亚的 50 865 名学生被美国大学录取,比 10 年前的 34 590 人增加了 47%。此外,东南亚许多主流大学的课程都来源于美国教育机构。

---

① "The United States' Contribution to Regional Stability: Chuck Hagel", International Institute for Strategic Studies, IISS Shangri-La Dialogue: The Asia Security Summit, 31 May 2014, https://www.iiss.org/en/events/shangri% 20la% 20dialogue/archive/2014-c20c/plenary-1-d1ba/chuck-hagela9cb/,访问时间:2016 年 10 月 12 日。

② "ASEAN Investment Report 2013-2014: FDI Development and Regional Value Chains", ASEAN Secretariat and United Nations Conference on Trade and Development, 2014, http://www.asean.org/storage/images/pdf/2014_upload/AIR% 202013-2014% 20FINAL.pdf/,访问时间:2016 年 10 月 12 日。

但到目前为止，美国政府还没有制定一项长期战略来利用这一长期和不断增值的资产。目前，耶鲁-新加坡国立大学、杜克-新加坡国立大学医学院之间已经建立了校际交流合作机制，以后东南亚与美国的高校之间将开展更多的教育交流活动。这些青年不仅有利于美国和新加坡高校的发展，而且有利于强化东盟与美国关系。

在一篇题为《文明的融合》的文章中，凯硕与劳伦斯·萨默斯认为，教育交流也有其他好处。他们这样写道：

> 有充分的理由相信，随着实用主义和理性主义的普遍推广，世界会变得越来越好。西方大学一直是这一趋势的关键驱动力。全世界不仅在复制它们的教学课程，而且也在复制现代研究型大学的整个生态系统。此外，也正是这些西式大学的毕业生越来越普遍地将现代方法引入教育、公共卫生、经济管理和公共政策领域。①

总之，通过教育交流，美国可以在东南亚进一步培育一种支持美国视角的政治和经济生态系统。

东盟与中国

东盟与中国的关系史也可以分为三个阶段：初始阶段为敌对期，第二阶段为恋爱期，第三阶段（当前阶段）为互疑期。每个阶段都受到更大范围内地缘政治形势的影响，这意味着东盟与中国的关系受到全球趋势和双边关系的双轮驱动。这也是双方在思考未来关系时应牢记的关键要点。

---

① Kishore Mahbubani and Lawrence H. Summers, "The Fusion of Civilizations", *Foreign Affairs*, May-June 2016.

第一阶段比较容易介绍。东盟于1967年8月成立时，中国是持敌对态度的。以下是摘自1967年8月18日《北京周报》中的一篇文章，可以很好地体现中国对东盟成立的态度：

> 在8月8日发表的《联合声明》中，这个美国的傀儡联盟公开支持美国在东南亚的军事基地，甚至不惜为其编造各种借口。这一切只能证明，东盟这个以"经济合作"的名义成立起来的反动集团是针对中国的军事联盟。①

为什么中国会这样回应？答案很简单，因为全球地缘政治竞争。那个时候，苏联与中国立场一致，共同反对美国。而相较于苏联，东盟的五个创始成员更加亲近美国。此外，它们之所以联合到一起也是因为对东南亚地区共产主义扩张的恐惧。因此，中国对东盟的成立表示谴责也不奇怪。苏联当时也警告说，东盟将受到来自美国的压力。由安德烈·葛罗米柯主编的《外交辞典》就曾指出，东盟"赤裸裸地受到来自美国和其他国家的压力，这些国家希望赋予东盟的定位就是反社会主义"②。

那时，中国与东盟五国都还没有建立外交关系。此外，中国支持各类东南亚共产党在中国境内设立无线电广播电台，并且支持它们强烈批评五国政府。③ 这些广播中就包括对东盟的尖锐批评。

对东盟来说幸运的是，这个敌对阶段持续的时间并不长。中国

---

① "Puny Counter-Revolutionary Alliance", Peking Review 10, 3 (18 Aug. 1967): 40, https://www.marxists.org/subject/china/peking-review/1967/PR1967-34.pdf，访问时间：2016年10月12日。

② 引自 Jim Nichol, *Soviet Views of the Association of Southeast Asian Nations: An Examination of Unclassified Soviet Sources* (Washington, DC: Federal Research Division for the Library of Congress, 1985)。

③ Jing Sun, *Japan and China as Charm Rivals: Soft Power in Regional Diplomacy* (Ann Arbor: University of Michigan Press, 2012), pp. 64-5.

三　大国共舞

与苏联出现了严重不和，1969年在乌苏里江上发生了数次小规模的军事冲突。中国历史学家将其称为"珍宝岛事件"。美国试图利用中苏之间的分歧拉拢中国加入其反对苏联的阵营。从1971年7月亨利·基辛格对中国那次著名的访问开始，中美之间的合作关系开始成形。

中美之间的默契为东盟与中国关系进入第二阶段即恋爱阶段，拉开了序幕。中国开始缓慢而稳步地接触东盟。马来西亚于1974年5月与中国建立外交关系，紧随其后的是泰国，两国于1975年7月建立了外交关系。

然而，一次重大事件的发生让东盟和中国的关系变得异常亲密，即1978年12月越南入侵柬埔寨。像美国一样，中国和东盟都反对这次入侵，同时也反对苏联对越南入侵柬埔寨提供支持。此举促成了东盟、中国和美国在20世纪80年代十年间的紧密合作。马凯硕自1984年到1989年担任新加坡驻联合国大使，亲身经历了这种密切的合作。他还于1981年7月在联合国一次关于柬埔寨的国际会议中，目睹了一个有意思的插曲。当东盟反对中国试图让波尔布特重新掌权时，美国支持中国反对东盟，为波尔布特恢复政权提供了有力支持。这件事给东盟国家上了宝贵的一课：即使在关系友好的情况下，大国之间的利益也是凌驾于道德和人权原则之上的。

在20世纪80年代的大多数时间里，东盟和中国之间合作密切。当1989年11月冷战随着柏林墙倒塌而结束时，这种合作关系可能会随之结束。但事实上并没有，东盟和中国的合作延续了下来。1989年6月"北京政治风波"后，包括美国在内的几个西方国家试图孤立北京，但是东盟始终对华友好，中国对此表示赞赏。西方当时认为，既然冷战已经结束，中国也变得不重要了，那么它们是完全可以孤立中国的。

但是当时东盟并没有加入西方阵营排斥中国，而是选择与中国保持友好关系，也因此获得了一些丰厚的回报。在1998—1999年亚洲金融危机中，几个东盟国家，特别是印度尼西亚、马来西亚和泰国遭受巨大损失，中国通过拒绝人民币贬值帮助它们摆脱困境。中国的这种友好行为深受赞赏。此外，中国时任总理朱镕基于2000年11月在新加坡举行的东盟—中国峰会上，提出了建立中国—东盟自贸区的宏伟设想。一年后的2001年，在文莱举行的东盟首脑峰会上，这一倡议正式提出。

关于建立东盟—中国自由贸易区的提议真的是不同寻常。因为迄今为止，亲西方的东盟国家总是与西方自由市场保持着密切的经济关系，如日本、韩国和澳大利亚。然而，这些国家没有一个提出过要与东盟签署自由贸易协定。然而，共产党领导的中国政府竟然是第一个这么做的。更值得关注的是，中国不仅提议签署自贸协定，而且还单方面对东盟国家进行让步，并且对部分产品实施了"早期收获"计划。东盟—中国自由贸易协定的谈判速度也创下了历史纪录。2002年11月，双方签署《中国与东盟全面经济合作框架协议》，为建立东盟—中国自由贸易区的相关谈判提供了法律基础。2004年11月，中国与东盟双方签署自贸区《货物贸易协议》，2007年1月14日签署《服务贸易协议》，2009年8月签署《投资协议》。2010年1月1日，东盟—中国自由贸易区正式成立。中国—东盟自由贸易区建成仪式于2010年1月7日在中国南宁举行。东盟与中国关系在21世纪的头十年显然是积极的。

但是与第一个十年相比，东盟与中国关系的第二个十年则颇具挑战性。双边关系的最低点出现在2012年7月，当时东盟国家正在金边举行东盟外长会议（AMM）。45年来，外长们每次都会发表一份联合声明，无一例外。但在金边的这次会议结束后却没有发表声明，为什么？普遍的看法是，担任会议主席的柬埔寨政府受到中国的压力，不允许在联合声明中提及南海。但是其他九个国家认为，这是一个原则性问题，声明中应该提及，于是东盟内部出现了僵局。由于感知到中国方面的压力，东盟各国内部出现了分歧，政策一致性遭到了破坏。

这件事象征着中国与东盟在经历一段长期的恋爱关系之后，开始转入第三阶段，即互疑期。关于第三阶段的开始时间，很难找到一个具体的时间点，但是2012年的金边会议表明，南海问题开始影响东盟与中国关系。

东盟与中国关系中的关键因素

考虑到中国与东盟关系巨大的不确定性，双方最好深刻反思一下双边关系未来应该如何发展。例如，有一些重大的问题需要思考：到底是一个强大、团结的东盟，还是一个弱小、分裂的东盟更加有利于中国？中国是否能够从积极的东盟与中国关系中获得更大的全球利益？如果中国成为世界第一大国，东盟国家需要做出哪些调整？中国需要思考前两个问题；东盟则需要思考第三个问题。

鉴于中国最近与某些东盟成员国，特别是与菲律宾关系焦灼，北京的一些战略规划者自然会认为，分裂而非统一的东盟更加有利于中国。传统上，大国经常采取分而治之的做法。人们可能会说，一个分裂和破碎的东盟能够更好地服务于中国的利益。如果真是这样的话，那么中国的某些决策者可能会考虑分化东盟。

然而，所有的中国战略规划者在有上述想法的时候，都应该认真思考一下这么做在短期取得的利益与长期代价相比是否划算的问题。我们这个时代的一个现代奇迹是中国的和平崛起。这很大程度上归功于中国领导人的智慧，尤其是邓小平和朱镕基。然而，中国的和平复兴还得益于一些辅助因素,如东盟。

通常,大国权力转移会产生大量的争端与摩擦。例如,如果看到中日或中印之间双边摩擦增多是再正常不过的事情。但是事实上,无论是中日还是中印之间几乎不存在什么摩擦。其中一个原因就是东盟"缓和"了亚太大国之间的矛盾,我们在这里借用工程学里的一个词,即东盟充当了"润滑剂"的角色。东盟为大国互动提供了一个中立的地缘政治平台,这在目前大国权力转移的背景下显得尤为宝贵。而在众多行为体中,只有东盟能做到这一点是因为,在这个地区只有东盟能够为各方所信任。正如马凯硕在《新亚洲半球》一书中所说:"新的合作模式正在出现,而其中东盟是关键,在一系列合作机制中东盟独自发挥着主导作用,例如东盟地区论坛、亚太经合组织、'东盟+3'、亚欧会议和东亚峰会。"[1]

另一位学者阿米塔夫·阿查亚在其著作中也提到了东盟的关键作用,认为东盟为新兴亚洲国家提供了一个关键的地缘政治平台。用他的话来说,"(东盟)即使不是东亚地区多边论坛机制的领导者,也是它们的轴心……尽管东盟存在局限性,但没有任何其他组织能够担当起区域多边外交的轴心"[2]。

如果东盟不存在了,那么中国的战略规划者也会寻求其他替代方法和手段来疏通中国崛起之路。但是,寻找到这样的替代品并不容易。东盟这样的组织不可能在一夜之间得以创建。需要多年的努力和精明的领导才能创造出一个可行和运作良好的区域组织。简而言之,在亚太这样一个地缘政治环境中,东盟简直就是上天赐给中

---

[1] Kishore Mahbubani, *The New Asian Hemisphere*: *The Irresistible Shift of Global Power to the East* (New York: Public Affairs, 2008), p. 84.

[2] Amitav Acharya, "ASEAN at 40: Mid-Life Rejuvenation?" *Foreign Affairs*, 15 Aug. 2007, https://www.foreignaffairs.com/articles/asia/2007-08-15/asean-40-mid-life-rejuvenation/,访问时间:2016年10月12日。

三 大国共舞

国的礼物。虽然东盟并不完美（没有哪个区域组织是完美的，欧盟也不例外），但是即使是这样一个不完美的组织也不可能在顷刻之间创造出来，而且还要能够符合中国的利益。因此，中国的战略规划者们应把东盟视为其最重要的战略资产之一，尽力去强化它而不是破坏它。现在还不清楚唐纳德·特朗普的胜选是否会引发中美关系出现新的狂风暴雨。但即使没有，中美关系也是前路坎坷。在这种情况下，与东盟建立密切的双边关系对于中国来说就是宝贵的战略资产。

此外，中国的战略规划者还应该意识到，东盟以及东盟的成功还可以为中国带来其他更大的全球利益。一个明显的例子就可以说明这一切。目前很多西方国家，特别是盎格鲁-撒克逊国家，对中国的崛起感到不安。这就是为什么在盎格鲁-撒克逊的媒体中不断涌现出有关中国的负面文章。简单来说，如果东盟与中国关系恶化，盎格鲁-撒克逊国家的媒体就更有理由借机抹黑中国了。但是如果东盟与中国良好，那么它们就没有了攻击中国的武器。

如果让中国人来分析一下，他们最近在南海活动对全球如何认知中国产生了何种影响，他们一定会说，这些行动已经损害了中国努力塑造起来的和平崛起的大国形象。

其实，一个微小的指标就可以说明很多问题。中国分析家应该研究一下《经济学人》上每周发布的漫画，这是一本具有全球影响力的杂志。该杂志总是将"山姆大叔"（美国）刻画成一个不幸但好心的老绅士，而中国则总被描绘成一条塞满尖牙的愤怒巨龙。如果人们客观地分析近年来美国和中国在全球的军事角色，会发现《经济学人》的漫画与事实恰恰相反。然而，现在这种完全有悖事实的描述已经转变成全球对中国的普遍印象。这个案例充分显示了盎格鲁-撒克逊媒体的巨大影响力。在这个例子中，美国是一位爱好和平的大叔,而中国则是一条好战的巨龙。但是在亚太水域,美国的军事存在要远远强于中国。

来源:《经济学人》2016年6月11日。

其实,2014年年中在北京召开的一次智库讨论中,凯硕就曾经警告过中国一些外交政策分析家,盎格鲁-撒克逊媒体正在利用中国在南海的主张和行动,将中国描绘成侵略和好斗的形象。事实上,当时凯硕的表述要比我描述的更加强烈。他说,其实盎格鲁-撒克逊的媒体一直都想在全球激发出一种强烈的且有攻击性的"反华情绪"。而中国在南海的行动终于给他们提供了一个机会。

在这里需要强调的是,东盟与中国之间良好的关系有利于强化中国和平崛起的主张。中国领导人曾生动地谈论他们和平崛起的目标。郑必坚是第一位提出"和平崛起"的高官。他说:"现代历史上,一些新兴大国总是通过入侵、殖民化、扩张或甚至大规模侵略战争等手段掠夺其他国家的资源。但是到目前为止,中国崛起所需

三 大国共舞

的资本、技术和资源都是通过和平手段获得的。"①

习近平以同样有力的论述强调了这一观点。他说:"中国人民的血液中没有侵略他人、称霸世界的基因,中国人民不接受'国强必霸'的逻辑。"② 他还说:"中国这头狮子已经醒了,但这是一只和平的、可亲的、文明的狮子。"实施"和平崛起"政策的第一位领导人当然是伟大的中国领导人邓小平,他曾坚定地说:"我们反对新老殖民主义和大国霸权主义……反对任何国家违反这些原则,在任何地区建立霸权和势力范围。"③ 此外,他还做过更加惊人的发言:

> 如果中国有朝一日变了颜色,变成一个超级大国,也在世界上称王称霸,到处欺负人家,侵略人家,剥削人家,那么,世界人民就应当给中国戴上一顶社会帝国主义的帽子,就应当揭露它,反对它,并且同中国人民一道,打倒它。④

中国可以继续通过各种生动的演讲说服外界相信其和平崛起的承诺,而且它应该这样做。然而,同为人处世一样,在外交中也是行为胜于雄辩。中国需要证明它的崛起是和平的,并且要遵循邓小平的坚定主张,即"反对建立霸权和势力范围"。东盟地区就是中国证明自己的最好的实验室。为什么?答案很简单。东盟之于中国正

---

① Zheng Bijian, "China's 'Peaceful Rise' to Great-Power Status", *The Foreign Affairs*, Sept. /Oct. 2005, https://www.foreignaffairs.com/articles/asia/2005-09-01/chinas-peaceful-rise-great-power-status/, accessed 12 Oct. 2016.
② Jin Kai, "Building 'A Bridge between China and Europe'", *The Diplomat*, 23 Apr. 2014, http://thediplomat.com/2014/04/building-a-bridge-between-chinaand-europe/, 访问时间: 2016 年 10 月 12 日。
③ "Speech by Chairman of the Delegation of the People's Republic of China, Teng Hsiao-Ping, at the Special Session of the U. N. General Assembly" (Beijing: Foreign Languages Press, 10 Apr. 1974), https://www.marxists.org/reference/archive/deng-xiaoping/1974/04/10.htm, accessed 12 Oct. 2016.
④ Ibid.

如拉丁美洲之于美国一样,即充当着地缘政治的"后院"。美国通过在拉丁美洲的所作所为证实了其大国行为的本质。同样,中国也可以通过其在东盟地区的行动来证明自己。所以说,如果中国想证明自己与美国不同,中国会实现和平崛起,那么最好的平台就是东盟。

幸运的是,在对待"后院"的问题上,中国想要证明自己比美国做得好并不难。凯硕在他的《走出纯真年代》一书中非常详细地评述了美国是如何扮演大国角色的。他在一开始就提出了这样一个不争的事实,"对于美国对世界其他地区做出的贡献,他国无出其右"[1]。然而,美国在很多方面对他国造成了许多伤害,这也是事实。其中受到伤害最大的就是拉丁美洲。

但是,很少有美国人知道或了解他们给自己的"后院"带来了多大的苦难。为了使美国人意识到这一点,马凯硕在他的著作《走出纯真年代》一书中引用了著名拉美作家加夫列尔·加西亚·马尔克斯的一段话,是他在 2003 年 11 月通过视频对一群齐聚纽约以表彰他的写作成就的听众发表的。他在讲话中没有感谢美国人表扬他,相反,他的话让在场的美国人感到震惊:

> 现在你们自家天天担惊受怕,而邻居家相安无事,这种感觉如何啊?……你们知道吗?从 1824 年到 1994 年,你们对拉丁美洲总共发动过 73 次入侵……近一个世纪以来,你们的国家在世界各地到处发动战争……2001 年 9 月 11 日,恐怖分子终于打到了你们家门口,这种感觉如何?[2]

马尔克斯生动地描述了美国与其"后院"拉丁美洲之间的紧张关系。相比之下,中国与其"后院"——东南亚总体上保持了良好

---

[1] Mahbubani, *Beyond the Age of Innocence*: *Rebuilding*, p. 1.
[2] Ibid., p. 144.

的关系。中国领导人特别是习近平主席公开承诺要加强东盟与中国关系。2013年10月2日在印度尼西亚国会演讲中，习主席提出了许多进一步加强中国与东盟关系的具体建议：

> 中国愿在平等互利的基础上，扩大对东盟国家的开放，使自身发展更好惠及东盟国家。中国愿提高中国—东盟自由贸易区水平，争取使2020年的双方贸易额达到1万亿美元。
>
> 中国致力于加强同东盟国家的互联互通建设。中国倡议筹建亚洲基础设施投资银行，愿支持本地区发展中国家包括东盟国家开展基础设施互联互通建设。
>
> 东南亚地区自古以来就是"海上丝绸之路"的重要枢纽，中国愿同东盟国家加强海上合作，使用好中国政府设立的中国—东盟海上合作基金，发展好海洋合作伙伴关系，共同建设21世纪"海上丝绸之路"。①

他补充说："中国和东盟国家人员往来达1500万人次，每周有1000多个航班往返于中国和东盟国家之间。交往多了，感情深了，心与心才能贴得更近。"

从邓小平到习近平，中国领导人提出了一系列的倡议。得益于此，中国与东盟关系才能不断发展壮大。双边贸易额呈指数增长，从1980年的24亿美元增长到2013年的3500亿美元，在30年间增长了100多倍。双向投资也取得较大增幅。2013年东盟在中国的投资增长到83.5亿美元。中国在东盟的投资从1991年的44亿美元增

---

① "Speech by Chinese President Xi Jinping to Indonesian Parliament", ASEAN China Centre, 2 Oct. 2013, http://www.asean-china-center.org/english/2013-10/03/c_133062675.htm, 访问时间：2016年10月12日。

长到 2013 年的 86 亿美元。中国和东盟在应对一系列重大自然灾害和流行病中，例如 2004 年印度洋海啸、缅甸纳尔吉斯飓风、汶川地震、"非典"（SARS）和禽流感等，相互支持，相互合作。

习主席呼吁建立"新型大国关系"。他这样做是非常明智的。历史证明，当一个大国（这里指中国）即将超过世界第一大强国（这里指美国）时，就会爆发冲突。习近平主席将其称为"修昔底德陷阱"，他说："我们都应该努力避免陷入修昔底德陷阱，避免崛起国与守成国之间，或是两个守成国之间发生毁灭性的紧张关系。"①

如果习主席也呼吁建立大国与中小型国家的新型关系，就会跟他呼吁建立大国间的新型关系一样明智。传统的西方观点总是认为中国一定会成为一个好战、有侵略倾向的国家，但是中国可以证明自己与美国不同，中国会坚持大小国平等原则，真正尊重中小国家的利益和关切。而东盟就是中国开始证明上述主张的最佳场所。

如果中国能够建立起一种大国与中小国家互动的新模式，盎格鲁-撒克逊的媒体就会更难抹黑中国，无法将中国与好战和侵略等字眼挂钩了。盎格鲁-撒克逊的许多媒体（以及盎格鲁-撒克逊国家），认为它们在中国绘制的南海九段线上找到了攻击中国的绝佳武器。由于任何当代的国际法或当代的关于海洋主权声索的国际共识，都很难证明九段线的正当性，因此这就为盎格鲁-撒克逊的媒体提供了一个负面报道中国的机会。

在这种地缘政治背景下，中国与东盟关系变得更加重要。如果中国能够在处理与东盟关系的过程中，发展出一种大国与中小国家互动的新模式，那么这将大大打击盎格鲁-撒克逊媒体在国际舞台上

---

① Nicolas Berggruen and Nathan Gardels, "How the World's Most Powerful Leader Thinks", *Huffington Post*, 30 Sept. 2015.

三　大国共舞

将中国塑造成一个好斗国家的意图。下文将对中国与东盟关系进行全面回顾，从这个全景图中可以看出，中国与东盟关系符合中国更大的外交利益。

我们这一部分想要向读者传达的主要信息其实就是，与东盟发展良好关系会带来许多附带的好处，中国不可低估。作为继欧盟之后的世界上第二大成功的区域组织，如果东盟能够通过实施一些诸如东盟经济共同体（AEC）之类的项目，实现预期目标，提升地区内合作水平，立场上保持团结一致，那么东盟就能够提高它在国际舞台上的地位和声望。如果能与东盟建立起良好的双边关系，那么中国也可以在全球取得巨大的成功。因此，我们希望通过对双边关系进行重大和全面的政策回顾，中国能够意识到，加强而非削弱东盟才符合其利益。

但是在任何双边关系中，一个巴掌拍不响。正如中国应该深刻反思东盟与中国关系一样，东盟也需要这样做。但是这对东盟来说会更加困难，因为东盟总共有10个国家，每个国家在与中国的双边关系中其利益都有所不同。东盟成员国在制定东盟对中国的政策时，会首先考虑自己与中国的双边利益。况且，各个国家在对自己的双边利益进行评估时还会受到地理、历史、掌权者的个性和品质等因素的影响。此外，领导人更迭也会导致政策的变化。所以，如果不同的东盟国家对东盟与中国关系得出不同的结论，这也不足为奇。事实上，2016年以前，这种情况并不少见。

在东盟，越南和缅甸是两个总是对中国最有戒心的国家。为什么？答案很简单，因为历史。两国都与中国的军队交过战。1765至1769年，即乾隆皇帝年间，清朝曾与缅甸发生过四次战争，今天的中缅边界就是在那些冲突中形成的。① 此外，国共内战也对中缅边界产生了部分影响。1979 年的中越战争虽然只持续了 27 天，但造成 5 万多名越南人死亡。②。越南尤其怀疑中国的利益和意图，是因为从公元前 111 年一直到公元 938 年，它曾被中国占领一千多年，因此越南总是很怀疑中国的意图以及中越关系中中国的利益诉求。一位知名记者纳扬·昌达曾写道，越战期间，美国的战机曾对河内进行了轰炸，但是在越战结束不到十年的某一天，当参观人员走进河内博物馆时，馆内人员给他们展示的竟然是"一千年以来越南人民反抗中国侵略争取独立的历史记录"③。越南记者殿隆在《外交官》杂志上发表的一篇文章中写道：

> 1970 年，在美国轰炸北越后的短暂间歇期，美国著名的政治活动家和对美国外交政策批判最强烈的激进派代表人物之一诺姆·乔姆斯基受邀访问越南首都河内，并且在河内的理工大学做演讲。乔姆斯基回忆说，到达河内的第一天早上，接待人员就带他去参观战争博物馆，并且聆听关于几个世纪前中越战争的冗长的讲演，讲演过程中还配有立体模型。他在接受采访时说："他们这个讲演的意思很明了，那就是'现在碰巧是你们（美国）在侵略我们，而你们终究是会离开的。但是中国却一直在这里'。"④

---

① Charles Patterson Giersch, *Asian Borderlands: The Transformation of Qing China's Yunnan Frontier* (Cambridge, MA, and London: Harvard University Press, 2006).
② Michael Sullivan, "Ask the Vietnamese about War, and They Think China, Not the U. S.," NPR, 1 May 2015, http://www.npr.org/sections/parallels/2015/05/01/402572349/ask-the-vietnamese-about-war-and-theythink-china-not-the-u-s/，访问时间：2016 年 10 月 12 日。
③ Nayan Chanda, *Brother Enemy: The War after the War* (New York: Harcourt, 1986), p. 93.
④ Dien Luong, "Why Vietnam Loves the Trans-Pacific Partnership", *The Diplomat*, 16 Mar. 2016.

三 大国共舞

由于地理因素，越南和中国的命运总是联系在一起。在 2016 年于日本召开的七国峰会（G7）的准备工作会上，新加坡高级外交官比拉哈里·考斯甘作了会议发言，他说：

> 几年前，我曾经问过一个越南高级官员这样一个问题，我说，领导人变更对中越关系来说意味着什么？他回答说，每个越南领导人都必须有对抗中国的勇气，以及与中国和睦相处的能力。如果有人认为这两者不可兼得，那么他就不适合做越南的领导人。①

奇怪的是，虽然中国和越南的国家利益分歧最大（特别是在南海争端上），但是这两个国家在当代有一个共同的利益，那就是保证执政的共产党在北京和河内的合法性。因此这有助于缓和中越之间的分歧。

泰国与中国没有边界接壤，也未曾与中国军队作过战。历史上泰国王室向中国皇帝进贡，现代泰国与华人和谐相处。泰国仍然是美国的盟友，但它也接受了中国的大量援助，并且越来越同情中国的利益诉求。伊恩·斯托瑞描述了这种转变：

> ……在过去 40 年里，在危机时期，中国一直是泰国坚定的支持者。例如，1973 年能源危机期间，中国以友谊价向泰国出售石油；在 10 年的柬埔寨危机期间，中国是泰国的主要战略盟友；泰国在 1997—1998 年亚洲金融危机期间经济陷入困境时，北京为其提供了财政支持；2006 年泰国发生政变后，中国立即承认新政府，双边关系正常发展。

---

① Bilahari Kausikan, "Standing up to and Getting Along with China", Today, 18 May 2016, http://www.todayonline.com/chinaindia/standing-and-getting-along-china/, 访问时间：2016 年 10 月 12 日。

中国对泰国的帮助为其营造了一个非常积极的形象。而且，泰国无论哪一方掌权，中国都会照顾到泰国王室的利益。①

近年来，美国不断批判（甚至是排斥）泰国军政府，反而将其推到了中国的身边。正如西方在20世纪80年代和90年代对缅甸的孤立一样，它们亲手将缅甸送到了中国的手中。而现在西方对泰国军政府的批判可能也意味着，泰国也会成为它们送给中国的地缘政治礼物。正如斯托瑞所言：

> 泰国的国内政治局势在很大程度上决定了该国对北京政府的态度。泰国在经过近十年的政治动乱后，只有军队才能保障泰王国的稳定，中国政府对此表示理解，而泰国军政府对于中国的理解表示赞赏。与中国形成鲜明对比的是，华盛顿方面一再呼吁泰国立即恢复民主。对此，泰国政府拒绝接受美国对其不公平和虚伪的指控。后者认为，自政变以来泰国的人权和人口贩卖情况已经恶化……中美两国对政变的反应更让泰国政府坚信，"自20世纪70年代末以来，泰王国在危机时期可以仰赖中国的帮助，而美国只是一个酒肉朋友而已"。②

中国对柬埔寨和老挝也特别慷慨，它们已经成为东盟中最亲华的两个政府。

至于东南亚的海岛国家，无论是地理距离还是政治关系，它们

---

① Ian Storey, "Thailand's Post-Coup Relations with China and America: More Beijing, Less Washington", *Trends in Southeast Asia* 20 (Singapore: ISEAS-Yusof Ishak Institute, 2015), p. 14.
② Ian Storey, "Thailand's Post-Coup Relations with China and America: More Beijing, Less Washington", *Trends in Southeast Asia* 20 (Singapore: ISEAS-Yusof Ishak Institute, 2015), pp. 1-2.

与中国都更加疏远,而且还时不时地对中国也更加有所防备。但是,每个国家的政策又不太一样。菲律宾总统贝尼尼奥·阿基诺三世(2010—2016年)非常热衷于批评中国,并把中国告上了海牙常设仲裁法院。然而,仅在二十多年前,即1991年,菲律宾还将美国航母驱逐出了苏比克湾和克拉克空军基地。菲律宾的外交政策行为往往不太一致,也不稳定,部分是因为菲律宾的文化。随着罗德里戈·杜特尔特在2016年5月当选总统,中菲之间的紧张局势已经消退。杜特尔特总统曾表示,菲律宾将与中国一起双边解决南海问题。杜特尔特随后率领包括400名商人的代表团于2016年10月访问中国,并与中国签署了价值240亿美元的贸易协定。他回国后不久,中国再次允许菲律宾渔民在黄岩岛附近海域捕鱼。

马来西亚与泰国一样,与中国有着悠久的良好关系。马来西亚是第一个与中国建立外交关系的东盟国家(1974年);马来西亚总理,包括马哈蒂尔博士和现任的纳吉布·拉扎克在内,都与北京保持着密切的关系。纳吉布在北京总是能受到盛情款待。因为正是他的父亲敦·拉扎克总理与中国建立了外交关系。2016年11月,纳吉布访问北京,签署了诸多交易大单。中国同意在马六甲兴建一个总额为19亿美元的新港口,在吉隆坡和吉兰丹之间兴建一条价值131亿美元的新铁路线。然而,尽管领导人之间关系友好,一些结构性因素却使中马关系复杂化。两个国家在南海存在主权争议,马来西亚的执政精英们对本国的华裔也持有戒心。这些问题都有可能使中马关系复杂化。

印度尼西亚与中国的关系也因为各种因素而较为复杂。随着印尼有望成为中等大国,所以它对中国自然不会恭顺。由于苏哈托总统认为中国共产党支持了印尼共产党在1965年发动的一场未遂政变,所以印度尼西亚成为最后与中国建立外交关系的东盟国家之一。

直到 1990 年,印尼才与中国建立外交关系。现在苏哈托虽已去世,但是印尼对中国的戒心依然存在。中国(为了解决)南海"九段线"与印尼专属经济海域部分重叠一事,曾(先后)向多位印度尼西亚领导人私下承诺,称自己不会声索那些专属经济区附近的水域,但是中国不会公开表明这一立场。此外,印度尼西亚和中国的公务船只在这一海域也发生数起冲突意外。

对中国和部分东盟国家之间双边关系的简要概述表明,每对双边关系都很复杂。然而,如果任何东盟国家都将自己的双边利益凌驾于东盟与中国关系的未来之上,这将是错误的。相反,在计算双边利益之前,东盟国家应该先将东盟作为一个整体,以东盟与中国的关系中的长期利益为基础。但是在衡量东盟的长期利益的过程中会出现两个极端选择——乞求中国与对抗中国,任何一个选项对于东盟 10 国来说都可能是灾难性的。东盟需要根据传统的共识原则达成一致,以便在乞求和对抗中国之间走出一条中间道路。东盟应向中国明确表示,独立的东盟对中国的长期利益将是最好的,因为东盟将会成为一个独立且中立的存在,可以帮助润滑和缓和中国与其他大国特别是其他亚洲国家的关系,如印度和日本。

东盟在其成立的头 50 年特别是最近 30 年表明,通过帮助弥合中国与其他大国之间的分歧,东盟有利于中国的长期利益。为了理解东盟的价值,中国可以将东南亚与东北亚做一比较。中国深受东北亚各国的战略疑虑,但是在东南亚这种情况就缓和得多。而之所以会出现这种政治上的差异,关键在于东盟。如果中国想要它的邻国成为对其有利的积极因素,那么就期望东盟变得更加强大吧,只有一个强大的东盟才能帮助中国找到一个最满意的解决方案。

尽管近年来东盟与中国关系受到少数"事件"的部分干扰,但是双方领导人还是需要对双边关系进行细微和复杂的长期计算,以确保东盟与中国关系保持在一条稳定和积极的路线上。这需要各方对彼此的关键利益有着深刻的认识和理解。本书的一个目标就是帮助每个大国更好地理解它们在与东盟关系中的长期利益。

东盟与欧盟

欧盟是世界上最成功的区域组织，东盟是第二大成功的区域组织。它们优势互补，二者之间的合作将释放许多协同效应，并从中大大受益。

欧盟是一个由发达国家组成的组织，东盟则是由发展中国家（除了新加坡）组成。二者经济优势互补，且在文化上也相辅相成。欧盟是基督教国家组成的单一文明俱乐部。东盟是一个拥有许多不同的宗教和文化的多文明俱乐部。作为一个由发达国家组成的，且能够提供发展援助和发展建议的组织，欧盟可以帮助东盟国家促进经济增长。而东盟则可以为欧盟提供地缘政治方面的回报。目前，东盟以自身的发展进程为中心，已经促进了诸多地区合作机制的构建。不可思议的是，东盟还借此在亚太地区帮助创建了一个相对稳定的地缘政治环境。我提到的最后这一点，即为欧盟提供地缘政治方面的回报，可能会让有些读者感到吃惊。

那么为了理解这一点，我们必须先了解欧盟的地缘政治缺陷。欧盟是一个短视的地缘政治组织。很不幸的是，它的决策过程总是受到个别成员国短期利益的影响，而没有考虑整个欧盟的更大和更长期的利益。很多时候，政客们国内选举的短期选举利益甚至会凌驾于地区利益之上。

2015年，叙利亚难民危机席卷欧盟。当一百多万难民抵达欧盟时，该地区陷入了特有的混乱状态。虽然政客们假装很惊讶，但这种情况显然是可以预见的。2015年11月26日马凯硕在《欧洲世界》上发表的一篇文章中写道：

> 正如墨西哥移民问题一样，欧洲目前的移民危机本来也是可以预见的。欧盟应该签署一个类似美国的北美自由贸易协定（NAFTA）一样的北非自由贸易协定（NAFTA）。但并没有人提出这样的倡议，甚至没有人往这方面考虑。为什么没有？答案很简单，美国的情报部门和安全机构专注于应对长期挑战，它们预见到了墨西哥未来可能出现的问题。但是欧盟没有这样的机构，也没能辨别出迫在眉睫的移民压力。更糟糕的是，欧盟竟然让美国来制定欧盟与其伊斯兰邻国之间的议程。2010年12月在突尼斯"阿拉伯之春"浪潮爆发时，欧盟让美国主导解决在突尼斯、埃及和利比亚爆发的危机。显然，美国能够按照西方的意识形态来处理这次危机，是因为它与这些爆发危机的国家被大西洋隔开了，危机不会蔓延到美国去。可欧盟是永远无法摆脱北非问题的，因此应该谨慎和务实地处理这些问题，而不是让美国的意识形态利益凌驾于自己的实际利益之上。①

对于这么明显的问题，欧盟视而不见，主要是因为其决策机制存在着严重的结构性缺陷。欧盟领导人大部分时间都在处理内部问题，然而却没有意识到现在欧盟面临的挑战主要是来自外部。如果有读者对我们的上述论断有疑问，大可来看一下近些年欧盟在处理

---

① Kishore Mahbubani, "Here's How the EU Should Start to Think Long-term", *Europe's World*, 26 Nov. 2015, http://europesworld.org/2015/11/26/heres-howthe-eu-should-start-to-think-long-term/，访问时间：2016年10月12日。

三　大国共舞

外部威胁时是如何以失败而告终的，例如非洲的人口爆炸问题（不可避免地将会有更多的移民涌向欧洲）、北非和中东动荡的政局（已经打开了更大规模的欧洲移民潮的阀门）以及乌克兰危机。

那么，欧盟在地缘政治中可以从东盟学到什么经验？欧盟可以对比一下缅甸和叙利亚两个国家，因为二者面临着同样的挑战。这两个国家过去都是军人政权，而且民族和宗教分裂非常严重。两者都压制了民主改革的努力。欧盟对两个国家的应对措施是一样的，即对这两个政权都实施了制裁。但是东盟的反应是与欧盟相反的，东盟选择与缅甸接触。

东盟与欧盟在缅甸问题上的分歧在20世纪90年代达到了顶峰。这个时间点不太好。冷战的结果让欧盟不可一世。在90年代初东盟和欧盟召开的一次会议上，欧洲的代表团是由比利时外交部长维利·克拉斯领衔，因为当时恰逢比利时担任欧盟轮值主席国。他自豪地宣称，随着冷战的结束，世界上只剩下两个超级大国：美国和欧盟。他表现得傲慢不逊。（奇怪的是，尽管比利时国内问题重重，却有着盛产傲慢部长的传统。20年后，欧洲贸易部长卡洛·德·古赫在与东盟打交道时表现出了同样的傲慢态度。）

1997年，东盟接纳缅甸为成员国，欧盟暂停了与东盟的一些外交关系。由于欧盟拒绝给缅甸代表发放签证，东盟被迫取消了东盟—欧盟会议。当时的新加坡外交部长尚穆根·贾古玛写道：

> 欧盟与东盟每两年召开一次对话会议，在东盟成员国（由东盟担任会议主席）和欧盟成员国（当年的欧盟轮值主席国）轮流举行。在东盟举行时，欧盟代表团与包括缅甸在内的所有东盟国家的外长都没有问题。然而，当轮到欧盟主办时，他们拒绝给缅甸外长发放签证，因为他们在

缅甸的人权问题上坚持强硬立场。当然，这种"分而治之"的手段我们是不能接受的。此外，如果缅甸外交部长不能参加，那么我们就拒绝出席会议。于是，东盟—欧盟对话会议就中断了。这种状况在2003年1月被打破，他们设计了一个保全面子的办法，即在欧盟总部布鲁塞尔开展对话。缅甸副外长出席了会议。①

贾古玛后来解释说："欧盟的唯一议题就是缅甸和人权。缅甸就是一只便利的替罪羊。"② 据许通美说：

> 当贾古玛访问瑞典时，瑞典外交部长林德要求他解释一下为什么要在缅甸问题上采取如此强硬的立场。他说，这不是强硬，并指出了欧盟外交立场的不一致性。既然欧盟愿意同朝鲜进行对话，那为什么拒绝同缅甸对话呢？林德同意他的说法。③

自从东盟接纳缅甸，现在已经过去20年了。缅甸已经向着一个更加民主的政权和平演进。相比之下，叙利亚仍被战火包围，叙利亚难民也大量涌入欧洲。显然，东盟在对待缅甸军政府的政策上取得了成功，而欧盟孤立叙利亚的政策失败了。也许欧盟应该就批评和中伤东盟与缅甸的接触政策而向东盟道歉。

这样的道歉将有助于东盟和欧盟全面实现双边关系的和谐发展。此外，要彻底重置东盟和欧盟的双边关系。例如，为了清除掉双边关系中功能失调的部分，欧盟需要公开承认其关于缅甸的政策是完全错误的。它还需要放弃它对东盟表现出来的傲慢和优越感。

---

① Jayakumar, *Be at the Table or Be on the Menu*, pp. 77-8.
② 作者与贾古玛教授的面谈，2016年8月19日。
③ 作者与许通美大使的面谈，2015年12月23日。

三　大国共舞

东盟在处理欧盟问题上需要更加自信。由于许多东盟国家都从欧盟委员会和欧盟各成员国那里获得援助，它们习惯于站在一个乞求者的角度行事。这种做法必须停止。东盟可以向印度学习，因为后者同样也接受欧盟的援助。欧盟在2014年向印度提供了7800万美元的援助，东盟国家获得了3.04亿美元。① 当欧盟试图对印度实施附加条件，要求印度达到一定的民主和人权标准时，印度，这个世界上最大的民主国家，义正词严地告诉欧盟"滚开，一边待着去"。2011年，当时的印度外交部长沙希·沙鲁尔是这样解释印度的立场的：

> 有时，欧洲总是喜欢对别国的内政指手画脚，我们不怎么喜欢这样。我相信，如果我们能够彼此尊重主权国家各自的核心利益，那么建立真正的战略伙伴关系并不是什么难事。但我们要从贸易方面先开始，因为这是最简单的起点。

他进一步说：

> 例如，人权。我们可以非常自豪地说，无论是民间社会、媒体还是公共行政机构都会不遗余力地揭露侵犯人权的行为，即使在克什米尔也是如此。印度是一个喜欢自己解决自己问题的国家。因为我们有过被殖民的历史，所以我们并不喜欢印度以外的人来对我们进行说教。我相信，如果欧洲坚持在自由贸易协定上强加这样的条件，印度会拒绝合作。你不能忘记历史，你也不能忘记其他国家已经在商业和政治领域领先了印度两百多年。但是对于我们来

---

① Development Co-operation Directorate（DCD-DAC），http://www.oecd.org/dac/，访问时间：2016年10月12日。

说，坚持独立自主的权利比达成自由贸易协定更重要。就这么简单。①

欧盟需要问自己的一个关键问题就是，它们是否已经真心接受了我们的建议。

如果欧盟和东盟可以进行平等对话，每一方都可以向对方学习。虽然这个想法在许多欧洲人心目中是不可想象的，但欧盟或许能从东盟这里学到许多。同样，东盟也可以从欧盟学习到许多经验。让我提供几个例子来加以说明。

首先，欧洲在处理伊斯兰世界的事务上存在问题。《查理周刊》事件和2015年11月13日巴黎恐袭事件将这一点表现得很明显。在这一地区，地理因素不可改变。欧洲将永远与伊斯兰国家做邻居，并且目前其邻国都没有特别成功或变得富裕。相比之下，世界上最成功的伊斯兰国家中有三个是东盟成员国：文莱、马来西亚和印度尼西亚。如果利比亚、突尼斯和阿尔及利亚这样的国家能够仿效文莱、马来西亚和印度尼西亚的成功经验，欧洲的未来将更加安全。

如果欧盟能够赞助一个大规模的奖学金计划，派遣年轻的北非学生到东盟国家学习，那么他们就能够亲眼目睹伊斯兰是如何与民主和发展实现兼容的了。其中一些人也可以到李光耀公共政策学院学习政府治理（马凯硕担任院长）。简而言之，东盟可以通过给北非灌输发展和民主的希望，从而给欧盟带来实质性的好处。如果非洲人民有了更多的希望，那么想要跨越地中海移民欧洲的人就会越来越少了。这是欧盟加强与东盟的密切合作会产生明显效果的领域。可是对于这么一个能够立竿见影的合作领域，为什么就没有一个高

---

① "Indian MP Tharoor: Europe Must Stop Lecturing India", EurActiv, 19 Apr. 2011, http://www.euractiv.com/section/global-europe/interview/indian-mptharoor-europe-must-stop-lecturing-india/，访问时间：2016年10月12日。

级欧盟决策者能想到呢？这个可悲但是诚实的答案就是，是欧洲的傲慢蒙蔽了他们的双眼。

第二，欧盟向东盟学习接触而非孤立的政策手段。前面提到的缅甸和叙利亚的例子就证明了这一点。欧盟还应该仿效东盟对俄罗斯的接触政策。为什么？因为制裁没有用！科菲·安南和凯硕在2015年12月一起发表过一篇文章，他们认为制裁手段很难改变对方的政策。文章如是说：

> 毕竟，公共政策应该以证据为导向，而非直觉和情感。证据表明，为了取得成功并避免意想不到的后果，在精心设计制裁手段的同时也要进行政治接触。实施制裁的感觉固然可能很好，但如果他们想要真正取得比较好的效果，就必须改进制裁的手段。①

像俄罗斯这样的大国不能采用羞辱手段逼其就范。东盟在与以前的对手接触时展示出了特殊的才能。当东盟于1967年成立时，中国和越南都谴责它的创建是帝国主义的阴谋。然而30年后，越南加入东盟，中国成为第一个与东盟签署自由贸易协定的国家。

欧盟成员国比东盟成员国更富有、更强大。然而，它们却将外交政策中的关键方面交与其主要盟友美国来把持和经营。地缘政治总是与地理因素密不可分。除了阿拉斯加，美国永远都不会成为俄罗斯的邻国，而欧盟则永远是俄罗斯的邻居。鉴于这些情况，在处理与俄罗斯的关系时，欧盟为什么允许美国的意识形态优先于自己的实际利益呢？为什么允许美国将北约扩展到俄罗斯的家门口呢？

---

① Kofi A. Annan and Kishore Mahbubani, "Rethinking Sanctions", Project Syndicate, 11 Jan. 2016, https://www.project-syndicate.org/onpoint/rethinkingeconomic-sanctions-by-kofi-a-annan-and-kishore-mahbubani-2016-01, 访问时间：2016年10月12日。

为什么要邀请乌克兰加入北约并以此威胁俄罗斯呢？

与欧盟相反，东盟通常展现出超凡的地缘政治智慧。在这里，缅甸的案例同样有启发性。20世纪90年代中期，美国和欧盟对东盟施加了巨大的压力，孤立和排斥缅甸。东盟明智地忽视了这些压力，并继续与缅甸接触。当时的印度尼西亚外长阿里·阿拉塔斯解释说，如果东盟采取排斥主义将驱使缅甸投入中国和印度的怀抱，这将使它成为地缘政治斗争的中心。同样，如果孤立俄罗斯，欧盟也将迫使它与中国更加紧密地合作。

许多欧洲人可能还在争论这件事情的是非曲直，但现在的关键问题是如何改变俄罗斯的行为。欧盟传统的答案是制裁。东盟传统的答案一直是接触。看看它们自冷战结束25年来的经历，事实证明东盟的政策比欧盟的更好。这就是为什么欧盟应该向东盟学习地缘政治方面的经验的原因。

欧盟可以向东盟学习的第三个领域是务实的管理方法。欧盟有28个成员国，东盟有10个。然而，东盟的文化和语言远比欧盟丰富多样。欧盟有24种官方语言，因为每个欧盟成员国都认为本国语言与其他语言同样重要。多种语言的笔译和口译却增加了大量工作。相比之下，东盟使用英语，这不是任何东盟国家的母语。如果欧盟可以效仿东盟，那么它就可以节省10亿欧元。欧盟网站说："根据一些非常粗略的估计，所有欧盟机构中语言服务的成本不到欧盟年度总预算的1%。除以欧盟人口，每人每年约为2欧元。"① 由于欧盟的总人口为5亿，所有翻译的总成本为10亿欧元。此外，采用同一种语言还将促进欧盟领导人和官员之间加深了解。正如李光耀在

---

① "Frequently Asked Questions about DG Translation", European Commission, last updated 21 Sept. 2016, http://ec.europa.eu/dgs/translation/faq/index_en.htm/, 访问时间：2016年10月14日。

他的回忆录中写道:

> 欧洲凝聚力和团结的一个严重障碍是缺乏共同语言。施密特用英语跟吉斯卡尔交流,并且跟我说他们建立了密切的关系。但是密特朗和希拉克必须通过翻译与科尔沟通。我总觉得,当一个翻译站在中间时,很难感受到另一个人的真实想法。①

欧盟可以向东盟学习的第四个领域是考虑采用"东盟-X"原则。东盟国家很早就认识到,如果一些国家还没有准备加入,那么让所有10个东盟成员签署一个方案将是一个错误。因此,在东盟自由贸易区(AFTA)下的贸易自由化方面,东盟给东盟新成员提供了一个双重制度,特别是缅甸、柬埔寨、老挝和越南,它们可以有更多的准备时间加入东盟自由贸易区。如果欧盟采取了类似的方法,就可以避免希腊退出欧元区的问题了。

希腊退欧事件清楚地表明,欧盟在合作过程中存在一定的僵化。在2012—2014年,对于希腊是否会退出欧元区,欧盟各国经历了一番痛苦的挣扎,而世界各国则屏息静气地注视着这一切。"希腊脱欧"是很有可能发生的,所以当时这件事导致世界市场充满紧张情绪。尽管最后希腊没有离开欧盟,但该国如果退出欧元区可能会有更好的发展,因为这样的话希腊将具备弹性的通货,它可以通过贬值使希腊出口业重新焕发活力。此外,当年希腊申请加入欧元区的账户曝光后,它在这个过程中的大规模欺骗行为变得明朗了。希腊当时谎报并提供了虚假的统计数据,以证明它符合欧元区的准入门槛。欧盟官员在处理这个申请时,知道希腊在撒谎,却假装希腊提交的统计数据是正确的。安格拉·默克尔在2013年说:

---

① Lee, *From Third World to First*, p. 487.

不应该让希腊加入欧元区。施罗德总理在2001年把希腊拉了进来，放宽了《稳定与增长公约》，这两项决定都是根本错误的，这也是我们目前问题的根源之一。统一的欧元区是宝藏，是福利，我们不能去怀疑它。这就是为什么欧元不仅仅是一种货币。为此，我们团结一致，但团结一致总是与责任联系在一起的，欧元区内正在经历改革的国家也是我们要团结的对象，这也意味着我们要为它们的改革承担责任。①

本质上，默克尔是在公开承认接纳希腊是一个错误。由于欧盟总是宣扬零腐败和透明度等美德，因此欧盟高级领导人参与这种大规模的自我欺骗是令人震惊的。这就是欧盟这种区域合作模式已经成为明日黄花的一个原因。

当希腊退欧的前景愈加明朗时，很明显地暴露了欧元区一个重大的设计缺陷。欧元区制定了一套严格的准入标准和规则，但却没有"退出"的标准或程序。这种情况隐含着一个非常傲慢的假设前提，那就是当一个欧盟国家进入欧元区时，它必将成功。欧盟受到意识形态的束缚，认为自己只能向前迈进，不能退后一步。对此，世界其他各国也将密切关注欧盟如何处理希腊退欧这件事。

希腊退欧是对欧盟的一个重大冲击。事实上，这也是对整个世界的重大冲击。只有历史尘埃落定，我们才能了解到英国公投退欧的根本结构性原因。如果用一个成语来形容欧盟的这场地区合作的实验，那就是"好高骛远"。它试图在该地区实现区域一体化，但是

---

① Andrew Trotman, "Angela Merkel: Greece Should Never Have Been Allowed in the Euro", *The Telegraph*, 27 Aug. 2013, http://www.telegraph.co.uk/finance/financialcrisis/10269893/Angela-Merkel-Greece-should-never-have-beenallowed-in-the-euro.html, 访问时间：2016年10月12日。

人们却尚未做好准备。

许多英国选民之所以选择退欧，主要是因为有太多的外国人，特别是来自欧盟其他国家的人移居到英国生活。移民数量的增加是因为欧盟的一个决定，即如果自由贸易可以伴随人民自由流动，区域经济合作的效果将会更好。这个决定就经济方面来说是正确的，但在英国，波兰和罗马尼亚工人等陌生人的大量涌入让本地居民感到不适。

在这方面，东盟缓慢但务实的发展实践也许可以为欧盟带来一些经验。的确，东盟国家偶尔会走回头路，背离东盟一体化的承诺。理论上这是错误的。但实际上，东盟合作方法的这种灵活性可能是其不断向前迈进的最可行的方法。虽然法律至上的欧洲人可能无法接受这种"开倒车"的想法，违背他们曾经做出的明确的法律承诺，但是东盟在处理这类事情上所展现出来的务实文化也许值得欧盟学习。

总之，如果欧盟和东盟能够努力且有意识地去促进双方更加紧密地合作，那么每一方都可以从另一方学习到宝贵的经验。东盟一直接受这样的想法，即它可以从欧盟的实验中吸取教训。最大的问题是，欧盟的决策者是否愿意接受他们可以向东盟学习的想法。

东盟与印度

1995年12月，东盟国家领导人在泰国曼谷出席了一次首脑会议。议程上的一个关键问题是，是否接纳印度为东盟的全面对话伙伴国。当时，日本（1973年）、澳大利亚（1974年）、新西兰（1975年）、美国（1977年）、加拿大（1977年）和韩国（1991）已经成为东盟的对话伙伴，1996年中国和俄罗斯也加入了上述国家的行列。

作为新加坡外交部常务秘书，马凯硕当时担任东盟高级官员会议（SOM）新加坡方面的代表。

此前，新加坡就曾试图在东盟高级官员会议（SOM）层面与印度进行对话，但没有成功。出于伊斯兰的团结意识，印度尼西亚和马来西亚认为巴基斯坦也应被接纳为全面对话伙伴。而其他东盟国家则反对同时接纳印度和巴基斯坦的想法，担心这两个国家会将它们之间的深层敌对带入东盟，并对东盟造成破坏。

在曼谷，东盟领导人进入一个小房间，没有顾问在场。他们在这里要私下讨论许多敏感问题，包括印度的准入问题。在会谈前，马凯硕提示新加坡总理吴作栋，印度尼西亚总统苏哈托和马来西亚总理马哈蒂尔不大可能会同意只接纳印度，而排除巴基斯坦。吴作栋总理进入房间，知道他成功的机会很小。但是这次会议结束后，领导人走出房间，吴作栋总理在人群中发现了马凯硕，并给他竖了大拇指，表示他们已经同意单独接纳印度了。那场景仍然是马凯硕一生中较为难忘的时刻之一。

对于新加坡帮助其参与东盟会议，印度甚是感激。二十多年后，这种感激之情也没有减少。然而，虽然印度和新加坡有着非常密切的友谊，但新加坡坦率地告诉印度，东盟与印度关系的潜力与具体成果之间的差距非常大。为什么会这样？

理论上，东盟与印度之间的对话伙伴关系应该特别有成效，因为印度与东南亚的关系历史悠久，根深蒂固。在10个东盟国家中，只有越南和菲律宾没有印度文明的文化根基。

但是在实践中，东盟与印度关系的成效要低于二者之间可能达到的水平。作为东盟的贸易伙伴，印度排名第七，低于中国、欧盟、日本、美国、韩国和澳大利亚（见表1）。印度在东盟地区的投资中排名第七，位于欧盟、日本、美国、中国、澳大利亚和韩国之后

（见表2）。

表1 东盟与对话伙伴之间的贸易数据

（按2013年贸易总额降序排列）

伙伴国/地区	价值（10亿美元）		
	出口	进口	贸易总额
中国	152.5	198.0	350.5
欧盟（28国）	124.4	121.8	246.2
日本	122.9	117.9	240.8
美国	114.5	92.3	206.8
韩国	52.8	82.1	135.0
澳大利亚	45.5	22.5	68.1
印度	41.9	25.9	67.9
俄罗斯	5.2	14.7	19.9
加拿大	7.2	6.2	13.5
新西兰	5.7	4.1	9.8

来源：http://asean.org/resource/statistics/asean-statistics/，访问时间：2015年7月27日。

表2 各对话伙伴国对东盟的对外直接投资（FDI）流入

（按2012—2014年FDI总额降序排列）

伙伴国/地区	价值（10亿美元）			
	2012	2013	2014	2012—2014
中国	6.5	22.3	29.3	58.1
欧盟（28国）	21.2	21.8	13.4	56.4
日本	14.4	4.9	13.0	32.4
美国	5.7	6.8	8.9	21.4
韩国	3.2	3.5	5.7	12.4
澳大利亚	1.6	3.7	4.5	9.7
印度	4.3	1.3	0.8	6.4

续表

伙伴国/地区	价值（10亿美元）			
	2012	2013	2014	2012—2014
俄罗斯	1.0	1.0	1.3	3.3
加拿大	0.2	0.5	-0.02	0.7
新西兰	-0.1	0.3	0.3	0.6

来源：http：//asean.org/resource/statistics/asean-statistics/，访问时间：2015年7月27日。

相较于其他国家，印度与东南亚国家建立密切关系的时间相对较晚。虽然印度在1947年摆脱殖民统治，实现政治独立，但精神上的殖民仍持续了几十年，独立后仍向欧洲和美国找寻发展的灵感。在他的著作《亲密的敌人》一书中，印度社会学家阿希斯·南迪将这种心态描述为"帝国灭亡后仍然存在的殖民主义"①。

冷战期间，印度倒向苏联阵营，而东盟国家显然亲美。因为不同的政治立场，东盟和印度在联合国，特别是越南入侵柬埔寨问题上偶尔会陷入外交冲突。冷战结束时，印度本应像中国一样迅速做出战略调整，并优先考虑与东盟的战略接触。然而，东盟与印度关系多是事务性的，而非战略性的。虽然说印度没有长期的东盟战略有些不太好，但这就是事实。还应该补充的是，相较于中国，印度这样政治体制的国家要制定一项长期的战略计划要难得多。

莫迪总理的选举创造了一个独特的机会窗口，以改变东盟与印度关系。莫迪上台后，印度出现了一位强大的领导者，愿意制定冒险但长期的战略决策。2012年12月20日，东盟和印度领导人在新德里举办旨在纪念印度与东盟建立对话关系20周年的"印度—东盟

---

① Ashis Nandy, *The Intimate Enemy: Loss and Recovery of Self under Colonialism* (New Delhi: Oxford University Press, 1988), p. xi.

三 大国共舞

纪念峰会",并且在会议上通过了《印度—东盟纪念峰会愿景声明》,印度与东盟升级为"战略伙伴"关系。

目前,东盟不断受到来自美国和中国之间不断增长的地缘政治竞争所带来的压力,印度可以在中间提供战略平衡。印度可以制定一个20年计划,以加强与东盟的关系。在制定细节时,印度会意识到它与东盟的关系取决于三个支柱:文化、经济和地缘政治。当这"三条腿"都同样强壮时,三脚架才是稳固的。但是关于目前支撑东盟—印度关系的这个三脚架,仍需要做大量的工作去强化。

在东盟—印度会议上发表的声明和宣言大多数都集中在经济关系方面。东盟—印度专家名人小组(EPG)成立于2010年,以评估过去20年来的东盟—印度关系,探讨扩大和加深东盟与印度之间现有合作的路径,并提出将来进一步加强关系的措施。它的报告集中在经济建议上,即使是非经济的建议也会延伸到经济领域。例如,社会文化合作的第一个项目就是利用企业社会责任,促进东盟和印度的社会经济发展。专家名人小组的其他主要建议如下[1]:

- 在服务和投资领域尽早达成协议(要考虑到,这些协议将补充货物自由贸易协定),巩固现有关系并使经济关系迈向更高水平。
- 到2022年,在东盟—印度自由贸易区内,东盟—印度双边贸易额达到2000亿美元(注:在2015—2016年度,东盟—印度的贸易额为650亿美元[2])。

---

[1] "ASEAN-India Eminent Persons' Report to the Leaders", ASEAN, Oct. 2012, http://www.asean.org/storage/images/2012/documents/Asean-India%20AIEPG%20(29%2010%2012)-final.pdf,访问时间:2016年10月12日。

[2] "India ASEAN Trade and Investment Relations: Opportunities and Challenges" (Delhi: Associated Chambers of Commerce and Industry of India, July 2016), http://www.assocham.org/upload/docs/ASEAN-STUDY.pdf/,访问时间:2016年9月29日。

- 建立互利的商务签证制度,包括为专业人士及其家人提供长期、多次入境商务签证和居留许可证。
- 成立一个东盟—印度专家小组,为该地区制定一项粮食安全计划。
- 加快签署东盟和印度之间的"开放天空"协议。

虽然经济关系很重要,但印度也需要加强与东盟的文化关系。没有任何其他合作伙伴,如美国、欧洲,甚至中国,可以比得上印度与东南亚的长期历史联系。

在雅加达,在一些主要的交通十字路口矗立着许多大型雕塑,它们都是根据印度史诗《罗摩衍那》和《摩诃婆罗多》中的故事情节塑造的。这些雕塑中最著名的当属位于雅加达中区独立广场的群马拉车的雕塑,这是根据《摩诃婆罗多》史诗建造的。该雕塑修建于1987年的苏哈托时期,但今天所有的雕塑仍都保存完好。同样,著名的爪哇皮影戏,其中人物的特征也主要来自《罗摩衍那》和《摩诃婆罗多》。泰国和爪哇的其他例子也表明,虽然印度文化之后又出现了其他文化浪潮(如第1章所述),但是在今天的东南亚,印度的文化影响仍然充满生机和活力。显然,印度在历史上精心设计的东向运动今天还在提醒着东南亚人,他们与印度共享着同样的文化遗产。许多普通东南亚民众从《罗摩衍那》和《摩诃婆罗多》中熟识了数字。然而,他们会惊讶地发现,这些他们认为是其遗产的一部分的数字,其实来自印度。

印度的软实力也体现在当代的艺术和流行文化中。宝莱坞的作品在许多东南亚国家获得了非凡的成功。印度电视节目《摩诃婆罗多》进行印尼语配音后于2014年3月在印尼播出,大受欢迎。而且,也因此制作了一档叫做"阿周那的爱神之箭"(Panah Asmara

Arjuna)的真人秀节目,由在印度的那个电视节目中扮演阿周那角色的印度演员主持。虽然现在的东南亚年轻人已经不太了解古代东南亚和印度的历史联系,但是当代宝莱坞电影仍然能够引起他们的文化共鸣。这表明印度和东南亚之间的文化连通性仍然存在。如果印度能够与东南亚建立新的文化桥梁,它将受到热烈欢迎。

新加坡能够为上述观点的相关研究提供一个有趣的案例。新加坡有75%的人口是华人,只有8%为印度裔,但是新加坡投资1800万美元建造了一个有440多种文物的印度遗产中心。其中包括珠宝、石雕、服装和木雕,以及印度移民使用的复古手提箱等物品。在这些藏品中,有一个制作于19世纪后期、经过5000分钟雕刻而成的3.4米高的木制切蒂纳德门廊,这反映了南印度的切蒂纳德社区的建筑风格。那个时期,切蒂纳德社区从东南亚的贷款业务中获得了大量的财富。新加坡第六任总统、已故的塞拉潘·纳丹,捐赠了一系列20世纪40年代的战时出版物。这些出版物记录了新加坡的印度移民在战时与印度国民军一起投身打击英国殖民统治、争取印度独立的战争中。博物馆也向印度的先驱们致敬。① 如果印度和东南亚能够重建并加强古代文化联系,它将为名言"文化即命运"赋予更多的意义。

然而,文化影响力还是无法超越经济的影响力。墨西哥就是一个范例。它的文化深深扎根于西班牙语世界,但其经济却主要受到美国国内政治的影响。同样,随着东南亚与中国的经济联系越来越强大,并且这种情况将不可避免,印度将越来越难以抵消中国在东南亚的影响力。这就是为什么印度应该留意东盟—印度专家名人小

---

① Melody Zaccheus, "Five Things to Know about the New Indian Heritage Centre", *Straits Times*, 8 May 2015, http://www.straitstimes.com/singapore/five-things-to-know-about-the-new-Indian-heritage-centre/,访问时间:2016年10月12日。

组的建议。可喜的是，印度已经采纳了他们的一个建议，任命一位印度驻东盟大使，并且成立了一个独立的外交使团，这是好的迹象。现在，印度还应该实施专家名人小组的如下建议:①

- 进一步支持在孟买成立东盟旅游促进分会（APCT），以进一步加强东盟与印度之间的旅游合作。
- 在印度建立一个东盟—印度中心，以促进贸易、投资、旅游和文化交流。
- 支持东盟共同体建设，实施《东盟互联互通总体规划》，实现东盟共同体，避免与现有的行动计划出现重叠和冗余。

除了文化和经济方面，印度在地缘政治领域也有着巨大的机会。如前所述，东盟最糟糕的情况是成员国被迫在中美两国之间选边站。如果这种竞争加剧，唯一能够为东盟提供地缘政治缓冲的力量是印度。如果印度加强其政治存在并在未来几十年在东南亚发挥更大的作用，它将得到东盟国家的积极响应。

东盟与日本

自19世纪60年代的明治维新以来，日本人以文化上的高傲看待亚洲其他地区。明治时期杰出的教育家、思想家福泽谕吉抓住了当时日本人的这种高傲心态，他说："因此，我们现在没有时间等待我们的邻国进行思想启蒙，然后和他们一起促进亚洲的发展。我们

---

① ASEAN-India Eminent Persons' Report to the Leaders (Jakarta: ASEAN, Oct. 2012), http://www.asean.org/storage/images/2012/documents/Asean-India%20AIEPG%20(29%2010%2012)-final.pdf, 访问时间：2016年10月12日。

三 大国共舞

应该脱离他们的队伍,并把我们的目光投向西方文明国家。"① 当时,福泽是正确的:亚洲正在衰落,西方在崛起。

但是西方统治的时代已经结束了,我们现在看到的是亚洲社会的强大复兴。日本人需要反思他们是否已经改变了对亚洲邻国屈尊俯就的态度,并适应了亚洲世纪的现实。到目前为止,日本人给出的信号是含混不清的。在他们的言辞中,日本领导人承认亚洲的复兴,但是却很少庆祝亚洲世纪的到来。此外,在实践中,日本领导人和舆论界人士还是会优先考虑他们在"濒临死亡"的西方俱乐部的会员资格,如七国集团和经济合作与发展组织。这是自然的。人们需要时间来改变他们根深蒂固的文化态度。

如果日本不能迅速做出调整,那么在亚洲其他国家形成的经济和文化机制中,就有可能将日本排除在外。唐纳德·特朗普在当选以后威胁说,如果日本想要得到美国的保护,就必须付出更大的代价。日本也因此面临着一场特别的地缘政治挑战。如果他们同时与美国和亚洲疏远,日本人可能会感到异常孤立。在这种背景下,东盟对日本具有战略重要性。日本不能借助中国或韩国重新拥抱亚洲,因为日本与其最近的邻国之间仍有着很深的文化和政治隔阂。相比之下,10个东盟国家愿意与日本接触。第二次世界大战中遗留下来的,对日本的疑虑大部分已经消失了。此外,正如本书前几章所示,东盟为大国重新参与东亚提供了一个宝贵的地缘政治平台。可以看到的是,东盟已经成立50年了,而东北亚国家至今也尚未建立起一个同等的区域集团。一旦日本与其邻国的关系变得困难,日本领导

---

① Fukuzawa Yukichi, "Datsu-A Ron", *Jiji-Shimpo*, 12 Mar. 1885, trans. Sinh Vinh, in *Fukuzawa Yukichi nenkan*, Vol. 11 (Tokyo: Fukuzawa Yukichi kyokai, 1984),引自 "Fukuzawa Yukichi (1835-1901)", Nishikawa Shunsaku, *Prospects: The Quarterly Review of Comparative Education* 23, 3/4 (1993): 493-506。

人可以利用东盟会议与其邻国重新接触。此外，随着东盟在经济上的成长和发展，它将为日本产品提供不断增长的市场。正如新加坡总理李显龙在 2013 年所说："东盟国家日益增长的中产阶级对日本出口商来说很重要，无论您是想出口丰田汽车、富士通笔记本电脑、资生堂化妆品，还是许多其他日本产品。"①

在经济方面，日本在东盟有着强大的正能量的遗产。前新加坡部长杨荣文说："我认为日本是促进东盟整合的最重要的国家，因为在 20 世纪 80 年代，日本在不同的东盟国家都设立了加工厂。为了实现产品和资本的流通，东盟成员国不得不修改各自的规则，制定统一的规则。"他继续说道：

> 他们（指日本人）在不同的东盟国家、不同的地方条件下生产和分销，成为日本全球制造流程中的一部分。自然，他们会游说政府，并与政府建立密切关系。同时，因为他们的投资很重要，政府也会迎合他们。这是我对那段时期的感觉。这主要发生在我进入贸易与工业部（MTI）之前。日本当时在东南亚扮演了最重要的角色。1985 年的《广场协议》之后，日本的经济陷入低谷达近 20 年。日本的影响力也减退了。②

如果日本想要与东盟深入接触，它必须首先搞清楚，为什么东盟与日本几十年的接触未能在两者之间产生密切的关系。简单地说，得看它有没有跟东盟真正地交心。日本领导人应该问问自己，为什

---

① "Speech by Prime Minister Lee Hsien Loong at the 19th Nikkei International Conference on the Future of Asia", Prime Minister's Office Singapore, 26 May 2013, http：//www.pmo.gov.sg/mediacentre/speech-prime-minister-lee-hsienloong-19th-nikkei-international-conference-future-asia/，访问时间：2016 年 10 月 12 日。

② 作者对杨荣文的访谈，访谈时间：2016 年 2 月 5 日。

三 大国共舞

么中国能够成功地深化与东盟的关系,而日本则不行。按理说本不应该发生这种情况的。东盟刚成立时,它被中国视作一个亲西方的俱乐部。日本支持这个新组织,而中国谴责它。按照"福田主义"的提出时间,日本早在1977年就进入东盟了。而中国与东盟的和解则开始得很晚。印度尼西亚和新加坡在1990年以后才与中国建立正式外交关系。然而,尽管起步较晚,中国在2005年超越日本,与东盟建立了中国—东盟自由贸易区。而日本在2008年才做到这一点。

日本在与东盟的关系中哪里做错了?怎么错的?这是一个复杂的问题。有一个简单的答案是:日本对待东盟从来没有报以极大的尊重。尚穆根·贾古玛在下文描述了,东盟意欲与日本签署《东南亚友好合作条约》时,日本的动作是多么的缓慢:

> 我们希望日本与中国在同一年签订该条约。中国说:"没有问题。"但日本的官僚机构坚持要逐条检查条约。我把日本外相川口顺子拉到一旁对她说:"这真的只是一个象征性的举动。我们希望你们成为该地区的一个主要参与者。中日同时签订这个协议比较好。"但日本花了一年时间才签署了该协议。因此,中国第一个签署了协议,得到了所有的宣传机会。当日本在一年后签署时,宣传力度就没有那么大了。①

日本未能与东盟建立密切关系有着很深的根源。1977年,在访问五个东盟国家和缅甸的过程中,首相福田康夫作了重要讲话②,提出了所谓的"福田主义"。福田在他精心草拟的演讲稿中提出了许多极好的观点。其中,有三点尤为突出。首先,他说:"真正的朋友

---

① 作者对贾古玛教授的访谈,访谈时间:2016年8月19日。
② "Speech by Takeo Fukuda", *Contemporary Southeast Asia* 2, 1 (1980): 69-73.

是能够与你风雨同舟的,在任何情况下都能够对你施以援手。我知道日本会是东盟的朋友。"第二,他呼吁在日本和东南亚的人民之间实现"心心相通",并"表示日本愿意在这方面充分合作,以回应东盟为加强区域内交流制定的可行计划中的具体措施"。第三,他宣布日本将"在未来五年内将其官方发展援助增加一倍以上"。美国学者威廉·哈达德写道:

> 毫无疑问,"福田主义"中最引人瞩目的就是承诺向东盟五个成员国的五个主要工业项目(每个国家一个)提供总计10亿美元的日元贷款。分别是两个尿素厂,印度尼西亚和马来西亚各有一个;菲律宾的过磷酸盐工厂;泰国的苏打粉工厂;以及新加坡的柴油发动机工厂。然而,贷款的承诺是有条件的。例如,10亿美元的贷款时间没有明确。①

这五个工业项目10亿美元的承诺让东盟国家非常兴奋。东盟国家认为这是日本对东盟经济发展释放出的强烈信号,如果项目取得成功,将大大提高日本在东盟的地位。

但是在这次事件中,只有两个项目得到实施②,日本不信守承诺的糟糕记录严重损害了其在东盟的地位。在福田回到日本后,就释放出了日本不愿意实施这五个项目的信号。正如哈达德报道的:

> 有一份报纸要求了解一下首相到底打算如何对待这五个东盟工业项目。这份报纸援引了首相在吉隆坡的话说,

---

① William Haddad, "Japan, the Fukuda Doctrine, and ASEAN", *Contemporary Southeast Asia* 2, 1 (1980): 18.

② Fertilizer plants in Indonesia were completed in 1983 and in Malaysia in 1986. Takeshi Imagawa, "ASEAN-Japan Relations", *Keizaigaku-Ronsan* 30, 3 (May 1989): 121-42, http://civilisations.revues.org/1664? file=1/,访问时间:2016年10月12日。

他已经做出了 10 亿美元援助的"具体承诺",但当他回到日本时,首相说他"只答应研究这个问题"(《朝日新闻》1977 年 8 月 25 日)。①

虽然日本难以为五个工业项目调配 10 亿美元,但它甚至发现很难兑现为东盟文化基金承诺的 50 亿日元(约合 1870 万美元)。哈达德说:"虽然外交部支持这个项目,但当主题转向文化合作后,大藏大臣小岛波就离开了会场"(《朝日新闻》1977 年 8 月 25 日)。

简而言之,福田首相执政期间,在他著名的马尼拉演讲中所做的三个承诺,其中有两个都没有履行。20 年后,日本也没能履行第三个承诺:日本将是一个真正的能够"风雨同舟"的朋友。例如,1997—1998 年亚洲金融危机爆发时,日本并没有帮助东盟国家。

公平地说,一些日本决策者希望提供更多的帮助。著名的"日元先生"——日本大藏省负责国际事务的副大臣榊原曾建议成立亚洲货币基金会,帮助东盟国家。西班牙外交官埃米利奥·德米格尔描述了日本提出的这个倡议:

> 那个时候,即 1997 年 8 月,日本提出了一个革命性的想法:建立一个亚洲货币基金组织(AMF)。亚洲货币基金组织将设立 1000 亿美元的基金。其成员将包括澳大利亚、中国、中国香港、印度尼西亚、日本、马来西亚、菲律宾、新加坡、韩国和泰国。当时日本既没有邀请也没有为此咨询过美国,这展示了日本重新焕发的自信心。此外,日本还指出亚洲货币基金组织不一定协调其与国际货币基金组

---

① Haddad, "Japan, the Fukuda Doctrine, and ASEAN": 24.

织的活动。①

这一建议被美国摧毁了，美国坚决反对任何削弱美国在该地区影响力的措施。正如德米格尔所说，这种失败的影响是深远的：

> 亚洲金融危机表明日本的领导地位有缺陷。亚洲货币基金组织的插曲让人想起了日本在20世纪70年代末在印度支那透露出的行动力上的不足。因为美国的反对，日本在该地区的声望从未能从没有建立亚洲货币基金组织的失利中完全恢复。相比之下，中国成功利用亚洲金融危机提供的机会，把自己塑造成一个对该地区有意义的玩家。日本既没有能力也不愿意阻止这种发展。"东盟+3"的创立意味着日本放弃诉求成为亚洲主要对话国了。②

日本的立场反映了其长期以来已经习惯于顺从地屈服于美国政府的要求。实际上，日本支持与美国政府保持密切联系的做法牺牲了它在东盟的利益。

所有这一切并不意味着日本政府对东盟国家没有采取过任何行动。在"福田主义"宣布之后，日本向东南亚国家提供了超过500亿美元的官方发展援助。尽管它曾经这么慷慨，但是日本在2005年发现它在东盟几乎没有朋友。那一年，日本为争取联合国成员国支持其获得联合国安理会常任理事国席位作了巨大的努力，但遭到了中国的坚决反对。日本惊讶地发现，在东盟10个成员国中，只有新加坡公开支持它。越南私下支持，但其他8个东盟成员国保持沉默

---

① Emilio de Miguel, "Japan and Southeast Asia: From the Fukuda Doctrine to Abe's Five Principles", UNISCI Discussion Paper 32, May 2013, https: //revistas. ucm. es/index. php/UNIS/article/viewFile/44792/42219/，访问时间：2016年10月12日。

② Ibid.

三 大国共舞

或中立。

如果反思与东盟 10 国的关系，日本可能会想，尽管它与东盟国家存在友好关系，且向东盟国家提供的援助比中国提供的多，为什么准备公开或私下支持它的东盟国家却那么少？一些日本人可以想到的明显答案是，相对较弱的东盟国家害怕一个正在崛起的、强大的中国。这个想法可能有一定的道理。然而，日本缺乏东盟的支持也是因为日本未能履行福田与东盟国家发展"心心相通"关系的承诺。这就是为什么从这一节一开始，就对日本对东盟社会的态度作出了不中听的评价。东盟的许多人认为，日本人在心中不尊重亚洲其他国家，而且始终认为自己是一个文化上优越的社会。作家和人权活动家有道出人在《日本时报》上的一篇文章描述了这种文化优越感：

> ……一眼就能看到拒绝"外国人"进入和拒绝向"外国人"（以及那些看起来不像日本人的日本民众）提供服务的、只标有日语的指示牌和规定；雇主和房东也拒绝向那些看起来像"外国人"的人提供就业机会或是出租公寓（这都是生活必需品）；立法人员、行政人员、警察部队、政府机关或名人也都将"外国人"视为国家安全威胁，并呼吁对他们进行监视、隔离或驱逐。其实每个社会里都能找到几个固执的当权者，但是日本的这种排外主义着实有些过了。排外主义已经深深地植入日本文化中，已经成为整个制度中一种不好的征兆。事实上，这种植根于其国民性中的"种族主义"正是理解日本这个国家系统如何"运转"的关键……日本人总是不断被灌输一个咒语，他们的国家是多么的独特，换言之，日本人与其他人是多么的不

同。但是，让国民感受自己国家的独特性（其实一个国家在描述自己时都会这么做）是一回事儿，但是日本人总是将外国人只当做临时的外籍工人（如果他们不是罪犯、恐怖分子等的话），并且认为他们永远不可能真正属于日本社会，这就是另一码事儿了。①

政府政策的改变是否会改变日本对东盟国家的文化态度，使日本真正尊重它们，这是一个有待回答的问题。其实一个象征性的举动很容易完成上述目标。日本通常是向欧盟总部派遣高级别大使，向东盟派遣的多是低级别大使。既然现在欧盟已经成为过去时，而包括东盟在内的亚洲代表着未来，日本可以扭转这一政策，并向东盟各国首都派遣高级外交官。

日本还可以在东盟国家加快履行其承诺。例如，中国就提出建设昆明—新加坡铁路。《曼谷邮报》在 2016 年 1 月报道说，日本原则上同意建立从柬埔寨到缅甸的"东西线"，使其"从泰国北碧府边境村落向东延伸至柬埔寨，横贯泰国，将缅甸和柬埔寨连接起来"②。东盟地区将关注中国还是日本的铁路系统比较好，以及日本是否将与东盟国家分享先进的运输技术。

另一种日本可以向东盟表示支持的方式可能是在某个领域实施一个"大爆炸"式的项目，例如能源领域。日本在该领域显然是世界领导者。日本的单位国民生产总值的能源消耗仅为中国的十分之一。部分原因是因为日本已经将许多重型制造工厂搬到海外，其中

---

① Debito Arudou, "Tackle Embedded Racism before It Chokes Japan", *Japan Times*, 1 Nov. 2015, http://www.japantimes.co.jp/community/2015/11/01/issues/tackle-embedded-racism-chokes-japan/，访问时间：2016 年 10 月 12 日。

② Chatrudee Theparat, "Tokyo to Help with East-West Rail Link", *Bangkok Post*, 28 Jan. 2015, http://www.bangkokpost.com/news/general/460975/tokyo-tohelp-with-east-west-rail-link/，访问时间：2016 年 10 月 12 日。

三　大国共舞　　　　　　　　　　　　　　　　　　　　141

一些被搬到了中国。但日本也设计了巧妙的方式来减少能源消耗。经济和文化各异的东盟国家可以为日本提供一个在各种情况下测试其节能技术的机会，这不仅有利于亚洲其他国家，而且有利于整个地球。

总之，在"福田主义"发布38年后，日本需要与东盟重新交往。2017年是东盟诞生50周年，是通过重新启动"福田主义"，参与东盟下一个50年计划的理想时机。这样的计划可以加入令人振奋的新项目，例如建设新的高速铁路网络，帮助东盟国家管理和减少能源消耗。然而，仅仅是经济合作不足以改变东盟与日本关系的性质。

除此之外，还需要付出重大的努力，以实现"福田主义"的一个关键支柱，即实现福田所谓的"心心相通"。福田强调，心与心的关系不可能只是"日本向邻国介绍日本文化的单行道"，而是"我们也为日本人民介绍东南亚古老而灿烂的文化"①。我们提到的这点对于日本文部科学省应该是有指导意义的，后者曾考察了在过去40年日本人对于东南亚文化的认识和理解是否有所增加。坊间证据表明，日本公众对东南亚的了解很少。

许多日本人会惊讶地发现，东南亚的文化是多么的丰富多彩。东盟在管理文化多样性方面非常成功，这是日本人应该深入了解东盟区域合作的核心与灵魂的关键原因。除了在管理多样性方面能够提供宝贵的经验之外，东盟还为日本提供了一个理想的平台，推动其与亚洲其他国家重新进行更深入的交往。亚洲的每一个主要文化和文明在东盟都能找到其代表。通过与东盟各种文化发展友好关系，日本人民还将培养对亚洲人群多样性的文化敏感性，以及对小乘佛

---

① "Speech by Takeo Fukuda": 69-73.

教、基督教、儒家学派、印度教、伊斯兰教和道教的更深入的文化了解，因为所有这些宗教都可以在东南亚社会里找到踪迹。

东南亚国家拥有由本地生产的面料制成的独特的民族服装，这些时尚也可以帮助日本人了解该地区的多样性。2006年，几位日本内阁大臣（包括当时的环境大臣小池百合子）支持了一个叫做"清凉商务"（Cool Biz）的运动，鼓励在炎热的天气穿更轻便的衣服，减少对空调的需求。为响应这一理念，马凯硕与其他亚洲国家的决策者和外交官一起受邀成为时装模特，穿着民族服装走台步。能够舒适地在各个文化间穿梭就是东南亚的优势。马凯硕是一个印度教徒，从小在新加坡长大，这就让他有很多种服饰可以选择。然而，在这次"清凉商务"模特秀中，他选择了一件来自世界上最大的伊斯兰社会——印度尼西亚的丝绸蜡染衬衫。日本的"清凉商务"运动一年举办一次，日本可以考虑向日本民众介绍这种东盟风格，鼓励他们穿着专门为热带天气设计的东南亚服装。如果东京人在登上通勤列车去上班时，身边的人穿着的都是东南亚的衣服，日本人会改变对东南亚的看法。这种衣服可能包括：苏泼拉恰毯（泰国）、特鲁客贝思卡普（爪哇夹克和围裙的组合）、罗衣（缅甸）、越南旗袍（尽管越南男人只在特殊场合穿着）、卡巴雅（几个国家的妇女服饰）和巴隆他加禄（菲律宾）。日本人将亲身体验东南亚的多样性，这对他们来说将是一次真正大开眼界的机会，也是一件令人愉快的事。

此外，还需要采取其他措施，以深入了解东南亚的多样性。一个小小的办法就是在学校教科书中插入关于东南亚历史的章节。如果每个日本孩子都知道10个东盟国家的名字，这将是一个巨大的进步。我们猜，现在的日本公民知道的东欧国家肯定比东盟国家多。

随着时间的推移，如果日本人民能够对东南亚文化和社会有更深入的了解和认识,那么日本就迈出了参与亚洲世纪的关键性的第一步。即使东南亚社会与日本社会相比还有很大的差距,但是通过上述建议,慢慢地日本将会更加尊重东南亚,同时这有助于日本与亚洲其他地区心连心。日本也将会将东盟作为自己的战略优先项,去更加深入地了解及参与东盟事务。

㈣ 各国前景

本书着重描绘了东南亚显著的多样性。在本章,我们将对每个东盟国家的状况进行简要介绍,旨在实现一个宏伟目标,即设法勾勒出每个国家的"灵魂"。关于每个国家的简介,不仅会展示它们的主要成就,也会提出它们所面临的重大挑战(幸运的是,这些挑战往往是伴随着成功所出现的)。每个国家都对东盟有所贡献,并且以不同的方式从中获益。

当28个欧盟成员国中的孩子们学习自己的历史时,其课本内必然会强调他们的文明都可以追溯到古希腊罗马时代。如果他们参观古罗马帕特农神庙或是古希腊雅典卫城,会发现这些古老的遗迹已成为各自的历史遗产中的一部分。相比之下,东南亚那些伟大的历史遗迹并不是为各国所共享的。柬埔寨人认同吴哥窟,而缅甸人则认同蒲甘。每个东盟国家都强调自己有着与众不同的文化身份,吸收了不同文明的精华,而不仅仅是某一个文明。

东盟国家的多样性还体现在其文字中。欧洲人的文字虽然有英语、法语、西班牙语和德语,但他们都使用同样的拉丁字母体系(当然古希腊字母除外)。与此相反,东盟10国的字母体系至少有六种（拉丁语、泰语、老挝语、缅语、高棉语和爪哇语①），而这还只是指本地区的官方语言。与阿拉伯联盟、南方共同市场这些使用同一种字母系统的区域组织相比，东南亚区域内语言的多样性几乎是独一无二的。

在欧盟内部，仅有一种政府组织形式。所有欧盟成员皆是民主国家，事实上这是要成为欧盟成员的一个必要条件。西班牙和葡萄牙分别结束了佛朗哥和萨拉查独裁，于1986年才获准加入欧盟。东盟10国却包含了多种多样的政体形式：从民主政体到军人独裁，从君主专制到一党执政。虽然政治结构的多样性不利于东盟开展重大的区域合作，但务实的工作文化能够弥合这些分歧。

东盟国家之间这种真实存在的多样性主要源于宗教因素。东南亚的宗教包括基督教、伊斯兰教、佛教、印度教、儒家学派和道教，然而每一种宗教又有着更深层次的多样性。例如，马来西亚和文莱的国教是伊斯兰教。印尼虽然有众多的穆斯林，但该国奉行的是印尼建国的五项原则，又称"潘查希拉"，五项原则之一就是对其他宗教的尊重。缅甸、泰国、老挝、柬埔寨和越南有不少人信奉佛教，但以大乘佛教为主流的越南和其他四个以小乘佛教为主流的国家，又有着很大差异。这样显著的宗教多样性使得东南亚和拥有共同基督教文化传统的欧盟、美洲国家组织以及拥有共同伊斯兰文化的阿拉伯联盟，甚至少数教派群体（阿拉伯基督徒、欧洲犹太人、波斯尼亚穆斯林）形成了鲜明的反差。当然，在同一宗教内部也会爆发冲突，例如天主教和基督新教、什叶派与逊尼派。然而，东南亚既有着最大的文化多样性，又具备最强大的包容度，这都使东南亚这

---

① 爪哇字母在日常生活中的使用多见于马来西亚偏传统的马来人聚居区、文莱的广告牌和宗教学校、印尼某些省的政府标识。

个区域显得异常突出。

东盟国家各不相同的被殖民的历史，强化了本区域多样性的长期存在。文莱、马来西亚、缅甸和新加坡曾被英国殖民，柬埔寨、老挝和越南曾是法国的殖民地，印度尼西亚过去则被荷兰殖民，菲律宾先后是西班牙和美国的殖民地，唯有泰国是没有被欧洲列强殖民过的国家。

各不相同的殖民历史对东盟的发展确实影响很大，尤其是初创期的东盟。几千年以来，东南亚各国比邻而居，在历史长河中建立了有机联系。然而，不同的殖民宗主国突然将它们之间的这种联系给割裂了。例如，在新加坡长大的我们学习了很多英国的历史，但对于印尼、泰国、菲律宾和越南等邻国的历史却一无所知。

虽然近些年来这样的情况有所改善，但如果要深刻理解每个东盟国家的独特性，仍然有很多工作要做。当然，一千字左右的简介很难完整地勾勒出每个东盟国家的特点。但是，我们希望每一小节的概览能够为读者提供一些开胃小菜，借此激发读者去深入挖掘对每个东盟国家的兴趣。对每个国家的简介会按照国家英文名字的首字母顺序排列，首先是文莱，最后是越南。

文　莱

文莱的人口少于50万，是东盟各成员国中人口最少的国家。但按人均计算，文莱是仅次于新加坡第二富裕的国家。一个富裕的小国往往更容易受到攻击，但东盟的和平生态系统为文莱创造了一个舒适的环境，文莱人几乎不会感到不安。

从15世纪至17世纪，文莱的苏丹统治着现在的婆罗洲甚至包括部分菲律宾在内的领土。但后来，作为一个政治实体，文莱不断出现王国覆灭的危机。随着文莱的衰落,文莱被迫将一个个河谷割让给詹姆斯·布鲁克——那个于 1841 年成为沙捞越"白人拉惹"的英国人。文莱在 1888 年沦为英国的保护国,但在英国政府的支持下,沙捞越于 1890 年兼并了文莱的林梦地区,将文莱一分为二。不过,英国人并没有让文莱完全覆灭。1963 年,文莱再次接近失去自己独立地位的边缘。当时李光耀鼓动文莱苏丹奥马尔·阿里·赛义夫汀三世和新加坡、沙捞越、沙巴一道加入马来西亚联邦。苏丹拒绝了。两年后,新加坡退出马来西亚联邦。这足以证明苏丹当时的决定是正确的。

尽管现在文莱版图只是历史上文莱帝国顶峰时期的一小部分,但文莱人依旧是幸运的——就在这一小片土地下蕴藏着储量巨大的油气资源。得益于对油气资源的精细化管理和给广大国民分享财富的政策,文莱成为仅次于新加坡的人类发展指数第二高的东盟国家。

作为两个相对富裕的东南亚小国,文莱和新加坡建立了紧密的双边关系。新加坡帮助文莱建立起了行政部门和外事机构。20 世纪 80 年代马凯硕担任新加坡驻联合国大使时,他招待过几位年轻的文莱外交官,他们是到新加坡使团这里进行外交培训的。此外,两国货币是可以等值互换的。同时,文莱还慷慨地允许新加坡军队在其领土上训练。

独立三十多年来,文莱逐渐走向成熟,展现出自信的小国形象。2001 年、2013 年文莱先后两次成为东盟轮值主席国,并于 2013 年 10 月作为东道主举办了东亚峰会。(遗憾的是因为美国政府停摆,奥巴马总统临时取消了参加东亚峰会的行程。文莱失去了一次接待美国总统的宝贵机会。)

得益于其灵活的外交手段,文莱几乎没有受到过什么外部威胁,但它仍旧需要处理一些来自国家内部的挑战。文莱的政体是君主专政政体。哈桑纳尔·博尔基亚自1967年即位苏丹以来，文莱繁荣发展，他也被证明是一个富有能力的干练领导人。然而，日益壮大的中产阶级希望王室能够不断调整治理模式。虽然文莱不大可能像印尼、马来西亚、新加坡那样在不远的将来变成一个民主制国家，但它可以通过健全咨询机制的方式来给中产阶级表达他们政治主张的机会。毕竟对于文莱来说，民主化是一股不可忽视的世界潮流。

李光耀作为苏丹哈桑纳尔·博尔基亚及其父亲的密友，曾经建议文莱效仿波斯湾地区那些君主制国家成功的现代化发展模式。波斯湾的那些王国成功地保留了自己的传统价值，同时也向世界开放。毕竟文莱不能永远依靠自己的石油天然气储备。英国石油公司（BP）发布的《世界能源展望》表明，如果不能发现新的油气资源，文莱的石油储备22年内就会耗尽。这意味着文莱必须在那之前实现经济多元化。发展旅游业是一个创造产值和提供就业的简单路径。为发展观光业，文莱应该效仿那些海湾的君主国家，允许五星级酒店向游客出售酒精。如果阿联酋和卡塔尔可以，那么文莱也应该这么做。

总的来说，文莱的未来是光明的。文莱精明地保持了自身的独立自主，并逐步建立起自身的人力资源。文莱拥有诸多优势以确保国家的持久和平与持续繁荣。同时文莱也积极发展同所有邻国的亲密关系，妥善管控与马来西亚之间的领土争端。尤其是在海上油气资源的共同开发方面，文莱和马来西亚相互紧密合作。

和马来西亚、菲律宾、越南一样，文莱也对南海的一些岛礁有领土主张。此外，同上述国家一样，文莱也不得不在中国大陆和台湾之间周旋。在这样的"大博弈"中，文莱发挥自身讨价还价能力的唯一办法就是确保东盟的强大与团结。"东盟至上"无疑处于文莱21世纪国家战略中的优先位置。幸运的是，文莱已拥有实施其战略的物质资源，没有什么政策能比得上利用手中的资源加强对东盟的投资更有效的了。

柬埔寨

柬埔寨到底是一个幸运的国家还是一个命途多舛的国家？人们很容易给出正反两方面的理由。在某些方面，现代柬埔寨是东南亚最不幸的国家，因为它是这个区域内唯一遭受过种族屠杀的国家。从1975至1979年，在不到四年的时间里柬埔寨估计有170万人，相当于该国人口的五分之一，死于波尔布特短暂而血腥的统治。① 在这场种族屠杀之前，柬埔寨又在1970年3月西哈努克亲王被罢黜后开始了长达5年之久的内战。1979年，越南军队把柬埔寨从波尔布特的统治下"解放"出来，柬埔寨又开始忍受和抵抗越南军队的占领。

然而，柬埔寨也可以被描述成一个幸运的国家。在过去的数个世纪中，许多民族和国家消失了，柬埔寨也险些永久地消失在历史长河中。12世纪是吴哥最兴盛的时期，作为高棉帝国（9—15世纪）的权力中心，那时的吴哥曾是前工业化时代世界上最大的城市。但之后柬埔寨就衰落了，被两个强邻泰国和越南不断攫取领土。就在柬埔寨即将被两大强邻吞并之时，欧洲人介入了。已经被泰国人扶上王位的柬埔寨国王诺罗敦一世于1863年为摆脱暹罗的控制寻求法国的保护。1867年，暹罗国王迫于法国的压力放弃了对柬埔寨的领土要求，但获得了马德望和暹粒两个面积比较大的省作为补偿。

---

① "Cambodian Genocide Program", Yale University Genocide Studies Program, http://gsp.yale.edu/case-studies/cambodian-genocide-program, 访问时间：2016年10月13日。

四　各国前景

1907 年，泰法两国达成新的边境协议，泰国将上述两省归还给柬埔寨。由此，法国的"保护"客观上避免了柬埔寨被肢解的命运。

现代柬埔寨与两个人名密切相关，一个是诺罗敦·西哈努克，另一个是洪森。1941 年，西哈努克在法国人的支持下登上王座，法国人认为年仅 18 岁的西哈努克懦弱，更容易控制，但是他们错了。1953 年 11 月 9 日西哈努克从法国人手中赢得了柬埔寨的独立，很快便成为第三世界国家中的重要领导人之一，和毛泽东、周恩来、尼赫鲁、纳赛尔、铁托这些领导人保持着密切的私人关系。西哈努克有时担任国王，有时担任首相，但不论身处何职，他都保持着绝对权威。他的统治灵活机敏，充满智慧。他的不幸在于柬埔寨作为越南的近邻被卷入了越南战争。北越方面不断利用柬埔寨的港口给南方游击队运送给养，美国便以空袭来报复柬埔寨。在越战这场大漩涡的影响下，朗诺于 1970 年 3 月 18 日发动了针对西哈努克的政变，西哈努克被废黜。但许多人相信，是美国中央情报局策动了这场政变。

西哈努克的政治生涯实际上反映了柬埔寨当时所经历的悲剧。西哈努克先是组织力量反抗朗诺政权，成功后又成了红色高棉的囚徒，继而又投身于反抗越南的军事侵略的斗争中。20 世纪 90 年代他回国之时已是洪森在主导柬埔寨的政局，西哈努克变成了有名无实的国家元首。马凯硕在 80 年代成为他的朋友。直到 2012 年 10 月去世之前，西哈努克亲王一直活跃于政坛。

洪森的一生同样反映了现代柬埔寨那段痛苦的历史。洪森最初作为红色高棉的骨干分子为波尔布特工作。1977 年他投靠越南，1985 至 1989 年充当了柬埔寨卖国政府的首脑。1989 年，当越南被迫从柬埔寨撤军时，洪森的政治生涯似乎要结束了。然而，凭借着自己精明的头脑，洪森在政治上改头换面，甚至设法赢得了之后的大选（他在1997年以铁腕手段驱逐了他的竞争对手——诺罗敦·拉那烈。

为了增加柬埔寨面对其传统对手泰国和越南时的地缘转圜空间，越南撤军后洪森转而将中国视作盟友。尽管洪森的威权统治饱受西方媒体的非议，但其治下的20年（1995—2015年）是柬埔寨长期以来最为和平发展的一段时间。一些小奇迹出现了：柬埔寨国民生产总值从1990年的9亿美元增长到2010年的113亿美元。在金边供水局总经理埃松占的领导下，金边供水局击败了所有曾被英国首相玛格丽特·撒切尔盛赞的私营的英国供水局，于2010年荣膺斯德哥尔摩工业水奖。

近年来，柬埔寨与中国之间的紧密关系给东盟带来了挑战。由于涉及南海问题，2012年柬埔寨单方面阻止了东盟联合声明的发布。2015年在昆明举行的中国—东盟峰会上，柬埔寨再次力阻东盟达成涉及南海问题的声明。得益于对中国的声援，柬埔寨获得了大量来自中国的援助。据维斯娜·瓦的统计，"1994至2013年，中国对柬投资额达100亿美元，投资主要涉及农业、矿业、基础设施建设、水电以及服装制造。从1992年开始，中国同时给柬埔寨提供了大约30亿美元的优惠贷款和援助"①。

但是，柬埔寨同样面临着两难。一方面，作为东盟成员国之一的柬埔寨对中国来说相当重要。另一方面，一旦其成员资格被取消或中止，柬埔寨的重要性将大打折扣。疏远其他东盟成员并非柬埔寨的利益。中国也应该在理解这一点的同时，给柬埔寨更大的政治空间保证其独立性，以此来显示自身的良好判断力。总之，柬埔寨

---

① Veasna Var, "Cambodia Should Be Cautious When It Comes to Chinese Aid", East Asia Forum, 9 July 2016, http://www.eastasiaforum.org/2016/07/09/cambodia-should-be-cautious-when-it-comes-to-chinese-aid/，访问时间：2016年10月13日。

不得不学会如何更灵活地在这个地缘政治舞台上"跳舞",不断维持自身的价值与地位。

印度尼西亚

人们常常用"富有韧性"来形容印度尼西亚。

印尼是世界上最大的群岛国家,其众多的岛屿由东到西横跨了地球周长的八分之一,领土南北长度超过 1000 英里。众多的人种、宗教以及内部巨大的语言差异本应该使印尼(像南斯拉夫一样)在某些历史时刻分崩离析,然而印尼不仅度过了那些重大危机,而且更紧密地联结在一起。在保持国家相对稳定的同时,其自身经济也得以稳步增长。

印尼的成功很难用三言两语解释清楚,它既庞大又复杂。但其中一个原因也许是因为在不同时期的印尼,总会出现一位英明的领袖。其中有三位尤其突出:苏加诺、苏哈托、苏西洛·班邦·尤多约诺。苏加诺给印尼带来了统一,苏哈托带来了繁荣,而苏西洛则巩固了印尼的民主。

苏加诺从 1945 年到 1967 年担任印尼最高领导人。他是一位狂热的民族主义领导人,先是宣布印尼独立,之后通过暴力抗争使印尼实现了真正独立。虽然他的经济政策堪称灾难(他当政期间印尼每年的经济增长率只有 2%),但正是他给新生的印尼带来了一件更重要的东西,即国家认同感。

这种同属一个国家的认同感是印尼作为现代国家形态的非凡成就。历史上作为荷兰人近 400 年的殖民地,印尼终于能够以单一政治单元的姿态跻身世界舞台。三佛齐(公元 7—13 世纪)和满者伯夷(公元 13—14 世纪)这两大王朝统治了印尼的许多港口和部族

（以及当代马来西亚的一部分），但并非全部。苏门答腊岛上的巴洛克人和西新几内亚的巴布亚人在文化上截然不同。

苏加诺却把如此多样的文化整合在一起，编织成了一个独立统一的印度尼西亚。他是一个雄辩的演说家。在那些伟大的演讲中，他织就了一个共同的梦想。多年后，当印尼国家电视台在上世纪90年代间播放一系列印尼不同民族的节目时，许多印尼人为自己国家的民族多样性而感到惊叹。苏加诺用"潘查希拉"的原则来维护国家团结，并没有采用印尼人口最多的民族语言——爪哇语作为国家的共同语言，而是采用了以马来语为基础的印尼语作为国家的官方语言。

1965年，苏哈托将军发动军事政变，以暴力方式夺取权力。数以万计的人因此而死去。在一位军事强人的统治下，印尼似乎也应该遭受缅甸、巴基斯坦、伊朗、叙利亚那样的窘境。然而，苏哈托却通过逐步开放经济和不断加强政治稳定使国家走上了现代化之路。在他统治期间，印尼经济总量从1967年的84.2亿美元增长到1998年的1350.8亿美元。更重要的是，他消除了贫困，极大地提高了印尼人的生活水平。印尼也实现了大米自给，基于此联合国粮农组织在1985年11月授予他金质奖章。

1998年亚洲爆发金融危机，苏哈托也在这一年下台，流行的西方观点认为他的下台应归咎于其裙带资本。毫无疑问，他的家族涉及腐败。然而，苏哈托为印尼经济打下了坚实的基础，这件事不可否认。正如当时亚当·施瓦茨所评论的：

> 从经济上讲，苏哈托政权做了很多正确的事情，较为明智地运用国家的石油财富去投资兴建乡村基础设施、学校以及诊所。在石油资源耗尽前发展制造业，使印尼不像

四 各国前景

其他欧佩克(OPEC)成员国那样成为石油的附庸……受益于20世纪80年代中期的低关税政策和充裕的廉价劳动力供应,印尼成为轻工业产品的出口大国。①

没有苏哈托打下的坚实经济基础,印尼就很难以一个稳定民主国家的身份出现在21世纪。

1998年苏哈托下台后,那些相对弱势的继任者并没有在总统的位置上坐太长时间。幸运的是,2004年苏西洛赢得大选,开始了他10年的总统生涯。将军出身的苏西洛既是一位精明的军事战略家②,也是一位致力于健全印尼民主体系的饱学之士。在经济上,尽管他没能复制类似苏哈托时期的快速增长,但政治上,其任内民主政治的发展使印尼不可能再次回到军人独裁的状态。正是这种民主精神,令出身卑微的前市长佐科继任苏西洛当选印尼的新一届总统。

我们有理由对印尼的未来保持乐观。麦肯锡预计,到2030年,印度尼西亚将成为世界第七大经济体。这个乐观的预测是基于印尼庞大的消费群体、快速的城市化、充足的技术工人,以及在消费服务业、农业、渔业、资源和教育方面的大量市场机会。③

尽管有如此多的有利趋势,佐科政府依旧需要应对那些现实的挑战。经济方面,从苏加诺时代开始,印尼一直被经济民族主义的压力所绑架,许多印尼的商业巨头希望保持他们在印尼市场中的主导地位。他们抵制开放的经济政策,拒绝竞争,甚至抵制来自东盟

---

① Schwarz, "Indonesia after Suharto".
② Endy M. Bayuni, "SBY, the Military Strategist Besieged by War on Two Fronts", *Jakarta Post*, 25 Nov. 2009, http://www.thejakartapost.com/news/2009/11/25/sby-military-strategist-besieged-war-two-fronts.html, accessed 10 Oct. 2016.
③ Raoul Oberman et al., "The Archipelago Economy: Unleashing Indonesia's Potential", McKinsey & Company, http://www.mckinsey.com/insights/asia-pacific/the_archipelago_economy, 访问时间:2016年10月13日。

的生意。如果佐科不能智胜这些经济民族主义者，印尼则有可能重蹈巴西等中等国家的覆辙——太过依赖国内市场来刺激经济。所以，印尼应该效仿中国。如果印尼不愿开放，而只是与其他东盟伙伴在东盟这个"婴儿池"（从全球市场来看）中竞争，这毫无疑问会削弱印尼在世界经济范围内的经济竞争能力。

印尼面对的另一大挑战来自伊斯兰圣战者。印尼在促进不同宗教之间的包容和理解方面一直做得不错，但2003年8月5日雅加达的一家酒店遭受了汽车炸弹袭击，这是东盟唯一一个遭受恐怖袭击的首都城市。据2015年3月的数据统计，"伊斯兰国"组织（ISIS）从印尼招募了514名圣战者到伊拉克和叙利亚参战。[1] 这个数量尽管远低于欧洲的平均水平，但ISIS的阴魂始终困扰着印尼。既要全力压制极端分子又要同时保持印尼开放包容的文化，这对于任何一位印尼领袖，即使像佐科这样优秀的领袖来说也非常棘手。这些极端分子的核心目标在于推进极端化，这将是检测印尼国家韧性的试金石。

印尼人的才智是东盟能够取得成功的一个重要原因。作为东盟最大的成员国（印尼拥有东盟超过40%的人口），如果印尼想这么做，是完全可以扼住东盟发展的咽喉的。但苏哈托却明智地做出让步，允许让类似马来西亚、新加坡这样的小国来主导东盟。他总是站在背后支持东盟。

苏西洛也是一样。目前，新一任总统佐科依旧保持了对东盟的热情。他于2014年10月20日开始行使总统职权后不久，便参加了11月12日举行的东盟峰会，但他似乎没有做好心理准备。在听完各位领导人在东盟对话国会议上冗长、乏味的演讲之后，他向新加坡

---

[1] Catriona Croft-Cusworth, "Beware ISIS' Threat to Indonesia", National Interest, 24 Mar. 2015, http://nationalinterest.org/blog/the-buzz/beware-isis-threat-indonesia-12472, 访问时间：2016年10月13日。

总理李显龙发牢骚，认为这简直是在浪费时间。①

　　佐科总统的不耐烦是可以理解的。他想把注意力集中在经济发展上，而非听演讲。但是印尼的成功也依赖于稳定的周边地缘环境。地缘政治中"无聊"的状态绝对是一件好事。这说明和平和谐的氛围主导着这个区域。相反，在"东盟+1"会议上的躁动往往意味着地缘政治中的激流。由于印尼在东盟事务中有着举足轻重的地位，佐科总统应该对东盟进程展现出更多的宽容。毕竟来自印尼的支持对东盟的成功十分重要。幸运的是，从最近雅加达的举动来看，佐科总统越来越热衷于东盟事务。

　　从1967年到1971年曾在印尼度过四年童年时光的奥巴马总统，对印尼的未来有过乐观的描述。在2010年11月的一次演讲中，他说："曾经我和我的印尼朋友还嬉戏于到处都是水牛和山羊的水田中，而如今新一代印尼人已经通过手机和社交网络与世界连接。"②他继续说："Bhinneka Tunggal Ika——存异求同，这是印尼的精神基础，是世界的榜样，也是为什么印尼将在21世纪中扮演重要角色的原因。"

老　挝

　　从来没有人敢保证老挝会以独立国家的身份出现在20世纪。像柬埔寨一样，老挝也曾是法国的保护国。现在的老挝民主共和国可上溯至14世纪在湄公河两岸都有影响的澜沧王国，即今天老挝以及

---

① 一位印尼外交官曾对马凯硕谈及此事。
② "Remarks by the President at the University of Indonesia in Jakarta, Indonesia", White House, 10 Nov. 2010, https://www.whitehouse.gov/the-press-office/2010/11/10/remarks-president-university-indonesia-jakarta-indonesia，访问时间：2016年10月13日。

泰国的东北部。到17世纪，独立的老挝文化认同业已形成，但在暹罗的影响下，澜沧王国被分割成一系列的小王国。几个世纪以来，在高地上的老挝受到来自南方权力兴衰，以及大山另一侧的邻国缅甸、越南还有北面的中国的影响。20世纪以越南为首的共产主义者，于1975年接管了印度支那地区。如今，中国的影响取代了越南。总而言之，被陆地包围且多山的老挝是东南亚最易受到攻击的国家之一。

老挝的语言和文化与泰国同根。相较于曼谷，泰国东北地区的伊森人同老挝人会有更强的文化亲近感。老挝同暹罗有着很强的联系，在19世纪大部分时间内，许多老挝公侯国都曾是暹罗的省。1893年法国人将老挝从暹罗人的统治下"解放"出来，并根据1904年和1907年的条约，法国获得了暹罗的部分领土，这在一定程度上奠定了老挝日后独立的基础。如果不是法国人的干涉，也许20世纪的老挝依然是暹罗王国的一部分。

越南战争给老挝带来了灾难性的后果。美国认为北越军队利用老挝领土向南方运送人员和武器，由此老挝遭到来自美国的残忍轰炸。超过200万吨的炸弹倾泻在老挝的领土上（投掷在老挝的约250万吨，而投掷在柬埔寨和越南的分别为270万和460万吨炸弹）。奥巴马作为历史上首位访问老挝的美国总统，他承认美国曾过度轰炸老挝。他说："在那十年中，美国在老挝投掷的炸弹，比二战期间美国在德国和日本投掷的总和都多。2.7亿枚集束炸弹被扔到这个国家……据估计，老挝是世界上人均遭受炸弹次数最多的国家。"[①]

虽如此，老挝并没有像柬埔寨和越南那样被一场内战彻底破坏，

[①] "Remarks by President Obama at the Cooperative Orthotic and Prosthetic Enterprise (COPE) Centre", White House, 7 Sept. 2016, https: // www. whitehouse. gov/the-press-office/2016/09/07/remarks-president-obama-cooperative-orthotic-and-prosthetic-enterprise，访问时间：2016年10月12日。

一个囊括左、中和右翼的联合政府在越战期间持续发挥作用。1975年之后，共产党接管了老挝。但这是一个相对和缓的过程，也许可以部分地解释为何老挝的共产党领导人不像他们的柬埔寨和越南同志那样暴力。另外的原因则是受中立主义者梭发那·富马亲王的良性影响，他一直担任老挝社会主义政权的顾问，直到1984年去世。

老挝在1975年到1990年期间一直受越南人的控制。当苏联解体、越南被迫放弃对柬埔寨的占领而向世界开放之时，老挝也紧随其后。越南于1995年加入东盟，而老挝则在1997年加入。

老挝在20世纪90年代建立起经济发展的基础，并开始逐渐发展同美国盟友之间的关系，尤其是日本。兴建于1994年和1996年的横跨湄公河到泰国的两座大桥，加强了老挝同泰国以及其他自由市场经济体之间的联系。老挝也向泰国出口能源，尤其是水电，其对泰国的能源出口在不断增长。1993年老挝和泰国签署了第一个合作备忘录，规定老挝给泰国供应1500兆瓦的电力。根据最近的电力购买计划，此数字已经增长到7500兆瓦。① 基于同泰国紧密的文化纽带，老挝不得不担忧对泰国过度的经济依赖将增强泰国对老挝的控制能力。这就是为什么老挝明智地采取了"对冲式下注"策略——同其他邻国如越南和中国发展紧密的经济关系。

在20世纪90年代，中国成为老挝的主要援助国之一。年度援助额从1990年的1000万美元飙升到2012年的8500万美元。老挝的对外政策转而变得更加亲华，同时明显地减少了对越南的依赖。作为一个与中国接壤且相对易受攻击的小国，老挝明智地调整自己的风向标，借助地缘政治中的东风继续前进。但同时，老挝也要努力

---

① "Country Profile: Laos", International Hydropower Association, http://www.hydropower.org/country-profiles/laos, 访问时间：2016年10月12日。

巩固东盟。正是东盟为东南亚众多小国提供了一把有战略价值的保护伞。

长期以来，像老挝这样的小国向来缺乏来自对其独立与民族自决方面的相关保证。1945年，《联合国宪章》确认了小国拥有保持独立和主权的权利。只要《联合国宪章》的基本原则和《东盟宪章》依然有效，那么老挝就无须担心失去自身的政治独立。然而，在老挝历史中绝大部分时间并没有得到过这样的保证。

可以确定的是，老挝将继续受到地缘政治中强权角力的影响。21世纪，老挝必须处理好同中美这两个超级对手之间的关系。当然，其邻国也同样面临这一问题。对老挝来说，要维持自身独立与行动自由，最明智的做法就是成为东盟的一位金牌领袖。

2016年1月老挝接任东盟的主席国时，他国对老挝的领导力有所质疑。比如，老挝会效仿柬埔寨那样阻止发表涉及南海问题的东盟联合声明吗？当中美两国领导人都踏上老挝国土时，它能否从容地做好东道国？最终老挝出色地通过了作为东盟主席国的考验。在7月的东盟外长会议上各国针对涉及南海的联合公报达成一致。2016年9月，美国总统奥巴马访问老挝并参加东盟峰会，此行吸引了全世界的目光。就在这次东盟峰会上，中国国务院总理李克强在仪式上切了蛋糕，以此纪念中国—东盟对话关系建立25周年。对于一个人口只有680万人口的贫穷小国来说，老挝给它的东盟伙伴展示了如何进行灵活外交。

马来西亚

马来西亚真的是一个矛盾的国家。从微观上看，这个国家看上去到处都是问题。但放眼全球，马来西亚显然是最成功的第三世界国家之一。

马来西亚在经济上取得了令人瞩目的成绩。自1957年马来西亚从英国手中获得独立时开始计算,其国民生产总值已经从70亿美元增长到了2080亿美元,人均收入也有显著的增长。这种经济发展势头在20世纪90年代早期已经初现端倪。正如澳大利亚国立大学的格雷格·洛佩斯所述:

> 1993年,世界银行的出版物《东亚奇迹:经济增长与公共政策》一书中显示,包括马来西亚在内的8个东亚经济体1960至1990年间的GDP实际增长率在4%左右或更高,显著高于工业革命以来的增长率。更重要的是,社会中的贫困阶层因此受益。马来西亚也是这份经济增长报告所记录的13个国家中,唯一一个连续25年或在更长时间内GDP增长率超过7%的国家。1967至1997年期间,马来西亚实现了这一骄人的成绩。①

如今,来到马来西亚的参观者将会被现代化的机场、东南亚最高的建筑(双子塔)、美丽的高速公路、欣欣向荣的种植园和工业以及世界级的度假胜地所震撼。的确,马来西亚的发展轨迹令许多第三世界国家羡慕不已。在东南亚范围内,马来西亚过去50年取得的经济发展成就仅次于新加坡。

但是,从微观层面看,一些难题也困扰着这个国家。尽管一直没有发生像1969年那样血腥的族群冲突,但占人口大多数的马来人和少数族裔华人之间的族群关系持续恶化。

---

① Greg Lopez, "Malaysia: A Simple Institutional Analysis", *Malaysia Today*, 22 Aug. 2011, http://www.malaysia-today.net/malaysia-a-simple-institutional-analysis/,访问时间:2016年10月13日。

虽然几十年来内部政治动荡时有发生，但执政党马来人民族统一机构（巫统）被证明是一个有韧性的组织。在1969年发生骚乱后，深受爱戴的前总理拉赫曼于1970年被他的副手拉扎克取代。拉扎克同样为马来西亚的经济发展做出了巨大的贡献。1976年，54岁的拉扎克英年早逝，他的姐夫敦·侯赛因·奥恩继任总理。不久之后，马来西亚迎来一位历史上最强硬的总理马哈蒂尔，他从1981至2003年治理大马超过20年。

现代马来西亚的成功大部分要归功于马哈蒂尔。他是一位果决的、亲力亲为的总理，凡事看重结果而非文件。他的"2020年宏愿"俘获了马来西亚人的梦想，征服了马来西亚人。在他的治下，马来西亚首都实现了转型。他努力将马来西亚打造成拥有自身汽车品牌的社会，大力发展本国汽车产业的同时还兴建了大量高速公路。这使马来西亚的道路总长度增长了两倍多，从1981年的31 568公里增加到2003年的79 667公里。

马哈蒂尔用其雄辩才能将马来西亚带上了世界舞台。2013年10月16—17日，在布城召开的第10届伊斯兰国家首脑会议上，他向那些伊斯兰国家首脑抛出了这样一个问题：为什么伊斯兰世界的国家会如此落后于其他国家？关于这个问题他进行了一次勇敢的演讲，并获得了全场起立与喝彩。他说道：

> 几个世纪以来"乌玛"和伊斯兰文明逐渐衰弱，没有一个伊斯兰国家没被欧洲人殖民或奴役过。但是重获独立后，穆斯林却没有因此而强大。这些国家脆弱、治理不善，甚至陷入长期混乱。欧洲人在穆斯林的领土上为所欲为……
>
> 我们如今拥有13亿穆斯林。我们有世界上最多的石油储备。我们还有巨大的财富。我们不像最早要皈依伊斯兰

四　各国前景

教的，即伊斯兰教未出现之前的阿拉伯人那样无知。我们熟悉世界经济和财务的运作方式。我们占到了世界180个国家中的57个。我们手中的票数可以在任何国际组织中起到关键作用。但我们似乎依旧比那些在伊斯兰教未出现之前的阿拉伯人，这些少数声称接受先知作为领袖的群体更无助。这是为什么呢？①

不幸的是，马哈蒂尔执政的最后几年在国内外颇具争议。西方世界在他与安瓦尔·易卜拉欣发生争执后与他断绝了关系。时任美国副总统的阿尔·戈尔在吉隆坡参加1998年APEC商业峰会时非常粗鲁和不明智地抨击了马哈蒂尔，打破了在亚洲以尊敬东道国为首的重要惯例。

马来西亚的自我修复能力有多大？确实，强大的马来西亚具备这个能力。虽然马来西亚从1969年到2015年经历了几次政治危机，但其经济依旧保持增长，普通民众的生活水平实现了跨越式的发展，教育得到普及。特别引人瞩目的是，马来西亚普遍推行全民医疗服务。拉维·P. 兰南-埃利亚博士记录了马来西亚如何在医疗保障事业方面取得的非凡成就，公共与私人领域系统地相结合，让马来西亚实现了高水平的医疗护理，在节约成本的同时又能保障民众的健康。②

在全球层面，马来西亚已经成为一个深受尊重的国家。著名和

---

① "Dr Mahathir Bin Mohamad at the Opening of the Tenth Session of the Islamic Summit Conference at Putrajaya Convention Centre on October 16", *Sydney Morning Herald*, 22 Oct. 2003, http://www.smh.com.au/articles/2003/10/20/1066502121884.html, 访问时间：2016年10月13日。

② Ravi P. Rannan-Eliya, "Achieving UHC with Limited Fiscal Resources: Lessons for Emerging Economies", Speech, Ministerial Meeting on Universal Health Coverage (UHC): The Post-2015 Challenge, Singapore, 2015, https://www.moh.gov.sg/content/dam/moh_web/PressRoom/Highlights/2015/Universal Health Coverage/Session 2 Slides 3 Rannan-Eliya.pdf, 访问时间：2016年10月14日。

公共知识分子伊恩·布雷默曾预测了具有发展前景的七个国家,马来西亚就在名单之中。① 他在发表于 2015 年 1 月 22 日《财富》杂志的那篇文章中写道,由于这些国家稳定且有弹性的环境,印度、印度尼西亚、墨西哥、哥伦比亚、波兰、肯尼亚和马来西亚是跨国公司进行战略投资的优选之地。"这些拥有和保持良好治理与稳定增长的市场很可能携手并进,"他补充道,"马来西亚现任政府正在为更加智能的经济管理提供信用保障。"

但显而易见的是,马来西亚社会仍然面临着许多结构性挑战,尤其是在政治领域。马来人和华人之间需要一个能够实现和谐共处的新社会契约。不幸的是,纳吉布·拉扎克总理的大胆提议并未获得支持。马来西亚日益增多的伊斯兰激进分子的声音正在侵蚀着两位前总理即拉赫曼和拉扎克所留下的政治遗产:一个相对世俗的社会文化。

2014 年 12 月,25 位马来西亚社会名流(包括上一届政府的一些部长和大使)共同签署了一封公开信,呼吁就马来西亚的伊斯兰问题进行一次理性对话。他们非常关心以下问题:

> 一些宗教机构逾越国家司法权;颁布各种违反联邦宪法的伊斯兰裁决;违反民主及伊斯兰的协商方式;那些非政府组织至上主义者的崛起给任何理性的讨论、解决冲突的尝试带来困难,他们谴责任何反伊斯兰、反君主制和反马来人的不同声音;最重要的是,落实《煽动法令》(Sedition Act)会对所有持不同政见者构成持久威胁。②

---

① Ian Bremmer, "The New World of Business", *Fortune International*, 22 Jan. 2015, http: //fortune. com/2015/01/22/the-new-world-of-business/,访问时间:2016 年 10 月 12 日。
② "Group of Prominent Malays Calls for Rational Dialogue on Position of Islam in Malaysia", *The Star*, 7 Dec. 2014, http: // www. thestar. com. my/news/nation/2014/12/07/group-prominent-malays-calls-for-moderation/,访问时间:2016 年 11 月 9 日。

四　各国前景

因此，他们认为，"当务之急，是全体马来西亚人找到这些长期冲突领域的解决方法，这些冲突已经导致族群关系的持续恶化，侵蚀民众在法治下的安全感，破坏社会稳定"。

除以上问题外，还有其他问题存在。马来西亚经济的持续增长吸引了约200万外籍非法劳工，这似乎令马来西亚比过去更不安全。暴力犯罪从2004年的每10万人84人增长到2013年的每10万人98人，增长了16.7%。① 同时，马来西亚的大学也表现不佳。根据QS世界大学排名，马来西亚排名最靠前的大学马来亚大学仅排到第133位。沙登区国会议员王建民说："不得不承认，我国的大学无论在教育质量、基础设施还是研究经费方面，跟英国和澳洲的大学相比仍有很大的进步空间。"② 部分原因是因为马来西亚的大学环境正在从精英教育为主转向马来西亚土著教育为主。

因此这种情况让不少非本土的马来西亚人心生不满。一份2011年的世界银行报告显示："高素质人才正在移民他国，马来西亚想要发展为高收入国家，那么这种人才外流就是它所面临的核心问题……马来西亚需要人才，但是人才似乎正在离开。"③ 华人是马来西亚人口中外流比例最高的，这与他们在马来西亚总人口中的比例极不相称。

总之，尽管马来西亚有着相当成功的发展轨迹，但其不能总躺在功劳簿上。幸运的是，纳吉布总理已经意识到，马来西亚通过进

---

① Muhammad Amin B. et al., "A Trend Analysis of Violent Crimes in Malaysia", *Health and the Environment Journal* 5, 2 (2014).

② Haikal Jalil, "Malaysia's Tertiary Education Notup to Par, Says Nurul Izzah", *Sun Daily*, 22 Feb. 2015, http://www.thesundaily.my/news/1335663, 访问时间：2016年12月1日。

③ "Malaysia Economic Monitor 2011", World Bank, 2011, http://siteresources.worldbank.org/INTMALAYSIA/Resources/324392-1303882224029/malaysia_ec_monitor_apr2011_execsumm.pdf, 访问时间：2016年10月14日。

一步开放经济会取得更大的成功。他有关加入"跨太平洋伙伴关系"（TPP）的决定是大胆的。短期看可能会对马来西亚的经济造成冲击。但长期看，这将使马来西亚经济更具竞争力。

马来西亚同样是东盟的坚定支持者。从地缘上看，由于马来西亚地处东盟的心脏地带，有着比其他东盟国家更多的公共边界，它自然地就成为东盟和平生态系统中的最大受益者。因此，马来西亚也是东盟自由市场经济的最大受益者之一。这也是2015年马来西亚作为东盟轮值主席国期间，即纳吉布总理在任时，东盟经济共同体（AEC）如期建成的一个原因。尽管那一年大马国内政治事务繁多，但纳吉布总理并未失去对东盟经济自由化的关注。如果东盟经济共同体能够顺利建成并刺激东盟GDP的增长，那么马来西亚经济也必将有一个明显的飞跃。包括拉菲达·阿齐兹（1987—2008年）、穆斯塔帕·穆罕默德（2009年至今）在内的马来西亚几任贸易部长为东盟的经济自由化提供了强力的领导。如果马来西亚能继续履行它对东盟的承诺，我们将丝毫不用担心东盟的未来。

缅 甸

缅甸实现从军人执政到民主制的和平转型，这堪称是当代的一个奇迹。这一奇迹展现了"东盟方式"的巨大力量。西方用军事干涉的形式除掉了那些像萨达姆·侯赛因和卡扎菲一样的军事独裁者，却给伊拉克和利比亚留下了长期的灾难。西方为使阿萨德下台而对叙利亚的制裁也以失败告终。相反，东盟的政策反而没有孤立缅甸，却引导缅甸进行了一次和平的转型。

那为什么缅甸会在20世纪90年代最终决定结束自我隔绝的时代呢？多种因素发挥了作用。首先，缅甸领导人访问了东南亚的其

四　各国前景

他国家后，不免认识到了自己国家的经济是多么落后。与之同等重要的因素是地缘政治。当印度尼西亚传奇外交部长阿里·阿拉塔斯被问到为何东盟同意吸纳缅甸作为成员国时，他回应道，缅甸加入东盟会避免其被划入印度或中国的势力范围。阿拉塔斯所说的完全正确。

印度坚信缅甸应属于它的势力范围，这一点在1976年8月于斯里兰卡首都科伦坡召开的不结盟运动峰会上表露无遗。马凯硕参加了亚洲国家有关南亚、东南亚议席分配的会议。印度代表团称缅甸应属于南亚。随后缅甸外交部长谦和地回应说，缅甸应属于东南亚。这时印度外长亚什万特劳·恰范大叫："你们不懂！你们不懂！缅甸属于南亚。"

查文暴露了对缅甸历史知识的匮乏。在缅甸的绝大部分历史时期，其国家的命运更多地与它的东南亚邻国而非南亚纠葛在一起。而且在缅甸势力处于巅峰的16世纪，它在东南亚大陆上创造了一个前所未有的大帝国。其疆域囊括了现在的缅甸、泰国和老挝。只是在英国人到达并征服印度和缅甸后，缅甸才被印度统治。

传统上，比起印度来说，缅甸更加惧怕中国。缅甸与中国之间爆发过更多的战争。在1765至1769年短短四年间，缅甸四次在清缅战争中获胜。这是缅甸在20世纪90年代结束自我隔绝时代最为核心的原因。缅甸的领导人认为，如果缅甸继续进行自我隔绝，最终只能落入中国的经济势力范围内。2011年缅甸政府单方面宣布取消与中国合作的大型水坝项目，这就表明了缅甸试图平衡中国影响力的强烈愿望。

当缅甸明智地决定于1997年加入东盟、同时实行经济开放时，它还未解决国内的政治问题。于2011年上台的军政府首脑登盛明智地决定分享政治权力。然而军政府拒绝修改宪法中的一项条款，以防止诺贝尔和平奖获得者昂山素季夫人就任缅甸总统。尽管她的政党在 2015 年取得大胜，但由于她孩子是英国籍而被取消了竞选资格。

目前，昂山素季的个人形象风靡全球。她几乎和曼德拉一样广受尊敬和爱戴，她分别于 1989 年 6 月至 1995 年 10 月、2000 年 9 月至 2002 年 5 月两次遭受军政府的软禁。作为传奇军事家昂山将军的女儿（昂山将军于 1947 年 7 月不幸被暗杀），军政府没能使她完全屈服。她的个人形象的确是缅甸的一笔无形资产。

如今缅甸所面临的挑战是，需要在昂山素季和军队领袖之间寻求一个政治妥协。理论上，走向民主、结束军人执政完全可以解决这一问题。但是军队领袖认为他们应该对国家的运行发表些看法。他们从自身的经验得知，缅甸的领土完整是易受破坏的，特别是来自边境高地一带的少数民族的威胁。甚至在最严苛的军政府时期，缅甸努力地维持着与克伦邦和掸邦叛军之间的和平。与这些集团的内战从 1948 年开始持续至今。由六个克钦族组织组成的联合武装仍然在与政府军打仗。

作为缅甸最大少数民族群体的一分子，昂山素季同普通缅甸人一样，试图维护国家团结。虽然她在全球被拥护为"人权斗士"，但是她却没有为若开邦的罗兴亚穆斯林族群所遭受的迫害发声，这令许多西方人感到困惑和失望。人权观察组织的执行理事肯尼思·罗斯说：

> 昂山素季的确令人失望，在意识到军队将决定她是否能够竞选总统时，她尽量避免批评军队对罗兴亚人的迫害。由于弱势且无国籍的罗兴亚人在缅甸不受欢迎，她只能拒

四 各国前景

绝声援他们,尽管他们一直受到暴力袭击。①

不论对昂山素季还是缅甸军政府的批评都不可能完全公允。缅甸正在经历一场混乱复杂的政治转型。对一个国家来说,走出隔绝时期绝非易事,即便这种隔绝是自我强加的。这需要花时间去重建在隔绝时期已经僵化了的公共机构,特别是在公共服务领域。与此同时,缅甸是一个拥有非常多民族的国家,许多不同的少数民族,特别是生活在高地上的民族,都拥有一段管理自己领地的历史。在这样的国家中维持和平总是个挑战。外部世界所能做的最好的事情就是保持耐心,并让缅甸人自己找到达成政治和解的正确方法。昂山素季也许不得不痛苦地进行政治妥协以确保国家团结。

1997年缅甸加入东盟后,缅甸经济取得了长足的进步,这也证明了当前缅甸的发展潜力。缅甸的人类发展指数从1990年的0.347增长到2013年的0.524。② 其人均GDP也增长显著,从1990年的190.7美元上升至2015年的1308.7美元(以2010年现价美元计算)。③ 其GDP总量从1990年的80亿美元增长至2013年的608亿美元,2015年又上升至705亿美元(以2010年现价美元计算)。④ 缅甸的经济成就令人印象深刻,这还只是开端。越南在1995年加入

---

① Kenneth Roth, "Rights Struggles of 2013", Human Rights Watch, 2014, https://www.hrw.org/world-report/2014/essays/rights-struggles-of-2013, 访问时间: 2016年10月13日。
② Expansión, "Myanmar: Human Development Index", Country Economy, http://countryeconomy.com/hdi/burma, 访问时间: 2016年10月12日。
③ "GDP Per Capita of Myanmar (Constant 2010 US$)", World Bank, http://data.worldbank.org/indicator/NY.GDP.PCAP.KD?locations=MM, 访问时间: 2016年10月10日。
④ "GDP at Market Prices (Constant 2010 US$)", World Bank, http://data.worldbank.org/indicator/NY.GDP.MKTP.KD?locations=MM, accessed 10 Oct. 2016.

东盟后,其 GNP 从当时的 207.4 亿美元激增到 2015 年的 1936 亿美元①,增长了九倍多。缅甸拥有着与越南同样的增长潜力。

尽管缅甸在 1997 年就加入了东盟,但直到 2015 年国内政治转型以及昂山素季上台,缅甸经济才获得开放。缅甸可以学习其他东盟伙伴经济发展的经验和教训,同时也可以充分利用东盟一体化倡议(IAI),倡议将帮助柬埔寨、老挝、缅甸和越南更好地整合并融入东盟。东盟的发展轨迹可以证明,缅甸开放经济的步伐越快,它的社会经济发展就会越好。

缅甸还有其他优势。由于其地缘上的重要性,中国、印度、美国、日本纷纷向缅甸示好。缅甸可能会获得比其他东盟国家更多的援助。中国在从孟加拉湾到昆明的油气管道建设项目上大力援助缅甸。仅此一项将使缅甸获得每年 18 亿美元的收入。② 印度正在实施"加叻丹多模式交通运输项目",这一项目计划连接印度东北部的米佐拉姆邦与缅甸的实兑港。2015 年 1 月日本同意和泰国一道参与土瓦港项目,目标是将缅甸的土瓦建成东南亚最大的工业与贸易区。

与此同时,缅甸应通过成为东盟更坚定的拥护者,以表达对东盟帮助其实现和平政治转型的谢意。最近,昂山素季个人对东盟存在某种矛盾心理,因为她已经证实了军队首脑们同东盟之间的紧密联系。但她应该接受这种紧密联系并劝说军队方面做出政治妥协,这种妥协将会为昂山素季执掌权力铺路。昂山素季对东盟的积极支持可达到一种双赢局面,东盟可获得其重要的区域影响力,有助于

---

① "GDP of Vietnam(Current US $)",World Bank,http://data.worldbank.org/indicator/NY.GDP.MKTP.CD?locations=VN,访问时间:2016 年 10 月 10 日。
② Hong Zhao, "China-Myanmar Energy Cooperation and Its Regional Implications", *Journal of Current Southeast Asian Affairs* 30, 4(2011):89-109, http://journals.sub.uni-hamburg.de/giga/jsaa/article/view/502,访问时间:2016 年 10 月 14 日。

增强自身地位。另外,作为诺贝尔和平奖获得者,她应该提名东盟也获得此奖。

菲律宾

在东盟的大家庭中,菲律宾面临着一个独特的文化问题。文化上,其他九个国家毫无疑问都属于亚洲国家,而菲律宾却被亚洲身份和西方身份撕扯着。历史可以给出答案。菲律宾遭受了最长时间的西方殖民统治。从1565至1898年,这330多年来菲律宾一直是西班牙的殖民地。紧接着从1898年到1946年,美国人又统治了菲律宾近50年。

菲律宾政治意义上的殖民统治终结于1946年。然而思想文化上的殖民影响仍在继续。独立后的几十年间,部分菲律宾名流一直有放弃独立使菲律宾成为美国的第51个州的倾向。东南亚的其他国家没有人会容忍这种行为。菲律宾前国会议员鲁菲诺·D.安东尼奥曾发起一项旨在将菲律宾变成美国第51个州的运动。他在1972年5月给《马尼拉时报》的信中称:"目前菲律宾腐败泛滥、体制内滥权成风,如果600万的菲律宾人想要追求更好的生活,我并不觉得这是一种背叛。"①

15年后,詹姆斯·法洛斯在《大西洋月刊》上的著名文章指出了长期以来菲律宾对美国的这种文化依赖。他写道:

菲律宾人以一种更深入、更有危害性的方式接纳了这种"美国是中心,菲律宾是外围"的思想。不少本土广告

---

① Rufino Antonio, "We, the People" (Letters to the Editor), *Manila Times*, 11 May 1972.

表达了这种"美国的就是更好的"的思想。"它拥有美国血统（原文如此）！"一位金发碧眼的模特在一个威士忌广告中如是说。"拿着，难道你的除臭剂会让你的皮肤变黑吗？"班恩牌除臭剂的广告说。大部分影视明星拥有着浅色皮肤，而且声音听起来像在洛杉矶长大一样……"这是一个以改变你的国籍为目标的国家，"一位在大烟山的志愿者告诉我说。①

这种文化身份的模糊与经济发展上的不确定性融合在一起恰好解释了为什么菲律宾缺乏国家自信。在东盟国家中，菲律宾的对外移民数量是最多的。约有1亿菲律宾人居住在国内，另有1200万菲律宾人在海外生活。这种移民倾向反映了菲律宾人对于在国内能够取得成功的信心的缺失。与此形成鲜明对比的是，人均收入水平低于菲律宾的印尼只有530万人住在海外，仅相当于总人口的2%（菲律宾是12%）。

庞大的海外人口如今是菲律宾的最大资产之一，就像印度的侨民，尤其在硅谷，这些印度人起到了带动本国经济发展的作用，菲律宾的侨民也发挥着类似作用。因此菲律宾政府应着手制定一项新的国家战略以更好地发挥侨民的积极作用。

然而，菲律宾自独立以来在文化上所面临的挑战，也部分解释了菲律宾历史上多灾多难的原因。20世纪50年代，不少著名的经济学家预测菲律宾将成为最成功的经济体之一。因为美国人留下了一套相当好的行政管理体制，同时菲律宾也享有进入美国市场的特殊地位。那时权威们断言韩国会失败而菲律宾将成功。但事实上情况

---

① James Fallows, "A Damaged Culture: A New Philippines?" *The Atlantic*, 1 Nov. 1987, http://www.theatlantic.com/technology/archive/1987/11/a-damaged-culture-a-new-philippines/7414/，访问时间：2016年10月13日。

四 各国前景

恰恰相反。

其他的结构性因素无疑也很重要。与西班牙对拉美国家长期的殖民统治所带来的封建影响类似,菲律宾社会深受封建体制之害。二战结束时,菲律宾几次土地改革流于失败。因此,菲律宾是东盟国家里地主阶层最为集中的国家。正如菲律宾大学劳资关系学院副教授博尼法西奥·S. 马卡拉纳斯所说:"菲律宾的贫困有着深刻的历史根源,菲律宾经历了西班牙超过 300 年和美国近 50 年的殖民统治,尤其是封建的生产关系给菲律宾的治理模式带来了持续性影响。"[1]

这种拉美式的封建统治体系使菲律宾遭受了东南亚区域内可能最严重的独裁统治。在泰国和印尼历史当中也不乏军事独裁者。不同的是,虽然印尼的苏哈托和菲律宾的费迪南德·马科斯都从各自的统治中获益,但正当苏哈托专注于提高印尼人的生活水平时,马科斯却在让他的家族攫取财富。值得注意的是,在 1986 年人民力量革命运动推翻了马科斯之后,菲律宾从 2001 年到 2010 年再次陷入另一位腐败总统格洛丽亚·马卡帕加尔-阿罗约的统治之下,尽管法庭称她是清白的。

虽然存在这些问题,但菲律宾依然是东盟甚至亚洲最有希望的经济体之一。在一些勤勉廉洁的总统的有效治理下,例如科拉松·阿基诺、菲德尔·拉莫斯、贝尼尼奥·阿基诺,菲律宾人民开始看到了国家稳定繁荣的前景。越来越多的经济产业崭露头角。尤其在电话客服方面,印度过去一直是全球外包服务业的先驱。如今,菲律

---

[1] Bonifacio S. Macaranas, "Feudal Work Systems and Poverty: The Philippine Experience", International Labour and Employment Relations Association, 2009, http://www.ilera-directory.org/15thworldcongress/files/papers/Track_4/Poster/CS2T_2_MACARANAS.pdf,访问时间:2016 年 10 月 13 日。

宾已经赶超印度。根据菲律宾客服中心协会的估计，菲律宾有大约35万客服人员，超过印度的33万。①

和印度类似，菲律宾正在成为软件的发展中心。根据菲律宾软件产业协会的统计，菲律宾的软件业是所有外包部门中增长最快的，2011年增长了37%，总收入达9.93亿美元，新吸纳近5万名全职雇员。② 软件产业的发展只能证明菲律宾拥有一部分年轻、富有活力与天赋的人口可以加以利用，善治才是菲律宾真正需要的。只需一定的有效管理，菲律宾就能变得更好，这一点已经为2010—2016年的贝尼尼奥·阿基诺政府所证明。经过这一个时期的发展，菲律宾GDP年增长率已经从前十年的平均值4.45%增长至超过6%。

所以，尽管菲律宾没能兑现50年前的承诺，但如今已经出现了实现目标的希望。过去其主要问题一直在国内。随着开放经济并与世界融为一体成为国家共识，如今这些挑战正在逐步解决。杜特尔特的治理究竟会产生何种影响，目前言之尚早。但好消息是他很可能和拉莫斯、阿基诺一样坦率可靠。当前菲律宾的主要挑战是地缘政治上的，特别是与中国在南海上的争端。东盟另有三个国家同中国存在类似的争端。文莱、马来西亚甚至越南正在尝试用低调务实的态度解决这些争端，然而菲律宾却将南海问题诉诸海牙的国际仲裁法院，选择强制仲裁公然与中国对抗。尽管菲律宾胜诉，但杜特尔特意识到判决结果对中国并无强制力。因此，他很可能变得与东盟邻国一样，采取更实用的双边协商政策来解决争议。2016年杜特

---

① Gregory Walton, "Sarcasm Gives Call Centres in Manila the Edge", *The Telegraph*, 9 Mar. 2015, http://www.telegraph.co.uk/news/newstopics/howabouhat/11460424/Sarcasm-gives-call-centres-in-Manila-the-edge.html, 访问时间：2016年10月13日。

② "PHL Emerging as a Strong Software Development Hub", *Team Asia*, 26 Nov. 2012, http://www.teamasia.com/newsroom/read-client-news.aspx?id=407:phl-emerging-as-a-strong-software-development-hub, 访问时间：2016年10月14日。

尔特的访华之行开启了这一进程。如果这些分歧能够实现有效管控,就没有什么能阻挡菲律宾成为21世纪的经济"小虎"之一。

即便菲律宾能不断保持经济复苏的势头,它和其他东盟成员国的关系也将暂时处于一种尴尬的状态中。因为菲律宾依然在亚洲与西方身份之间徘徊,承受着与东盟大家庭文化不兼容的风险。这种文化上的差异在东盟早期就显露出来。曾参加过1967年8月东盟创始国会议的新加坡前总统纳丹告诉我们说,在起草东盟宣言的最后阶段,菲律宾代表坚持把注意力集中在形式而非内容上,他始终要求使用美式拼写而不是更被广泛使用的英式拼写。

幸运的是,从卡洛斯·罗慕洛——《联合国宪章》的签署人之一——开始,菲律宾就出现了不少睿智的外交部长。卡洛斯·罗慕洛的儿子博比和后来的多明戈·西亚松,这些外长对东盟如何运作有着深刻的理解。包括那位成功的菲律宾籍东盟秘书长罗德·塞维里诺,也是如此。这种对东盟的理解需要在马尼拉被进一步制度化,以此来弥合菲律宾与其他东盟成员国之间的文化隔阂。

在菲律宾担任主席国期间,由于其采取了一种西方的立法方式,《东盟宪章》的谈判进展缓慢。而新加坡大使许通美接手主席职权后,谈判变得顺利许多。他给起草过程注入了亚洲式的或更准确地说是东盟式的实用主义。这段插曲再次显示了菲律宾与其他东盟国家之间亟待弥合的文化鸿沟。

改变菲律宾大众和精英的西方思维模式并不简单。2014年盖洛普一项针对全球36个国家的调查显示,菲律宾是仅次于以色列的亲美国家。实际上,这项调查还显示出菲律宾比美国人自己更亲美。

这一特点也许在杜特尔特总统的领导下会有所改变。在他的总统任期开始的四个月内,他访问了老挝、印度尼西亚、文莱、越南、中国和日本,他曾说他希望优先发展同东盟、中国、日本的关系,但他的总统办公室又补充说他不会抛弃美国。实际上,他想以总统身份访问的第一个国家是文莱,这是一个强有力且具象征意味的姿态。

杜特尔特总统可以成为东盟最有影响力的领导人之一。这对于需要强大的领导力的东盟来说是重要的。我们的菲律宾朋友有一些建议给杜特尔特总统。

首先,他可以在菲律宾的对外政策和贸易政策上重申东盟的重要性。过去,菲律宾同美国和欧盟的贸易往来占到其贸易额的60%,如今60%的贸易来自东盟和亚洲。与此同时,菲律宾对于棉兰老岛的穆斯林叛乱问题的解决得益于文莱、印尼和马来西亚的帮助。菲律宾也依赖越南、泰国的大米供应。通过转变路线,将东盟置于对外政策的核心会符合菲律宾的国家利益。

第二,在2017年庆祝纪念东盟成立50周年活动之际,作为主席的杜特尔特可利用这一场合促成东盟与中国签订一份有关南海的有约束力的行为准则,通过推动海上丝绸之路来进一步促进东盟与中国的经济一体化,同时在东盟内部推动经济与社会的一体化进程。

第三,杜特尔特总统可亲自邀请美国总统唐纳德·特朗普、中国国家主席习近平和俄罗斯总统普京访菲并参加东盟峰会,借此展示其在东盟的领导能力。如果杜特尔特能够成功邀请上述重要领导人参加东盟成立50周年峰会,这将会成为他外交生涯中的光辉一笔。同时也将标志性地证明,菲律宾与其他东盟成员国之间的文化隔阂缩小了。

新加坡

新加坡的成立与正常国家不同。新加坡是被马来西亚抛弃的。由于马来西亚和新加坡的领导人对马来西亚未来的发展方向意见相

四　各国前景

左,1965年8月9日新加坡被逐出马来西亚联邦。此时,马来西亚人和新加坡人唯一的共识就是新加坡极可能失败,因为一个没有腹地的城市国家几乎不可能生存。

对于一个似乎注定要失败的国家来说,新加坡已经做得非常好了。有时马凯硕为了活跃对话气氛,常常这么说:人类历史上从来没有一个国家能像新加坡那样快速、全方位地提高自己国民的生活水平。到目前为止,没人能反驳这一论断。新加坡的非凡成功应被载入吉尼斯世界纪录。

是什么让新加坡取得了如此非凡的成功?显而易见是卓越的领导阶层。和美国类似,新加坡也获得了伟大国父们的庇佑。整个世界都听说过李光耀。2015年3月,来自世界各国的领导人出席了他的葬礼并致悼词,这足以证明他在全球的影响力。

没有李光耀,新加坡绝无可能如此成功。但不为世人所知的是那些与李光耀一道辛勤工作的团队成员,特别是两位突出的领导者,吴庆瑞博士和拉惹勒南。

这些人在新加坡独立之前一道与共产主义武装殊死搏斗,建立了亲密的同志之谊。吴庆瑞博士生动地说:"我们像无知少女一样在妓院闲逛,几乎无法避免任何不幸的事。"① 李光耀在反共方面不遗余力,当时的吴庆瑞博士和拉惹勒南也和他一样。

他们也是睿智的知识分子。他们努力学习,认知世界。吴庆瑞博士研究了日本的明治维新,并在新加坡建设过程中借鉴明治维新的实践经验,成功地成为新加坡奇迹的缔造者之一。他是一位终极的实用主义大师。拉惹勒南善于发表精彩演讲,团结国际力量支持

---

① Goh Keng Swee, "A Holy Order to Scale New Heights: Dr. Goh Keng Swee's Last Major Speech before Retiring from Politics, 25 September 1984", in *Goh Keng Swee: A Legacy of Public Service*, ed. Emrys Chew and Chong Guan Kwa (Singapore: World Scientific, 2012), p. 311.

新加坡。总之，新加坡的成功也是绝佳团队合作的结果。

这一非凡的团队秉承三大施政理念：精英治国、实用主义和廉洁。马凯硕在李光耀学院时会把这三大准则分享给每个外国学生，向他们保证如果他们可以践行这些准则，那么他们的国家就会和新加坡一样成功。精英治国是指国家挑选最好的国民而非统治阶层的亲眷来治理国家。实用主义指的是国家不会试图全盘重来，正如吴庆瑞博士所说："不论面对任何问题，只要有人、有国家曾解决过，我们就可以复制其经验，使之与新加坡国情相适应。"① 任何国家最好的实践经验都可以为我所用。但是，践行三大政策中最难的部分却是廉洁。腐败一直是第三世界国家失败的最大原因。新加坡国父们的最伟大之处正是他们刚正不阿。这使他们看上去格外的精明和狡猾。

然而，新加坡的确也饱受西方媒体的无情批评。诚然，一些表面上博学的西方人士认为李光耀独裁统治下的新加坡与朝鲜并无二致。一位《纽约时报》的批评家威廉·萨菲尔写道："无可替代地，李光耀是世界上最聪明的、某种程度上也是最可爱的暴君。"② 他同时将吴作栋比作"为独裁者李光耀的儿子们来保住总理位子的傀儡"③。在20世纪八九十年代，新加坡的领导人赢得了一系列针对西方主要报纸杂志的诉讼，包括《纽约时报》《国际先驱导报》《华

---

① Kishore Mahbubani, "Why Singapore Is the World's Most Successful Society", *Huffington Post*, 4 Aug. 2015, http://www.huffingtonpost.com/kishore-mahbubani/singapore-world-successful-society_b_7934988.html, accessed 12 Oct. 2016.

② William Safire, "Essay: The Dictator Speaks", *New York Times*, 15 Feb. 1999, http://www.nytimes.com/1999/02/15/opinion/essay-the-dictator-speaks.html, 访问时间：2016年10月14日。

③ William Safire, "Essay: Singapore's Fear", *New York Times*, 20 July 1995, http://www.nytimes.com/1995/07/20/opinion/essay-singapore-s-fear.html, 访问时间：2016年10月14日。

尔街日报》《经济学人》《远东经济评论》。这些媒体虽然支付了罚款，但这也是一段新加坡与西方媒体之间互生嫌隙的历史。它损害了新加坡的名声，尤其是在西方世界的名声。

在国内，新加坡政府也受到了一些批评。新加坡著名小说家林宝音在2014年6月说："我们正处在这样的危机中：人们不再信任他们的政府，政府也不再在意能否重获人民的信任。"① 她认为新加坡领导人以诽谤罪起诉反对者这件事是造成这种不信任的主要因素。她说："新加坡人早已习惯以某种特定意识形态来影响他们的所有认知，也就是说，这里没有公平竞争的政治环境，有的是一个旨在让对手失败而毫无不安的、全能的报复型政府。"往往主流纸媒支持政府，而社交媒体则充斥着批评政府的声音。对于这种现象及其背后的原因来说，新加坡国内正在形成一种新的政治环境。

新加坡是幸运的，前后两任总理作为李光耀的继任者都深受欢迎且务实高效。作为总理，吴作栋在1990年到2004年给新加坡带来了一个宽松自由的政治环境。李光耀之子李显龙也是新加坡的一位伟大领导人。他全身心为新加坡服务。和他的父母一样，李显龙有着卓越的才智。很幸运，新加坡连续出现了三位好总理。

但新问题是，如今新加坡人并不知道下一届总理是谁，这也是新加坡近30年来第一次碰到的情况。虽已显露出多种可能性，但并没有对哪一种情况形成明确的共识。李显龙宣布他将在70岁也就是2022年时辞去总理，由此新加坡也许会在几年内面对某种政治不确定性。

政权交接只是新加坡未来十年所要面对的众多挑战之一。马凯

---

① Catherine Lim, "An Open Letter to the Prime Minister", 7 June 2014, http：//catherinelim. sg/2014/06/07/an-open-letter-to-the-prime-minster/，访问时间：2016年10月14日。

硕在他 2015 年的作品《新加坡能生存下去吗》一书中，已指出了至少三个可能严重影响新加坡的危险因素：民粹主义政党的崛起、撕裂新加坡的中美对抗，以及一些黑天鹅事件，比如北极航线的开辟将会削弱新加坡港的重要性。

多年来新加坡在东盟中一直扮演安静却重要的领导者角色，这已是一个公开的秘密。东盟自由贸易区（AFTA）、东盟地区论坛（ARF）的概念就萌发于新加坡。类似地，吴作栋总理率先提出了亚欧会议（ASEM）的构想。但新加坡也明智地意识到，太过积极地追求创始国的形象并非明智之举。这会招致别国的嫉妒甚至憎恨。所以，新加坡乐见其他东盟国家来发起倡议。一位泰国记者曾简洁地评论道，不论何时新加坡有了新想法，泰国就会酝酿实施。正是泰国启动了东盟自贸区和亚欧会议。

新加坡通过为东盟提供智力支持而在组织内扮演了一个颇有价值的角色。鉴于其相对稳定的政局以及强大的领导力，新加坡是能够提出和推动一些有远见的想法的。但是新加坡在东盟秘书处上的短视政策却让人很困惑。正如最后一章所示，东盟国家的发展水平不一，但是新加坡坚持各国平摊东盟秘书处会费，这无疑会阻碍秘书处的发展。坦率地说，奉行这样的政策，新加坡是在损害自己的国家利益，这一政策也会阻碍东盟的发展。作为东盟和平环境的最大受益者之一，新加坡的短视政策无异于搬起石头砸自己的脚。

新加坡需要继续强化东盟。尽管取得了非凡的成功，但新加坡具有和所有小国一样的脆弱性。生存是新加坡面临的基本挑战之一。为了生存，新加坡需要时刻对各种新挑战保持近乎偏执的担心和忧虑。但新加坡也需要对未来怀有强大的信念，以避免人口大规模的外迁。保持谨慎与自信的同时，也要求新加坡具备超凡的智慧。

四　各国前景

泰　国

泰国至少在三个方面特别引人注目。第一，它是东南亚国家中唯一没有被欧洲人殖民过的国家，这样的事实令人震惊，虽然可能这只是一个意外。在英国殖民缅甸和马来亚以及法国殖民印度尼西亚后，两国可能认为在它们的势力范围之间保留一个缓冲国比较明智。或者我们也可以将泰国保持独立的成就视作其明智外交的结果。几个世纪以来，泰国王室一直从中国古典小说《三国演义》中学习地缘政治的技巧。①

第二，泰国拥有绚烂的文化。一些日本学者私下告诉马凯硕，日本能被泰国吸引并与之开展紧密合作的原因在于泰国散发着"文化之香"。其他泰国的研究人员也有着相似结论。纳塔瓦德·平帕说："独特的泰国文化以其复杂多样的特性而闻名于世。"②

第三，中国和印度重新崛起，活跃于东南亚地区，由于泰国文化吸收了两者的文化传统，所以泰国可能对两国有着最独特的见解。泰国的君主制可追溯到13世纪。泰国的宫廷文化深受印度影响。直到今天，许多泰国的宫廷仪式依然由婆罗门祭司来主持，这与我们人类文明最初的几个世纪保持着惊人的连续性。梵文也被广泛地用于泰国皇家典礼中。泰国宫廷虽深受印度文化影响，但泰国国民却几乎完全吸收了海外华人社区文化，在这点上泰国超过其他任何一个东南亚国家（新加坡显然除外）。

---

① Malinee Dilokwanich, "A Study of Samkok: The First Thai Translation of a Chinese Novel", *Journal of the Siam Society* 73 (1985): 77-112.

② Nattavud Pimpa, "Amazing Thailand: Organizational Culture in the Thai Public Sector", *International Business Research* 5, 11 (16 Oct. 2012), http://www.ccsenet.org/journal/index.php/Ibr/article/view/21408/13905，访问时间：2016年10月12日。

却克里王朝的建立者国王拉玛一世具有华人血统。从1782年到1809年去世，拉玛一世一直统治着泰国。拉玛四世蒙固王从1851至1868年统治泰国，他也以自己的华人血统而自豪。与马来西亚、印尼、缅甸和越南不同，海外华人在泰国并不会被当做外国人。华人完全融入泰国社会，大多数华人已改用泰语名字，他们能讲一口流利的泰语。也许他们感觉自己更像泰国人而非华人。克里斯托弗·贝克和帕苏克·蓬沛齐特解释说："华人学习了泰语，接受了新的行为方式，认为自己是泰国的公民。但与此同时，他们也由此塑造了一种独特的都市文化，涵盖源于华人文化的对话方式、品味以及审美等。"①

尽管拥有悠久的历史和文化传统，以及从未被殖民的优势，泰国在建设亚洲现代国家的道路上仍然困难重重。在东南亚国家里，政治经济领域全面效仿日韩，第一个实现现代化的国家本应是泰国。然而，已实现现代化的国家并非泰国而是新加坡。

泰国经济现代化确实成功了。泰国的国民生产总值从1965年的145.8亿美元增长至2015年的2320.1亿美元，增长了近16倍（新加坡同期增长了35.6倍）。② 国际货币基金组织（IMF）预测，按照购买力平价计算，泰国的国内生产总值将在2020年达到13 780亿美元。总的说来，泰国的经济发展状况还是令人满意的。但即便在经济领域，泰国的机遇也正在丧失。吉迪雅·品通博士告诉我们说："即使最后不加入TPP，泰国也至少应参与其中进行讨论。但由于国内问题众多，当时我们并没有多余的精力去处理这件事情。"

---

① Christopher John Baker and Pasuk Phongpaichit, *A History of Thailand* (New York: Cambridge University Press, 2005), p. 207.
② "GDP of Thailand (Constant 2010 US＄)", World Bank, http://databank.worldbank.org/data/reports.aspx? source = wdi-database-archives- (beta)，访问时间：2016年10月10日。

相较于经济领域，政治领域的问题就比较棘手了。泰国军方在国家政治生活中长期处于决定性的地位，2014年军方宣布实行戒严法。冷战期间，泰国担忧印度支那的共产主义扩张，而美国为了自身利益欣然支持泰国军事政权并成为其可靠盟友。冷战结束时，泰国是东南亚第一个实行西方民主制度的国家。20世纪90年代的泰国政客曾向他们的东盟伙伴大肆兜售民主理念。泰国的报纸也曾发表过许多批评其他东南亚政府不民主的评论。

讽刺的是，在经历了这段民主说教期之后，泰国又倒退回了军事独裁。这一切源于他信·西那瓦的政党在2001、2005和2006年大选中连续获胜。当时，他信的选票大多来自人口数量庞大但相对贫困的泰国东北部地区。通过提供诸多好处，如数量庞大的医疗保健服务补贴、三年期债务冻结、支持乡村小企业发展的政府拨款和农业补贴等，他信赢得了广大农民的支持。

传统上，泰国的政治权力长期保持在曼谷精英以及中产阶级手中，但是他信的成功却导致权力发生了转移。于是引发了代表城市中产阶级的黄衫军对抗代表他信的红衫军的运动。不幸的是，相对少数的黄衫军不得不使用非民主的手段来重获权力，而其中一些手段太过极端。2008年他们猛攻并占领了曼谷机场，冲击政府大楼，封锁了议会。

不可避免地，泰国人民开始对从2006年开始的持续不断的国内冲突感到厌倦。最后，他们在2014年不得不接受了军政府的再次上台。陆军总司令巴育·占奥差发动了军事政变。巴育宣布军政府是临时性的，泰国将会重回民主。他说："我们希望按照新宪法实现自由公正的大选……这是泰国实现完全民主的坚实基础。"① 他补充道:"如果我们现在就急于进行大选,将让我们的国家再次陷入暴力、利益集团的腐败、恐怖主义和战争的旧的循环中。"2016 年 8 月,全民公投通过了军方支持的新宪法草案(1932 年来泰国的第 17 部宪法)。

泰国政治正如一个潘多拉魔盒。他信成功地唤醒了泰国乡村的政治力量,他们选票多,能够在选举中发挥巨大的作用,但是这些人一旦被唤醒,就不会再沉寂下去。一旦泰国再次进行大选,他们一定会产生巨大的能量。笔者撰写此书时,泰国政局依然充满不确定性。这种不确定性在 2016 年 10 月 13 日普密蓬·阿杜德国王去世后变得更为严重。

泰国的自我恢复能力如何?某种程度上,泰国已经展示了自身的恢复能力。尽管 2006 年泰国政局扑朔迷离,但其经济依然保持着缓慢、稳定的增长。在外交领域,泰国在各国之间巧妙周旋,妥善应对近年来动荡不安的国际形势。无论是美国还是中国,印度还是日本,泰国都与这些试图在东南亚地区施加影响力的国家维持着紧密关系。泰国并没有在国内政局动乱的背景下丧失自己的外交技巧。

但毫无疑问的是,由于牵扯泰国国内的政治问题,东盟诞生于泰国这一标志性的事件被弱化了。苏奇·邦蓬坎回忆说:

> 1967 年,当东盟宣言起草会议没有什么进展时,东盟领导人一起回到了邦盛海滩,他们在这里,在一片和谐宁静的氛围下起草了最后的东盟宣言。草案是由颂蓬完成的,他那时是他纳·科曼的私人秘书。②

---

① "Thai Army Promises Elections in October 2015", BBC News, 28 June 2014, http://www.bbc.com/news/world-asia-28069578,访问时间:2016 年 12 月 1 日。
② 作者对苏奇·邦蓬坎(Suchit Bunbongkarn)的采访,2015 年 4 月 23 日。

四　各国前景

自1967年8月东盟于曼谷创建以来，泰国始终是这个组织的中流砥柱。包括东盟自由贸易区和亚欧会议在内的东盟的许多重大举措得以实现，其重要原因在于这些都是由泰国发起的。泰国的优势之一，就是深受其他创始会员国（新加坡、马来西亚、印度尼西亚、菲律宾）的信任。这就是为什么东盟国家对于泰国国内问题的早期解决具有重要作用的原因。

但是，东盟国家干涉泰国国内事务也是不明智的。泰国历史上最不光彩的事件之一就是，2009年4月东盟峰会期间，示威者冲破泰警方的警戒线冲入酒店，东盟国家领导人不得不撤离酒店。世界看到了领导人们乘坐直升机逃离的尴尬一幕。尽管有此令人尴尬的插曲，东盟领导人还是明智地决定对于泰国的内部事务不予评论和干预。这是充满智慧的。作为一个骄傲的有着优秀历史的国家，泰国终将摆脱目前的政治困境，再次走上正轨。

越　南

每一个东南亚国家都是独特的，而越南却是最独特的一个。为什么呢？它是唯一一个有着深厚的中华文化根源的东南亚国家。两千年以来在与中国的抗争过程中，越南形成了自己的身份认同。矛盾的是，越南既与中国有着共同的文化根源，同时也是东盟国家里最让中国警惕的国家。

从公元前111年到公元938年这超过一千年的时间里，越南都曾是中国的一部分。在此后的一千年里，越南努力维护着其来之不易的独立地位。越南民间流传着大量反抗中国的英雄的名字。征氏姐妹起义是越南历史上第一次反抗中国的行动。她们解放了南越并统治那里三年，之后于公元43年被中国军队击败。越南历史上最著名的英雄是黎利,他率部抗击明朝,在长达十年的对明战争中赢得胜利并使越南在 1427 年获得独立。他是黎朝的开国皇帝。

冒着政治不正确的风险来说,我们会将越南描述成东南亚里最强硬的国家。这是大家直觉上的一种认知。大部分东南亚文化是柔软灵活的,而越南却是坚硬不屈的。泰国顺势而为,维护了自身的独立,像一根竹子,在"韧"与"柔"之间相互转换。这让泰国避免了被殖民的命运。相反,越南像一块坚硬的岩石,即使遇到暴风骤雨也要坚定矗立。因此,在面对世界上拥有最强大军事力量的美国的攻击时,越南没有退缩。越南甚至击败了美国,当越军坦克开进西贡时,美国外交官不得不可耻地逃离那里。

另外一个悖论是这样的,先前越南在中国的援助下击败了美国,但如今越南却希望美国帮助它来平衡中国崛起对其所造成的日益增长的压力。其实,这并非越南在近年来所做的唯一惊人的逆转。冷战期间越南强烈谴责东盟国家是"美帝国主义的走狗"①,冷战结束后却很乐意加入了东盟。1991 年苏联解体,1995 年越南就加入了东盟。更有趣的是,越南虽然不是东盟的创始会员国,但它却是东盟最坚定的支持者之一。

在加入东盟的同时,越南也顺应东盟主流,开放经济,参与世界贸易。虽然几十年来越南一直实行苏联式的中央计划经济体制,但越南很快实施了经济改革。自 2000 年始,越南成功跻身世界上经济增长速度最快国家的行列。2013 年越南贸易总额相当于其 GDP 总量的 164%②,这一比率是中国和印度的三倍多。值得注意的是,虽

---

① Stephen Vines, "Vietnam Joins ASEAN Grouping", *The Independent*, 29 July 1995, http://www.independent.co.uk/news/world/vietnam-joins-asean-grouping-1593712.html,访问时间:2016 年 10 月 14 日。

② "Trade (% of GDP)", World Bank, http://data.worldbank.org/indicator/NE. TRD.GNFS.ZS,访问时间:2016 年 10 月 14 日。

然越南改革开始较晚,但赤贫的人口比例要少于中国、印度、印尼以及菲律宾。① 世界银行行长金墉曾盛赞越南说:"在短短30年里,越南成功地从一个世界上最贫穷的国家转变为世界上最成功的发展范例之一。"②

经济虽取得了一定成就,但越南仍面临诸多严重问题。讽刺的是,越南所面临的问题竟很大程度上与中国类似。越南的成功也得益于共产党的坚强领导以及政府的稳定。但与此同时,党纪涣散,腐败成风,越南腐败程度名列前茅(2006年一名交通部副部长被逮捕)。

但是,不同的地缘政治力量将使越南受益。它在小心处理与快速崛起的中国的关系时,可依赖其他国家的力量制衡中国。近年来,美日都开始拉拢越南,试图建立一种更亲密的关系。

理论上,美越合作应该是困难的。毕竟美国曾在越南惨败,并对越南侵犯人权的现象和一党制持批评态度。但是,照例,地缘政治上的考量压倒道德原则。美国热烈欢迎越南参加"跨太平洋伙伴关系"(TPP)的谈判,越南最后于2016年2月4日签署了协议。同样令人震惊的是,美国军舰已开始在金兰湾集结。更重要的是,2016年5月23日,奥巴马宣布美国将解除对越南近50年的武器销售限制。现在美越间的密切关系令马凯硕回想到30多年前,即1985年在纽约对外关系委员会上的一个演讲,当时预测说位于苏比克湾的美国海军基地最终将迁至金兰湾。确实,人人都能想到这一点。

---

① "Millennium Development Goals Database", UNDATA, http://data.un.org/Data.aspx? d=MDG&f=seriesRowID%3A580,访问时间:2016年10月14日。赤贫的定义为家庭收入每天低于1.25美元。

② Jim Yong Kim, "Lessons from Vietnam in a Slowing Global Economy", *Straits Times*, 24 Feb. 2016, http://www.straitstimes.com/opinion/lessons-from-vietnam-in-a-slowing-global-economy,访问时间:2016年10月14日。

地缘政治上的考量有时可以如数学计算一样精准可预知。

每年的对外直接投资（FDI）是衡量越南经济前景的一个主要指标。该指标已从 1995 年的 17 亿美元①增长到 2015 年的 155.8 亿美元②，20 年里增长了 9 倍。对越投资者主要来自新加坡、韩国和日本（2014 年）。③日本作为主要投资国并不令人惊奇，这也是基于日本的地缘政治考量。日本和美国一样，也在试图制衡中国。因此越南当然应受到支持。

越南领导人的终极政治挑战很简单：如何在不与之结盟或对抗的情况下，利用地缘政治优势处理好和崛起的中国的关系。但对越南来说，这种挑战并不算新。越南两千年来一直在处理这个问题。几个世纪以来，越南必定在处理与中国关系方面积累了不少政治智慧。

鉴于越南对崛起的中国有着较深的地缘关切，倘若东盟被弱化，那么越南将是最大输家。东盟给越南提供了宝贵的地缘缓冲，所以十分明确的是，强化东盟并承担其义务完全符合越南的国家利益。理论上，这对于越南来说并不算难事。实践中，这可能有些难度，作为一个"硬气"的国家，越南很难与其他相对"柔性"的国家相处与合作。有一个小例子可以解释这个问题。2014 年 5 月中国在中越争议水域建设石油钻井平台，这件事引起了越南的广泛不满，同时爆发了反华游行示威。此时的东盟秘书长是越南人黎良明，他决

---

① "Foreign Direct Investment, Net Inflows (BoP, Current US$)", UNDATA, http://data.un.org/Data.aspx? d=WDI&f=Indicator_ Code%3ABX. KLT. DINV. CD. WD, accessed 14 Oct. 2016.

② "Vietnam's FDI Pledges Dip, but Actual Inflows Jump in 2015", *Reuters*, 29 Dec. 2015, http://www. reuters. com/article/vietnam-economy-fdi-idUSL3N14J1I120151230, 访问时间：2016 年 10 月 14 日。

③ "Vietnam", US Department of State, http://www. state. gov/documents/organization/229305. pdf, 访问时间：2016 年 10 月 14 日。

四　各国前景

定公开谴责中国。但这是不明智的，他不该使用自己在东盟的职权去批评中国，因为这并非中国与东盟之间的争端。简言之，越南需要学习如何更巧妙地利用东盟制衡中国。东盟不该被当做直接撞击中国的"破城锤"，相反，越南应逐渐加强东盟的软实力，这将有助于在长时间内规制中国。

总的来说，越南要对未来秉持乐观态度并不难。几乎可以肯定，就像今天韩国一样，越南将成为一个经济强国。越南自开放经济以来，已经取得了令人瞩目的发展，这证明在东盟大家庭里，越南拥有成为超级经济强国的潜力。

五 未来态势

本书写于2016年。毫无疑问,东盟将在2017年8月8日前后庆祝其成立50周年。在此之后,单是其内嵌的这股势头就足以支撑东盟未来十年甚至更长时段内的发展。然而,人们并不能确定东盟能否在2067年8月8日庆祝其成立100周年。

像其他生物体一样,东盟也将面对生老病死。奇怪的是,尽管世界上的区域组织层出不穷并已存在了几十年,但我们并没有意识到要尽量区分不同类型的区域组织及阐明其独特的优势和不足。①美国政治学者今天不太可能这样做,因为为了使政治成为一门科学,他们更倾向于研究定量指标。然而,构成每个区域组织的独特性以及区分彼此差异的,是地理和历史、经济和政治、文化和民族心理的独特组合。总之,每个区域组织都是一头独特的野兽。

---

① 在发明"软实力"一词之前,政治学者约瑟夫·奈于1971年出版了《局部和平:区域组织中的一体化和冲突》一书(*Peace in Parts*: *Integration and Conflict in Regional Organization*, Boston: Little, Brown, 1971)。他讨论了不同的区域组织及其促进和平的方式。由于东盟是新成立的组织,所以未在书中提及,但此书是他进行这方面努力的一个范例。

奇怪的是，东盟是这些野兽中相对强壮和健康的。与其他区域组织相比，它的功能障碍较少。我们将其与其他主要区域组织进行简要比较就能说明这一点。名单包括如下区域组织（按字母顺序）：非洲联盟、东盟、欧盟、海湾合作委员会（GCC）、南方共同市场、美洲国家组织（OAS）、上海合作组织（SCO），以及南亚区域合作联盟（SAARC）。

在这个简短的名单中，最强大的当然是欧盟。16万亿美元①的国内生产总值使其他组织与欧盟一比就相形见绌。然而，对欧盟的性质却不容易下判断。理论上，它是一个旨在促进经济一体化的经济组织。而实际上，当初设立欧盟的主要目的是为了预防欧洲爆发新一轮的大战。欧盟在组织上虽然很强大，但面临着独特挑战，包括2012年希腊的退欧威胁和2016年英国的意外退出。可见，世界区域组织的大家庭中最强大的野兽也很脆弱。

对其他几个区域组织也做一个概览，会发现每个区域组织都有独特的功能障碍影响其发展。美洲国家组织存在功能障碍，因为它由美国主导。这意味着它不会是包容性的，也无法容忍像古巴这样由共产党领导的国家。上海合作组织的问题类似，因为它由中国主导，由中国设定议程。毫无疑问，中国对上海合作组织其他成员国是慷慨的，但其他成员国并没有感受到如同东盟和欧盟成员国那样的主人翁意识。

成立于1985年的南亚区域合作联盟（SAARC）也存在功能障碍，因为印度和巴基斯坦的竞争阻碍了任何真正的合作。海湾合作委员会存在功能障碍，因为它的成员之间信任水平低——尽管该组

---

① "欧洲联盟"，世界银行，http://data.worldbank.org/region/europeanunion，访问时间：2016年12月1日。2015年的数据以当前美元计。

五　未来态势

织自 1981 年成立并存活至今。原则上，海湾合作委员内的信任水平应该很高，因为成员国共享同一种语言（阿拉伯语）、宗教（伊斯兰教）、社会结构（传统家族统治）和地缘政治利益（对伊朗的恐惧）等等。然而，在马凯硕经常与海湾合作委员会、SAARC 以及东盟的决策者互动的过程中，他自信地说，东盟内的信任程度最高。

每一个区域组织都是独一无二的，东盟显然比许多其他区域组织更实用。本章的目标是利用 SWOT 分析方法（优势、不足、机会和威胁）来阐述东盟的独特特征。我们将对调"机会"和"威胁"部分以突出我们的结论。

优　势

东盟有很多优势，本书也已经强调了一些。其中首要的是东南亚 10 国之间的共同体意识，尽管它们之间具有显著的多样性。东盟民众对东盟的认同感与欧洲人建立起来的认同感有所不同。正如新加坡已故总统塞拉潘·纳丹提醒的那样："即使到现在，东盟的民间关系尚未建立。东盟各成员国内没有任何学校把讲授东盟作为一门课程。"①

尽管如此，东盟各国政府和领导人都感到有一种维护和加强东盟共同体的责任意识。东盟自 1967 年成立以来，没有任何两个成员国之间发生过战争——尽管有成员国偶尔卷入紧张的军事对峙：2008 年柬埔寨和泰国围绕柏威夏寺问题几乎爆发冲突，而 2005 年印度尼西亚和马来西亚则都在有争议的西巴丹岛和利吉丹岛周围海域进行了咄咄逼人的海军巡逻。

---

① 作者对总统纳丹的采访，2015 年 6 月 27 日。

没有战争似乎是共同体意识的一个底线。这就是为什么我们强调,一种在东盟的精英和决策者之间已经形成的、看不见但却真实存在的共同体心理意识是重要的。第二章阐述了东盟在冷战时期和冷战后的形成与发展。自那时以来,数以千计的正式会议和非正式的高尔夫球比赛,已经在成千上万的主要亚洲官员之间培育了无形的信任和合作网络。提到高尔夫球可能会使一些读者感到困惑。在解释当时为什么东盟名人专家小组(EPG)同意新加坡前外长尚穆根·贾古玛编写的报告草案时,他本人在他的书中写道:"它(指高尔夫球)帮助拉莫斯、阿里·阿拉塔斯、穆萨、林玉成和我成为长期的高尔夫球友!"① 从一开始,高尔夫球运动就对东盟的成功至关重要。新加坡前外长苏皮烈·达纳巴兰也提到了高尔夫的重要性,他补充说:

> 频繁地举行诸如高官会、部长会等,实际上会耗费巨大的精力,甚至无法涉及任何实质内容。这些会议往往被视为浪费时间。但正是开会培育了一种团队认同感,培育了我们是一个整体的理念。如果不是各个层次的频繁会议,我们不会有这种认同和团结意识。②

成员国的领导团体之间的相互信任及对彼此的信心,虽然经常被国际社会忽视,但却是东盟最大的优势之一。它解释了包括总统苏希洛·班邦·尤多约诺和他的外交部长马蒂·纳塔莱加瓦在内的印尼主要决策者,为什么在2012年7月东盟外长未能在金边达成一

---

① 该小组成员包括印度尼西亚前外交部长阿里·阿拉塔斯、马来西亚前副总理穆萨·希塔姆、菲律宾前总统菲德尔·拉莫斯、越南前副总理阮孟琴(英文原文中,作者将"Kasemsamosem Kasemsri",即"格森沙莫颂·格森西"误认为"越南前副总理阮孟琴"。此外,事实上,该小组成员也包括泰国前副总理兼外长格森西,但英文原文中未提及)、文莱外交和贸易部长林玉成。Jayakumar, *Diplomacy*.

② 作者对达纳巴兰(S. Dhanabalan)的采访,2015年7月30日。

项联合公报的协议时,仍然会立即修复这些裂痕。这种保护和修复东盟的动力表明,东盟的精英们之间已经培育了一种真正意义上的对东盟共同体的责任感。

东盟第二个重要的优势是,东盟已经建立起各种机制来强化这种无形的共同体意识。随着2007年《东盟宪章》的通过,东盟制度化的进程取得了重大飞跃。引人注目的是,东盟制度化进程的转变在第一阶段还是相对顺利的。这一进程始于2005年名人专家小组(EPG)的成立,该小组成员包括一些东盟最受尊敬的政治家,其中包括菲德尔·拉莫斯、穆萨·希塔姆、阿里·阿拉塔斯和尚穆根·贾古玛,他们为《东盟宪章》纲要的设计献计献策。因此,他们的报告具有很高的可信度。为实施名人专家小组报告内容而设立的高级别工作组(HLTF)同意该报告中的大部分建议。事实上,HLTF能够在2007年不到一年的时间内完成并起草《东盟宪章》,这是一个政治奇迹。

一位敏锐的东盟观察家丁萨·猜林帕拉努帕研究了两个小组在这一过程中的不同作用。他指出,名人专家小组成员"既不代表其各自的政府也不代表各个国家。他们被赋予了充分的自由去创造性地思考问题"。丁萨补充说:

> 名人专家小组成员并不关心如何实施他们的建议;他们更愿意把这个操作问题交给官僚。另一方面,高级别工作组起草人充分意识到需要确保执行和遵守宪章中的每一条款。如果他们实施的东西太过理想化和不切实际,将会被追究责任。[1]

---

[1] Termsak Chalermpalanupap, "In Defence of the ASEAN Charter", in *The Making of the ASEAN Charter*, ed. T. Koh, R. G. Manalo and W. C. Woon (Singapore: World Scientific, 2009), pp. 117-36.

显然，起草《东盟宪章》是一个复杂的过程。名人专家小组成员试图在他们的建议中表现得大胆和富有远见。高级别工作组成员在选择采纳哪些建议时必须谨慎和务实。他们在起草章程时还必须考虑来自其他方面的各种意见，包括与东盟领导人和部长，以及与经济一体化高级工作组、东盟部门机构高级官员和其他利益攸关方的磋商。他们还考虑了现有的东盟承诺。磋商的结果就是，不得不放弃名人专家小组的一些想法，包括以下内容：

- 不将东盟联盟作为最终目标写进宪章；
- 不写入关于暂停、驱逐和退出东盟成员国的规定；
- 不写入投票（实际上EPG建议仅在非敏感领域无法达成共识时投票）；
- 不设立东盟研究所；
- 不设立专门基金以缩小发展差距。

然而，最终章程虽然确实没有接纳名人专家小组的一些建议，但是名人专家小组和高级别工作组协助东盟迈过了重要的门槛。在此之前，东盟国家虽然已经进行了政治、经济和其他形式的合作，但一直有人反对建立强大的机构。

这就是为什么名人专家小组的报告是开创性的。名人专家小组报告在东盟内部形成了一项新的共识，并纳入《东盟宪章》，以支持强化其共同机制框架。名人专家小组的成功同样是我们对吉迪雅·平东博士进行采访时提到的一个例子："东盟已经成功，因为它找到了适应其自身发展的方式。"[①]

名人专家小组和高级别工作组的努力使得几个机构和进程得到加强。关于《东盟宪章》的两本好书已经出版：温长明的《东盟宪

---

① 2015年4月23日。

章：现场报道》(*The ASEAN Charter: A Commentary* 2015)；许通美、罗萨里奥·冈萨雷斯·马纳洛和温长明编著的《东盟宪章的诞生》(*The Making of the ASEAN Charter* 2009)。这些书详细阐述了宪章中的重大改善措施。宪章中提及的东盟关于制度变化的声明强调了以下几点：

- 东盟领导人必须每年至少举行两次会议；
- 设立常驻东盟代表委员会，由每个成员国的常驻代表组成，常驻雅加达；
- 允许非成员国和国际组织任命驻东盟大使；
- 成立三个东盟共同体理事会，分别对应三个东盟共同体支柱；
- 设立单一的东盟主席职位，东盟主席主持所有的东盟主要机构；
- 成立东盟人权机构；
- 扩大东盟秘书长的角色和作用；
- 东盟基金会将直接向东盟秘书长而非董事会报告。

相较于隐性的东盟共同体意识，这些显性的东盟机构和机制化进程的优势在于机制的可见度。事实上，东盟国家的公民可以看到这些机制在运行，这可能有助于他们培养更强的东盟主人翁意识。此外，即使隐性的东盟共同体意识偶尔会失效，这些显性的机制仍可保持东盟运转。一旦桥梁建成，始末两端便有了联系。在名人专家小组和高级别工作组报告之后，还会出现更庞大和更复杂的东盟体制框架，它们将成为连接各个东盟国家之间的桥梁。随着时间的推移，这些机制会建立起自身发展的动力和机制，正如欧盟一样，会创造东盟合作的新途径。

东盟的第三个优势是,许多大国在维持东盟发展方面拥有既得利益。第三章提到一些关键的大国,包括美国、中国、日本和印度,尽管各国在东盟地区的利益存在分歧,但是东盟的生存和成功对它们都有利。东盟成为亚太地区不可或缺的一部分,没有其他组织可以取代它。只有东盟能够为所有大国信任,成为一个它们可以互相接触的中立和有效的平台。几十年后,美国、中国、日本、印度甚至俄罗斯和欧盟的外长都会看到参加东盟年度会议的价值。同样,随着"东盟+3"和"东盟+6"会议提高到首脑级别,这些国家的总统和总理也发现了东盟会议的价值。根据许通美大使介绍:

> 欧盟的发展由两个最大的经济体驱动,但在亚太地区,美国、中国和印度都不能起到这种作用,因为它们没有共同的议程。在三个大国难以达成一致的情况下,东盟能够起到主导作用。只要大国发现我们是中立和独立的,我们就可以继续这样做。[①]

在过去,东盟外长会邀请非东盟国家在东盟年度部长级会议期间的晚宴上表演一些短剧。令人遗憾的是,现在这种做法已经停止了。其中有一些令人难忘的演出,都是由知名人士表演的,如马德琳·奥尔布莱特和加雷思·埃文斯,他们在这些活动中唱歌、跳舞或表演。这些杰出但总是有些拘谨的领导人在东盟晚宴上会放松自己的神经,并且会在这个过程中展现出本真的一面,这种方式能够增强参与者之间的友谊。

亚太地区的奇迹之一是,尽管该地区大国之间正在发生重大的权力转移,但是我们却阻止了重大的大国冲突的发生。没有发生冲突的原因当然是复杂的。其中一个原因可能是,东盟的中立性能够

---

① 作者对许通美大使的采访,2015 年 12 月 23 日。

五　未来态势

使其保持在该地区的中心地位。正如杨荣文在前面解释的：

> 最终大家都认为，尽管东盟方式不够灵活、效率低下且程序简单，但是总比没有东盟好。这是东盟外交政策的特质。最后，他们几乎都是冷笑着接受东盟掌舵者的地位的。是的，因为没有其他国家能够得到所有人的信任，都更倾向于支持东盟的主导地位。

毫无疑问，东盟会议改变了大国之间的关系，有助于减少大国竞争，加强彼此间的合作。如果这就是东盟在50年后的唯一成就，那么这也足以证明东盟是一个真正有价值的区域组织，并完全值得荣获诺贝尔和平奖。

劣　势

东盟也有一些严重的不足。第一，东盟没有一个天然的监管者。欧盟之所以能够一直保持强劲，且拥有良好的韧性，是因为法国和德国共同承担了保障组织正常运转的责任。因此，一些强有力的领导人，如戴高乐、阿登纳、密特朗和科尔认为他们有很大的责任来维持和强化欧盟。始终有人在监管和推动着欧盟的发展。

没有天然的监管者对东盟构成了挑战。谁拥有东盟？谁将培养它、保护它并长期发展它？如第二章所示，恐惧、运气和明智的领导等诸多不寻常的因素共同促成了东盟的成立及早期的发展。但是现在，那些早期推动东盟发展的许多因素都已经消失了。那些相信和关心东盟的人现在应该扪心自问：谁可以为东盟提供监管？显然，诸如美国、欧洲、中国和印度等利益相关方是不能履行这一职责的；那么监管人就必须是内部的。

印度尼西亚人口约占东盟总人口的 40%，印尼会是一个合理的选项。作为一个幅员辽阔的国家，印度尼西亚是东盟创造的富有成效的和平生态系统的最大受益者。苏哈托总统非常清楚这一点，他在年轻的时候曾经历过动荡，看到了甚至像东帝汶这样的小国都向印度尼西亚施压。尽管他对开放印尼经济，并让其与其他东盟经济体竞争有些游移不定，但是他完全理解和平的好处，并努力培养和发展东盟。在这件事情上，如第二章所言，苏哈托总统被夹在两种不同的经济主张之间："伯克利黑帮"倡导的自由市场和威佐约·尼蒂萨斯特罗倡导的民族主义。

目前印尼政府对于这个问题依然没有定论。印尼总统苏西洛·班邦·尤多约诺于 2004 至 2014 年执政，他试图将印尼推向经济光谱中自由和开放的那一端。佐科总统最初倾向于听取印尼民族主义者的声音，但在他执政的第二和第三年，开始支持更自由的贸易方式。印尼贸易部长托马斯·林邦告诉菲律宾拉普勒新闻网的玛丽亚·雷萨，近年来亚太经济合作组织的经济体一直采取阻碍经济增长的保护主义政策："坦白说，我们都在谈论自由甚至公平贸易，但我们在实践中所做的恰恰相反。事实上，自 2008 年全球金融危机以来，包括印尼在内的更多国家一直在悄悄地推出保护主义措施。"① 显然，佐科总统已开始抵制这种趋势，甚至暗示印尼可能会加入"跨太平洋伙伴关系"（TPP）。在白宫与美国总统会晤期间，他冒着激起国内经济民族主义者愤怒的风险，声称"印尼打算加入 TPP。印尼是

---

① Maria Ressa, "Indonesia's Tom Lembong: 'Let's Move Away from Playing Games'", Rappler, 20 Nov. 2015, http://www.rappler.com/thoughtleaders/113434-indonesia-minister-tom-lembong-trade-politics, 访问时间：2016 年 10 月 10 日。

一个拥有 2.5 亿人口的开放经济体,我们是东南亚最大的经济体"①。林邦在 2015 年 10 月说:"如果政府可以在 2—3 年内加入 TPP,并且和欧洲达成相关协议"②,外商将持续对印尼进行投资。

佐科是否会继续坚持这个方向仍有待观察。如果东盟最大的成员国将其主要精力投入国内,东盟自然会出现动荡。现在印尼当局需要做的是,公开甚至强力讨论东盟对印尼的价值。所幸,印尼的一大优势就在于其有能力进行这种公开的讨论。

林绵基是印尼主要的公共知识分子之一。作为雅加达战略和国际研究中心(CSIS)主任,他参加了东盟战略与国际研究所(ASEAN-ISIS)会议,参加了为东盟合作提供"第二轨"(NGO)渠道的东盟智囊团。马凯硕很了解林绵基,也知道林绵基认同东盟共同体的重要性。但作为印尼民族主义者,林绵基也一直批评东盟的不足。

东盟的未来将在很大程度上取决于在印尼内部形成的共识。如果强势的民族主义一方胜出,他们就可能会说服印尼人民,说印尼正在遭受损失:在经济上,印尼不得不与其他东盟国家分享印尼的庞大市场;在政治上,东盟会限制印尼凭借自身能力成为一个强大和独立的力量。印尼民族主义者可能会认为,作为世界第四大人口大国(继中国、印度和美国之后),印尼应该不需要属于或支持像东盟这样的区域组织。毫无疑问,印尼的这种不确定性是东盟面临的最强大的内部威胁。如果民族主义者赢得胜利,最糟糕的情形就是他们将会把印尼拉出东盟,东盟将无法在 2067 年 8 月庆祝其成立

---

① Agence France-Presse, "Indonesia Will Join Trans-Pacific Partnership, Jokowi Tells Obama", *The Guardian*, 27 Oct. 2015, https://www.theguardian.com/world/2015/oct/27/indonesia-will-join-trans-pacific-partnership-jokowi-tellsobama, 访问时间:2016 年 10 月 13 日。

② Bernadete Christina, "Indonesia's Trade Minister Calls for TPP Membership in Two Years", *Reuters*, 9 Oct. 2015, http://www.reuters.com/article/us-tradetpp-indonesia-idUSKCN0S312R20151009, 访问时间:2016 年 10 月 13 日。

100 周年。或许，印尼到那时仍然还是东盟的成员，但它可能已经丧失了参与东盟事务的热情。如果是这种情况，东盟的发展就无法依靠印度尼西亚的领导。

如果印尼无法领导东盟，另外三个东盟监管人的最佳候选者是马来西亚、新加坡和泰国。想知道原因，可以先看看东盟的地图。与缅甸、越南或菲律宾不一样，马来西亚、新加坡和泰国在地理上是东盟共同体的核心国家。因此，如果结合地理和政治因素，即地缘政治，那么马来西亚、新加坡和泰国应该是有动力引领东盟发展，并且成为东盟的下一个主要监管人的国家。但是，这种情况在短期内不太容易实现。

2006 年他信总理被迫离开泰国，自此政局持续动荡，国家受到冲击。虽然 2014 年 8 月 30 日泰国陆军总司令巴育成立临时军政府后暂时平息了动荡局势，但泰国政局仍然充满不确定性。2016 年 10 月 13 日，深受民众爱戴的泰国国王普密蓬·阿杜德去世，更是加重了这种不确定性。

这对于东盟来说是不幸的。因为一直以来，泰国都是推动东盟发展的重要力量。正是在泰国外交部长他纳·科曼的指导下，东盟于 1967 年诞生。东盟自由贸易区（AFTA）的概念也是由泰国总理和老一辈政治家阿南·班雅拉春所发起的。泰国领导人对东盟的发展产生了积极的影响，但考虑到目前的国内挑战，近期泰国不太可能担当起引领东盟的责任。泰国领导的缺位可能会对东盟产生不利影响。

马来西亚也不太可能在短期内为东盟提供领导力支持。纳吉布总理是东盟坚定和忠实的支持者，他和这个组织有情感上的联系，因为他的父亲是 1967 年《曼谷宣言》的签署人。他于 2015 年 11 月担任东盟主席，当时东盟的经济、政治安全和社会文化共同体刚刚

五　未来态势

启动。但是在 2015 年和 2016 年的大部分时间，纳吉布政府如泰国政府一样，政治动荡不断。任何雄心勃勃并想将东盟合作提高到更高水平的举动，都不得不以解决国内政治危机为前提；而且在这些共同体内，东盟合作的目标并不如他们所设想的那么雄心勃勃。正如 1988 至 1994 年担任新加坡外交部长的黄根成指出的："如果领导人在国内足够强大，他们就不会担心既得利益者会攻击他们在外交政策上的决定。"①

新加坡没有经历过这种政治动荡。2015 年李光耀逝世，全体国民深深哀悼。然而，新加坡国内却没有因此产生任何的政治不确定性或政治真空。虽然在全球范围内不见得如此，但李显龙总理显然是东盟内最有能力的领导人之一；不过鉴于新加坡的规模较小，新加坡领导人是无法弥补东盟政治领导力中印尼、马来西亚和泰国三股力量的缺失的。事实上，虽然过去新加坡力促加强东盟合作，并且付出了诸多努力，但其本身是一直存在不满情绪的。

至少在多年内，东盟的其他三个小国（文莱、柬埔寨和老挝），或是三个较大但地理位置处于边缘的国家（缅甸、菲律宾和越南）是无法引领东盟发展的。虽然越南于 1995 年才加入东盟，时间较晚，但是越南已经成为东盟最热情的支持者之一，因为东盟成员国为越南提供了一个虽小但具有价值的地缘政治缓冲区，以缓解北部边境日益强大、正在崛起的中国所带来的压力。然而，由于文化和历史原因，越南决不能担任东盟共同体的领导者。

天然监管者的缺失是东盟的第一个主要弱点。但是第一个弱点又因第二个弱点而更加严重，即强大的机制的缺失。在本章前面说过，东盟的一个优势在于其机制，那么读者可能会对此感到困惑。

---

① 作者对黄根成的采访，2015 年 7 月 24 日。

但其实这种矛盾很容易解释。2008年《东盟宪章》签署后，东盟基于各国在过去几十年建立起来的团结意识，制定了更为复杂的机制框架。是这些机制将东盟维系在一起，但是这些机制又不够强大，不能像欧盟委员会那样领导东盟，也不能阻止东盟国家领导人将其国家利益置于东盟利益之上。

根据尚穆根·贾古玛所说，名人专家小组（EPG）在编写报告时采访了几位前东盟秘书长。EPG分别询问每个人："如果你希望东盟能做一件事，它会是什么？"所有人都回答：执行我们所做出的决策。东盟的最大问题在于对于任何决策没有强制力，对决定的实施没有监督，同时也没有制裁。秘书长们可以提出建议，甚至让成员国同意这些建议，但是没有办法确保其能够得到贯彻实施。

东盟缺少强有力的机制有着结构性的原因。其中一个原因就是一些成员国，包括马来西亚、新加坡和泰国，坚持每个东盟成员国都应该在东盟秘书处的年度预算中支付相等份额。因此，2015年每个东盟国家向东盟秘书处缴纳的费用同是190万美元，总预算为1900万美元。相比之下，欧盟规定2015年的承诺拨款总额为1453亿欧元（1590亿美元）。虽然欧盟的人口规模比东盟小，但其秘书处的预算却是东盟的8000倍。

东盟各国国内生产总值规模差别很大。GDP较大的国家（2014年数据）包括印度尼西亚（8887亿美元）、泰国（3738亿美元）和马来西亚（3269亿美元）。相比之下，GDP最少的三个国家包括柬埔寨（166亿美元）、文莱（151亿美元）和老挝（117亿美元）。鉴于东盟10国GDP之间的巨大差异，坚持让所有国家等额支付预算似乎既不公平也不明智。幸运的是，现在有一个既简单又容易为各方所接受的方案。当向主要国际组织特别是联合国支付年度会费时，所有东盟成员国都接受了"能力支付"的原则。因此，东盟应该能

五　未来态势

够适应这一原则，并且在东盟秘书处的年度预算中应用这一原则。这个简单的方法可以帮助缓解东盟的第二个主要缺陷。

东盟的第三个主要弱点是，东盟缺乏主人翁意识。但即使是有限的主人翁意识，也只是体现在各国政府身上，更不用提东盟普通民众了。相比之下，欧盟的巨大优势就在于它的大多数公民有着浓厚的主人翁意识，并总是认为自己是欧洲人。而东盟民众就缺乏这种强烈的意识。毫无疑问，如果东盟想要存活到2067年，这种主人翁意识就必须逐步从政府转向人民。如果缺乏人民的支持，政治家们就没有保障东盟继续运行的动力。新加坡媒体分析家苏拉夫·罗伊在《赫芬顿邮报》上写道：

> 几乎每个东盟国家的情况都差不多。关于东盟民众如何看待东盟这个组织，我知道很多相关的轶事，足以编纂一本百科全书了。新加坡的一些小摊贩以为东盟（ASEAN）是一个英国足球俱乐部，把它误认为是阿森纳，而还有一些人认为ASEAN是砷，一种有毒的化学物质。类似的小故事还有很多。从根本上说，东盟正在成为亚洲一个高端的政治和经济集团，权力正在从西方转移到东方，但它自己的人民却对此一无所知。东盟是否已经准备好建立一个统一的市场？东盟是否已经准备好在全球发挥更大的作用？①

现在已经采取了一些象征性的小措施以促进主人翁意识的培育。例如，当东盟公民到海外旅行时，他们会发现一些有意思的事情，例如他们的海外大使馆有两面旗帜：自己国家的国旗和东盟旗帜。

---

① Sourav Roy, "ASEAN: What's That and Who Cares? Certainly Not the Common Man in Asia", *Huffington Post*, 9 Oct. 2013, http://www.huffingtonpost.com/sourav-roy/asean-whats-that-and-who-cares_b_3894984.html，访问时间：2016年10月13日。

东盟从欧盟借鉴了这个想法。这是一个好主意，因为对于许多普通的东盟公民而言，看到两面旗帜并排升起，这也许是他们第一次切身感受到自己的东盟身份。

其实这本书的主要目的之一就是说服普通的东盟人相信，东盟是一个活生生的政治奇迹，东盟人应该有一种更加强烈的归属感和主人翁意识。为此，如果所有东盟国家的小学教科书里有一本关于东盟的统一教材，那么这对于培养他们的东盟意识会很有用。东盟所有的儿童都应该了解他们东盟邻国的基本情况，特别是这些国家的历史和地理、文化和身份。一项东盟基金会委托的关于东盟态度和意识的调查于2007年出炉。调查对象是10个成员国中的2170名大学本科生。在问卷结果中，39%的人说，他们只是略微熟悉或根本不熟悉东盟。平均而言，受访者只能列出十个东盟国家中的九个，在地图上只能识别出七个；26%的人无法正确识别东盟的旗帜；超过50%的人不知道东盟成立的时间。

如果东盟基金会的这个调查是准确的，它再一次显示出东盟自身的弱点。如果东盟人民对东盟这个共同体的基本情况都一无所知，那么他们如何建立起主人翁意识？本书在最后提出了一些关于如何加强东盟人民主人翁意识的具体建议。

威　胁

地缘政治对抗是东盟所面临的最明显的威胁。在未来几年，亚太地区将会出现重大的权力转移，特别是美国将在2030年甚至更早，将世界第一经济体的位置让于中国。历史表明，当世界第一大国（当今是美国）即将被新兴国家（当今是中国）超越时，这些国家之间的竞争将加剧。唐纳德·特朗普的善变特质会使情况变得更

五　未来态势

糟，并增加中美关系的不可预测性。由于美中竞争加剧，东盟在未来几十年将面临巨大压力。东盟也将受到日益激烈的中日和中印竞争的冲击。地缘政治风暴即将来临，如果东盟无法为这些做好准备，那么它可能会四分五裂。

2012 年 7 月在金边召开的东盟部长级会议就出现了一个预警信号。柬埔寨在中国的压力下反对就南海问题进行讨论。菲律宾和越南在美国的支持下，坚持要提及南海问题。显然，美国认为，在南海问题上为难中国符合美国的国家利益。2010 年 7 月在河内举行的东盟地区论坛上，美国国务卿希拉里·克林顿就南海问题发表了声明。中国外长杨洁篪严正否认南海问题是引起国际担忧的原因，他说："大家都说现在没有任何威胁地区和平稳定的事态。"中国外交部长的声明还说："这种貌似公允的讲话实际上是在攻击中国，是在给国际社会造成一种南海局势十分堪忧的迷象。"①

未能就联合公报达成一致结果可能是偶然的。但 2012 年的金边事件和 2010 年的河内事件给东盟发出了足够明确的警告，即它将受到中美竞争的影响。2014 年 10 月，中国提出设立亚洲基础设施投资银行（AIIB）的倡议，这对于东盟来说又是一个警示。当时美国反对这一举措，一些亚洲国家包括东盟国家，都接到了美国财政部打来的电话，游说它们不要加入亚投行。东京、首尔和堪培拉持观望态度，但东盟国家做出了明智的决定，它们加入亚投行，因为它们打算成为这一倡议的主要受益者。

在其他问题上，东盟国家采取不同的立场。在南海问题上，大多数东盟国家被视为更加亲美。在亚投行问题上，东盟国家则被视

---

① "Chinese FM Refutes Fallacies on the South China Sea Issue", *China Daily*, 25 July 2010, http://www.chinadaily.com.cn/china/2010-07-25/content_11046054.htm, 访问时间：2016 年 10 月 10 日。

为更加亲华。

在未来几十年,中美之间还将出现其他许多具有挑战性的问题。在最糟糕的情况下,东盟这个统一的组织无法避免受到中美竞争的波及,其完整性可能会受到威胁。例如,极度亲华的柬埔寨和极度亲美的菲律宾就有可能发生冲突。一旦出现这种情况,东盟就很容易分裂。因此,作为一个共同体,做好应对这些最糟糕情况的万全准备才是东盟的明智之选。

在这里我们要重申一下第三章的关键内容。尤其是美国、中国、日本和印度的领导人,应该仔细考虑清楚,到底是一个团结强大的东盟还是一个弱小分裂的东盟更加符合它们的利益。第三章详细解释了为什么四个大国应该认识到,"团结一致"的东盟符合它们的利益(引用 S. 拉惹勒南的令人难忘的话)。幸运的是,华盛顿、北京、东京和新德里的主要决策者都坚信,东盟作为一个有凝聚力的区域组织符合它们各自的国家利益。

这是个好消息。坏消息是,大国并不总是能够做出明智的决定。因为大国总是会受到具体事件或短期政治利益的驱动。回顾过往,中国在 2012 年 7 月金边会议上"阻止"东盟联合公报的发布是不明智的。美国试图阻止东盟国家加入中国的亚投行同样也是不明智的。北京或华盛顿的这种零和行动不会结束。东盟需要发展自身的弹性,以应对这种地缘政治的压力。

保持东盟的弹性或灵活性的一种方法,就是与其他大国——衰落的大国或新兴的大国发展深层关系。日本和印度都承诺,会长期保护和强化东盟,因此东盟应该优先与新德里和东京合作。同样,虽然欧盟和俄罗斯在争取东盟方面相对弱势,但东盟应努力与欧盟和俄罗斯建立密切和广泛的关系。

东盟还可以开发其他的地缘政治缓冲区,如与澳大利亚和新西兰发展更紧密的伙伴关系。吴作栋和保罗·基廷分别担任新加坡和澳大利亚的总理时,他们曾就建立一个由东盟十国、澳大利亚和新西兰组成的"十二国共同体"的设想进行过讨论。对于这项提议的任何理性评估结果都显示,收益超过成本。如果这个共同体在 2015 年完成,东盟(23 280 亿美元)、澳大利亚(12 520 亿美元)和新西兰(1910 亿美元)的 GDP 合计将达到 37 720 亿美元,这将使"十二国共同体"成为世界上第四大经济体。

为了理解发展其他地缘政治缓冲区的重要性,东盟国家需要更好地了解东盟的历史。20 世纪 70 年代和 80 年代,东盟发展得特别好,因为它受益于美国和中国之间利益的战略协调。有利的地缘政治条件也有助于东南亚和平生态系统的发展。但是如果失去了有利的地缘政治环境,出现了对其不利的地缘政治风暴,那么东盟就需要强化自身的弹性和灵活性。

东盟面临的第二个威胁是,其政治领导人对于区域问题并不关切,反而更多地关注各国国内的挑战。现在回顾历史很容易发现这样一个事实,即东盟之所以在 80 年代和 90 年代迎来黄金时代,主要是因为当时东盟有几个强大的领导人,包括当时掌权的李光耀、马哈蒂尔和苏哈托。他们在国内地位稳固,所以有足够的时间和政治资源来开展区域合作。

随着东盟迎来成立 50 周年,大多数东盟领导人——包括佐科总统、纳吉布总理和巴育总理——都专注于应对国内挑战。关于各国重点关注国内问题所可能带来的风险,李显龙总理发表了如下评论:

- 国内议程自然很重要,值得关注,但如果各国将全部精力都用来解决国内问题,那么就会压缩东盟合作的空间,无法在东盟范围内进行投资、贸易、技术以及人力资源等领域的合作。那么,东盟就会变得空有其表,没有实质的合作内容。①

如上所述,东盟日益发展但仍然相对薄弱的机制加剧了这一问题的严重性,这些机制无法引领东盟的发展。一些欧盟官员对东盟—欧盟区域一体化支持计划表示失望。东盟秘书长的说法是:"我们缺乏人员和资源,没有足够的授权,也没有行政管理权。我们的人员一直都只是在旅行而已,没有达成什么实质的内容。"②

理论上,东盟自上向下式领导力的缺失,可以通过自下向上式的领导力来补偿,东盟中的一些"第二轨"进程就在以这种方式运作。例如,东盟战略与国际研究所(ASEAN-ISIS)框架下的东盟思想库定期开会。通过定期召开会议,他们提出了一些有关加强东盟合作的有趣建议。根据克里帕·斯林哈拉和斯里尼瓦瑟-拉马努金的观点,"ASEAN-ISIS 的交流,特别是由他们主办的年度亚太圆桌会议,有助于在该地区创造一种信任和自信的气氛"③。

鉴于东盟目前面临的极具挑战性的环境,如地缘政治竞争加剧,以及领导人分心于国内事务,东盟需要建立一个 2.0 版本的名人专家小组。很幸运,东盟现在有一批最近刚卸任的领导人,他们掌权时都曾致力于强化东盟。所有这些人在他们的国家和地区都受到高度尊重,其中包括印度尼西亚总统苏西洛·班邦·尤多约诺、新加坡总理吴作栋、泰国总理阿南·班雅拉春和菲律宾总统拉莫斯。这

---

① "Dialogue with Prime Minister Lee Hsien Loong at the Singapore Summit on 19 September 2015", Singapore Summit, https://www.singaporesummit.sg/downloads//Dialogue%20with%20PM%20Lee%20Hsien%20Loong_SS2015.pdf, 访问时间: 2016 年 10 月 12 日。

② Laura Allison, *The EU, ASEAN and Interregionalism: Regionalism Support and Norm Diffusion between the EU and ASEAN* (Houndmills: Palgrave, 2015), p. 108.

③ Kripa Sridharan and T. C. A. Srinivasa-Raghavan, *Regional Cooperation in South Asia and Southeast Asia* (Singapore: ISEAS, 2007).

些人彼此非常了解,而且相对于他们的继任者,他们较少被国内事务缠身,也更加重视东盟。

东盟在2017年8月庆祝成立50周年之际,将召集第二届名人专家小组(EPG),并呼吁这一小组领导人考察东盟在未来50年里的主要挑战。他们的任务就是探寻东盟需要做些什么,以确保它在2067年仍然是一个充满活力的组织。简而言之,应该授权第二届东盟名人专家小组为东盟制定一个"2067年规划"报告。

但是如果无法应对前两个威胁,东盟就会出现第三个威胁。如果东盟受到地缘政治冲突的打击,而其领导人又受到国内事务的干扰,那么东盟就可能会被严重弱化或出现分裂。如果发生这种情况,东南亚潜在的断裂线就有可能会显现出来。

英国历史学家费希尔曾正确地指出,东南亚潜在的文化结构有可能使其演化成亚洲的巴尔干;该地区的许多地方都有可能爆发教派冲突。其中一个表现就是,缅甸的穆斯林罗兴亚人和占人口大多数的佛教徒之间的紧张关系。2015年5月,紧张局势变得非常严重,以致大批罗兴亚人涌入东南亚其他地区。最初,泰国、马来西亚和印度尼西亚拒绝这些运载罗兴亚人的船只入境。当这些行动招致国际批评时,东盟国家受到外部压力,不得不作出一些反应。幸运的是,东盟国家做出了一致的应对措施,有效缓解了这一问题。这些措施包括成立一个联合工作组以帮助罗兴亚人,并设立一个人道主义基金。其中,新加坡承诺向此基金提供总额达20万美元的启动资金。

东盟能够以这种方式作出反应,这说明它仍然是一个运转良好的组织。然而,如果东盟功能失调,加上其领导力薄弱,我们就不清楚是否还能有另外一个组织,或是有足够的区域共同体意识来处理任何新的宗派冲突,特别是跨界的冲突了。

东盟学者需要全力以赴,加倍努力地研究和记录东南亚文化的断层线。例如,在泰国南部出现了长期低烈度的叛乱,这些叛乱由一些泰国穆斯林领导,他们为争取更大的自主权而斗争。2013年,全国革命阵线(BRN)在与泰国政府和平谈判的声明中表达了其首要诉求:"泰国政府必须承认北大年的马来裔对北大年土地的权利。"① 当曼谷很好地处理泰国南部问题时,叛乱强度就会下降。但当曼谷采取不明智的行动时,叛乱活动就会升温。根据扎卡里·阿布扎的保守统计,泰国处于军政府的统治期间,暴力在2007年中期达到峰值。当总理沙马·顺达卫所领导的人民党执政时,暴力程度在2008年下降。2009至2014年期间,伤亡人数稳定在每月约86人。2014年5月的政变后,第二年2月,伤亡人数降至仅27人。接受阿布扎采访的叛乱分子指出,洪灾、逮捕和对安全部队的恐惧是造成伤亡人数初步下降的原因。然而,2015年5月伤亡人数再次增加到80人,这可能是由于军队从南部腹地撤退了一半,取而代之的是内政部的士兵、巡逻队、村庄安全队和当地国防志愿人员——阿布扎说,这些人员没有办法处理叛乱。②

东盟还需要对中东最近的事态发展进行独立研究。伊拉克、叙利亚、黎巴嫩、也门和巴林的教派分裂不是新的突变。虽然一直存在激烈的紧张局势,但是直到美国入侵伊拉克才爆发为公开战斗。总之,外部地缘政治的冲击让已处于长期休眠状态的宗派冲突得以爆发。

---

① N. Hayipiyawong, "The Failure of Peace Negotiation Process between Government of Thailand and Revolution National Front (BRN) in Southern Thailand Conflict (Patani)", BA thesis, Universitas Muhammadiyah Yogyakarta, 2014, http://thesis.umy.ac.id/datapublik/t39343.pdf, 访问时间:2016年10月12日。

② Zachary Abuza, "The Smoldering Thai Insurgency", CTC Sentinel, 29 June 2015, https://www.ctc.usma.edu/posts/the-smoldering-thai-insurgency, 访问时间:2016年10月10日。

由于东南亚在接下来几十年可能会受到一些重要的外部地缘政治冲击,东盟需要考虑这种冲击是否会带来类似的结果。例如,如果泰国成为亲华国家,而马来西亚采取亲美姿态,两者之间的地缘政治紧张局势可能会加剧泰国南部的宗派冲突。大多数泰国穆斯林是马来裔,可能很轻易地支持马来西亚的外交政策立场。地缘政治冲击往往会有意想不到的后果。面对那些令人惊讶甚至震惊的、以往深埋地下如今却重新出现的断层线,东盟应该做好心理准备应对。

机　遇

东盟虽然面临许多威胁,但它也面临着大量的机遇。为了进一步扩大这一可能性,东盟可以充分利用至少三个上升的趋势。

第一是多边主义。这个简单的叙述可能会震惊许多读者,特别是美国的读者。因为现在即使在学术界,大肆奚落像联合国这样的多边机构的大有人在。在美国流行的观点中,多边机构被视为臃肿、膨胀、低效和不必要的。美国拥有压倒性的力量,因此美国倾向于采取单边行动,而且它也经常这样做。所以大多数美国人并没有意识到世界其他地方正在创建越来越多的多边机构。

"英国脱欧"可能会加深这种印象,即多边主义正在消亡。显然,英国决定离开欧盟对多边主义是一个巨大的冲击,但我们应该等待和仔细观察,看英国如何就它的退出展开谈判。英国似乎仍会尽可能地与欧盟的机构和进程保持联系。因为退出这些机构和进程的成本是巨大的。一旦愚蠢的"英国脱欧"陷入困境,世界人民就会理解为什么越来越多的国家正在加入多边机构了。

在《大融合》(2013)一书中,马凯硕描述了比尔·克林顿如何解释多边机构和进程的价值。克林顿说:

如果你认为维持权力和控制权、绝对的行动自由和主权对你们国家的未来很重要,那么再来看看美国的单边行动就不会觉得有什么矛盾的地方了。美国现在是世界上规模最大、实力最强大的国家。我们有活力,我们要释放这种活力……但是如果你认为,当我们不再是世界军事、政治和经济大国时,应该创立一个我们喜欢的、有规则、有伙伴关系以及有行为习惯的世界时,那么美国就不会去采取单边行动了。单边还是多边只是取决于你相信什么。①

克林顿明智地预见了多边主义加速的全球趋势。许多美国人都对中国和俄罗斯的国际行为表示疑虑,因为这两个国家参与了各种新的多边机构。例如,中国在 2001 年发起了上海合作组织,俄罗斯在 2014 年启动了欧亚经济联盟。

多边主义不仅由政府推动,而且也由我们这个世界的人民推动。2013 年的一份文件指出:"在 20 世纪,超过 38 000 多个 IGO(政府间组织)和 INGO(国际非政府组织)成立,平均每天都会有超过一个这样的组织成立。"② 该文件中的图 1 表明了多边机构增加的幅度有多大,尤其是 INGO。这个图表清楚地表明,多边主义是一个阳光产业。

---

① William J. Clinton, "Transcript of 'Global Challenges': A Public Address Given by Former US President William J. Clinton at Yale University on October 31, 2003", *Yale Global*, 31 Oct. 2003, http://yaleglobal.yale.edu/content/transcriptglobal-challenges, 访问时间:2016 年 10 月 13 日。
② Thomas G. Weiss et al., "The Rise of Non-State Actors in Global Governance: Opportunities and Limitations", One Earth Future Foundation, 2013, http://acuns.org/wp-content/uploads/2013/11/gg-weiss.pdf, 访问时间:2016 年 10 月 13 日。

五 未来态势

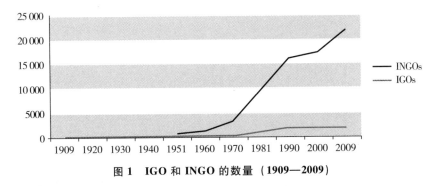

图1　IGO 和 INGO 的数量（1909—2009）

资料来源：Weiss 2013.

那些新组织展现出了想要成为多边合作黄金范例的本能渴望。直到最近，明确体现出这种黄金标准的机构是欧盟。它是最集约化的区域组织，用成千上万的协定把成员国绑定在一起。如前所述，欧盟领先于东盟，因为虽然任何两个东盟国家之间都没有发生战争，但任何两个欧盟成员国之间同样也没有战争的可能。尽管如此，东盟还是世界第二。马来西亚战略与国际研究所（ISIS）主席丹·斯里·穆罕默德·加瓦·哈桑评论道："只要将东盟与其他区域联盟进行比较即可。除了欧盟，没有谁可以与之媲美。"①

以经济合作为例。在欧盟之后，第二大成功的区域组织是东盟。东盟经济共同体（AEC）于2015年正式成立，按照设想，"东盟将成为一个统一的市场和生产基地，其特点是货物、服务和投资自由流动，以及资本和技能的自由流动"②。自2010年③以来，即东盟经济共同体（AEC）成立前期，东盟内部几乎没有关税。对东盟的直

---

① 作者对哈桑（Tan Sri Mohamed Jawhar Hassan）的访谈，2016年6月17日。
② "ASEAN Economic Community: How Viable Is Investing?" Invest in ASEAN, http://investasean.asean.org/index.php/page/view/asean-economiccommunity/view/670/newsid/758/single-market-and-production-base.html, 访问时间：2016年10月13日。
③ "Foreign Direct Investment into Asean in 2010", ASEAN, http://www.asean.org/storage/images/resources/Statistics/2014/StatisticalPublications/fdi_statistics_in_focus_2010_final.pdf, 2016年10月13日。

接投资从 2010 年的约 760 亿美元增加到 2015 年①的 1200 亿美元。东盟的连通性大大提高——例如，2009 至 2014 年期间，东盟本区域的航空旅行以 10%的综合增长率增加，2000 至 2014 年期间，互联网普及率从 8%增加到 44%。②

尽管欧盟在市场一体化方面领先，但它的方法和程序趋于僵化，而东盟则倾向于灵活性和实用主义。欧盟在各个合作领域制定了详细的协议约束各国，与其不同，东盟的各项协议简单、概括，且有灵活性。

在实用主义方面，欧盟和东盟截然不同，其最显著的例子就是其语言政策。欧洲人认为理所应当尊重每一种民族语言；但考虑到欧盟语言的多样性，更明智的做法是将所有官方语言的使用限制在象征性场合。但是在官僚层面使用的工作文件是另外一回事。可悲的是，欧盟官员并没有掌握基本的实用主义方法。他们在工作中要使用 24 种官方语言。在日常工作中，他们使用两种语言，但是成吨的欧盟文件（这并不夸张）必须被翻译成 22 种语言。

东盟国家只使用一种语言，即英语。英语不是任何东盟国家的母语。当然，东盟各国领导人参加首脑会议时需要翻译。在大多数情况下，官员和部长以英语会见和交往，文件方面也使用同一种语言。

随着多边主义在全球范围内的发展，特别是在区域层面，世界各国应继续研究作为区域合作典范的欧盟，但我们也应该了解欧盟

---

① "Foreign Direct Investment Net Inflows, Intra and Extra ASEAN", ASEAN, http://asean.org/storage/2015/09/Table-252.pdf, 2016 年 10 月 11 日。

② "The ASEAN Economic Community (AEC) 2015: A Guide to the Practical Benefits", Ministry of Trade and Industry Singapore, https://www.mti.gov.sg/MTIInsights/MTIImages/MTI%20AEC%202015%20Handbook.PDF, 2016 年 10 月 11 日。

不足的根源。此外,世界各国领导人应开始考虑将东盟作为一种替代模式。由于大多数国家是发展中国家的一分子,东盟可以更好地成为它们的榜样。例如,非洲国家可能犯了一个错误,将欧盟作为非盟的榜样。在非盟的名称中使用了"联盟"一词,这意味着非洲人正在走上欧洲模式的区域合作道路。但是选择这种错误的模式,非洲联盟可能已经使自己走上了失败的道路。如果他们学习东盟(ASEAN)模式(其中 A 代表"协会"),那么非洲人将会寻求到一个水平较低但更务实的区域合作模式。

幸运的是,发展中国家中越来越多的区域组织正在与东盟建立联系,包括 2000 年海湾合作委员会、2005 年上海合作组织和 2008 年南方共同市场。此外,东盟一直在非正式地促进与南亚区域合作联盟、美洲国家组织、非洲联盟、经济合作组织、阿拉伯联盟、欧亚经济联盟和南部非洲发展共同体的关系。不可避免的是,随着这些区域组织越来越熟悉和了解东盟,它们将开始效仿东盟的一些绝佳实践。

如果东盟成为区域合作的典范,它将不仅增加东盟地区 6.3 亿人的价值,而且也将为居住在发展中国家其他地区的近 55 亿人增加价值。事实上,欧盟也可能从研究东盟合作模式中受益。过去,欧盟向其他区域组织学习是不可想象的,但是不可想象的正在变成可以想象的。

第二个可以提高东盟在世界上的地位的趋势是,亚太地区日益增长的地缘政治竞争。本书解释了如何以及为什么地缘政治竞争可能在该地区增加,以及地缘政治竞争对东盟的生存造成的危险。然而,如果东盟能够保持一定程度的凝聚力,它也可以利用地缘政治竞争并从中获利。例如,当中国首先向东盟、韩国和澳大利亚提出签署自由贸易协定时,美国也试图将几个亚洲国家,包括东盟的四个成员（文莱、马来西亚、新加坡和越南）纳入跨太平洋伙伴关系中。

虽然地缘政治往往是一场零和游戏，但从地理经济学来看并非如此。密歇根大学安娜堡校区的新加坡籍教授林愿清认为，双赢的结果是可能的：

> 从经济学的角度来看，跨太平洋伙伴关系和亚投行都不是"零和游戏"。尽管每一个都会面临内部操作上的挑战，但两者都有可能惠及中国和美国，两国都不排除加入另一方提出的倡议。或者说，正是两个国家的国内政治境况将制度创新转变成了争夺国际主导权的手段。①

她还呼吁美国和中国都要降低他们的调门：

> 太平洋两岸的政治家和专家们应该放下他们将国内政治神话置于国际经济现实之上的主张。如果不那样做的话，两国争夺霸权的愿望会增加冲突的风险，这会使我们其他国家更贫穷，更不安全。

林愿清认为，关于中美在经济领域日益激烈的竞争，记者和政治家的论断都过于简单，但可能会自我应验。他们认为美国试图利用 TPP 来遏制中国制定太平洋贸易游戏规则的企图，这些煽动性言辞会引发人们的担忧，认为中国的亚投行会采取宽松的措施。此外，这些言论还会引发阴谋论，认为中国是货币操纵者，因此美国将竭尽全力捍卫美元。她指出，这些主张是不可靠的，继续使用这种措

---

① Linda Lim, "The Myth of US-China Economic Competition", *Straits Times*, 16 Dec. 2015, http://www.straitstimes.com/opinion/the-myth-of-us-chinaeconomic-competition, 2016 年 10 月 13 日。

五　未来态势

辞是危险的，因为它所创造的恐惧气氛可能会在美国和中国之间制造真正的紧张关系。东盟应该和她一起呼吁美国和中国强调地缘经济竞争的积极因素，而不是消极因素。

如果美国和中国，其次是日本和印度，可能还有欧盟，继续向东盟提供地缘经济好处，东盟国家可能会最终成为亚太地区不断上升的地缘政治竞争中最大的赢家。几个东盟国家已经从日本和中国之间日益激烈的竞争中受益。当印度尼西亚宣布将在爪哇两个最大的城市——雅加达和万隆之间建设一条高速铁路时，日本和中国围绕这个项目进行了激烈的竞争。最初，日本似乎会得到合同，但令包括日本人在内的许多人惊讶的是，这份合同签给了中国。毫无疑问，由于这种激烈的竞争，印度尼西亚为这条铁路在长期融资方面获得了非常有利的条款。

日本和中国也竞相在泰国、老挝、柬埔寨和越南帮助东盟建设铁路和公路。这样的竞争明显有利于东盟。拉惹勒南国际关系学院发表的报告很好地描述了这种竞争：

> 日本一直是支持东盟一体化（IAI）倡议的关键合作伙伴，该倡议旨在减少东盟成员国之间的发展差距。东京是IAI第一阶段（2002—2008年）的最大贡献者，主要侧重于人力资源开发。中国也对IAI做出了贡献，但更多地侧重于CLMV国家（柬老缅越四国）的内陆水道改善。湄公河地区包括所有CLMV国家，以及泰国和部分中国的省份，是两个经济强国之间竞争的一个很好的例子。东京选择了促进共同价值观、法治和可持续发展的多边绿色湄公河倡议。这使得日本的战略与中国的战略有所不同……对于北京而言，与CLMV的合作也为国内经济带来好处。CLMV

国家毗邻云南，因此繁华的湄公河次区域将直接惠及中国的西南地区。援助条款也是为了实施中国的"睦邻友好"和"走出去"政策，旨在建立良好的形象的同时否认"中国威胁"的看法。CLMV 的发展援助补充了西部发展战略（WDS）。①

缅甸受益于中国和印度之间的竞争。缅甸即将卸任的军政府授予中国最大的国有企业中信集团合同，发展皎漂经济特区和邻近缅甸与印度边界的若开邦的深海港口。② 2001 年 2 月 13 日，印度和缅甸开通了 250 公里的德穆—葛礼瓦—卡列密高速公路，这通常被称为"印缅友谊路"，主要由印度军队的"边境道路组织"建造，旨在提供连接印度东北和南亚（作为一个整体）到东南亚的主要战略和商业运输路线。③ 印度和缅甸已经就建造一条连接印度、缅甸和泰国的四车道的 3200 公里的高速公路达成一致，预计在 2020 年完成。这条路线从印度东北部各州进入缅甸，超过 1600 公里的道路将被建造或改进。④ 加叻丹多模式交通运输项目将通过海路连接印度东部的加尔各答海港和缅甸的实兑港；它将通过加叻丹河船运将实兑港

---

① "Impact of the Sino-Japanese Competitive Relationship on ASEAN as a Region and Institution", Report, S. Rajaratnam School of International Studies（RSIS）, Nanyang Technological University, 24 Dec. 2014, https：//www. rsis. edu. sg/wpcontent/uploads/2014/12/PR141224_ Impact_ of_ Sino-Japanese. pdf, accessed 10 Oct. 2016.

② Thurein Hla Htway, "Military Party Awards Major Projects to China", *Nikkei Asian Review*, 13 Jan. 2016, http：//asia. nikkei. com/Business/Companies/Military-party-awards-major-projects-to-China, accessed 10 Oct. 2016.

③ Tony Allison, "Myanmar Shows India the Road to Southeast Asia", *Asia Times*, 21 Feb. 2001, http：//www. atimes. com/reports/CB21Ai01. html#top5, 2016 年 10 月 13 日。

④ Dean Nelson, "India to Open Super Highway to Burma and Thailand", *The Telegraph*, 29 May 2012, http：//www. telegraph. co. uk/news/worldnews/asia/india/9297354/India-to-open-super-highway-to-Burma-and-Thailand. html, 2016 年 10 月 13 日。

五 未来态势

连接到缅甸的腊戌,然后通过公路将腊戌连接到印度的米佐拉姆邦。①

第三个可以使东盟受益的趋势是,亚洲在世界事务中的普遍兴起,也就是马凯硕经常提及的即将到来的"亚洲世纪"。"亚洲世纪"的想法,首先是由日本的崛起和亚洲"四小龙"的巨大成功所引发的。然而,中国和印度的崛起,对"亚洲世纪"必然性的意义赋予了真正的分量,因为它们庞大的人口总量是大规模经济的基础。这是一个正常的回归,因为中国和印度在人类历史的绝大多数时期拥有世界上最大的经济体。

东盟将从这种情况中受益匪浅。简单看世界地图就可以解释各种原因。地理环境是定数,东南亚地理上接近中国和印度。中亚也可能享有同样的地理因素,但它远离中国的经济增长中心,而喜马拉雅山的天然屏障横贯在中亚和印度之间。相比之下,两千年来的主要贸易路线已将东南亚与中国和印度连接起来。

新加坡前总理吴作栋用一个生动和难忘的比喻来解释东盟的前景:

> 我喜欢把新亚洲视为正在建造的巨型喷气式飞机。东北亚,包括中国、日本和韩国,形成了一个具有强大引擎的翼。印度,作为第二翼,也有一个强大的引擎。东南亚国家构成机身。即使我们十国缺乏强大的增长动力,但两个翅膀也将会带动我们飞天。②

---

① Government of India, Ministry of Development of Northeastern Region, Kaladan Multi-Modal Transit Transport Project, 2014, http://www.mdoner.gov.in/content/introduction-1, 2016年10月12日。

② "Singapore Is the Global City of Opportunity", Ministry of Communications and Information Singapore, 2005, http://www.mci.gov.sg/web/corp/press-room/categories/speeches/content/singapore-is-the-global-city-ofopportunity, 2016年10月12日。

因此，随着中国和印度的腾飞，东盟地区自然会与它们一起实现经济腾飞。这在许多方面已经发生了，东盟与这两个国家之间日益增加的贸易和投资联系就证明了这一点。

虽然地理上的接近将让东盟从中国和印度的增长中获益，但是文化兼容性和舒适度同样重要。经过数千年的互动，随着欧洲殖民地的烙印逐渐淡去，预计东南亚与中国和印度之间的联系重新建立是自然而然的事。

随着时间的推移，中国和印度政府都越来越接近东南亚。它们现任的领导人——习近平主席和纳伦德拉·莫迪总理都是有活力的改革家，他们都谈到要推动他们的国家与东南亚的关系变得更加紧密。2015年11月23日，莫迪总理在第37届新加坡讲座上说：

> 东盟是我们"东向行动政策"（Act East Policy）的锚。地理和历史将我们联系在一起，抵制住许多共同的挑战，并受许多共同愿望的约束。我们正在和每一个东盟成员深化政治、安全、国防和经济领域的联系。而且，由于东盟共同体主导了区域一体化进程，我们期待着印度和东盟将会建立更有活力的伙伴关系，为我们19亿人民带来发展的潜力。①

2013年10月，习近平主席在印度尼西亚议会发表的讲话中指出：

> 中国和东盟国家山水相连、血脉相亲。今年是中国和东盟建立战略伙伴关系10周年，中国和东盟关系正站在新

---

① "Text of 37th Singapore Lecture 'India's Singapore Story' by Prime Minister Narendra Modi during His Visit to Singapore", 23 Nov. 2013, https://www.iseas.edu.sg/images/event_highlights/37thsingaporelecture/Textof37thSingaporeLecture.pdf, accessed 10 Oct. 2016.

的历史起点上。中方高度重视印尼在东盟的地位和影响，愿同印尼和其他东盟国家共同努力，使双方成为兴衰相伴、安危与共、同舟共济的好邻居、好朋友、好伙伴，携手建设更为紧密的中国—东盟命运共同体，为双方和本地区人民带来更多福祉。①

2015年11月，中国总理李克强在吉隆坡的中国—东盟首脑会议上说：

> 中国和东盟是陆海相连、人文相亲的好邻居……近几年，我们加快21世纪海上丝绸之路建设，实施"2+7合作框架"，推动形成中国和东盟命运相系、利益相融、情感相依的良好局面。双方关系已远远超越双边范畴，日益成为东亚地区和平、稳定与发展的重要基石。②

结 论

很容易找出东盟的优势和劣势，以及所面对的威胁和机遇。显然，现在该地区面临着严重的挑战。但是，优势远远大于劣势，机遇多于威胁。如果东盟能够在21世纪找到正确的领导并引导东盟的发展，它本身所形成的优势可以使其以更快的速度向前发展。本书

---

① "Speech by Chinese President Xi Jinping to Indonesian Parliament", ASEAN China Centre, 2 Oct. 2013, http://www.asean-china-center.org/english/2013-10/03/c_133062675.htm, 2016年10月10日。

② "Remarks by H. E. Li Keqiang Premier of the State Council of the People's Republic of China at the 18th China-ASEAN Summit", Ministry of Foreign Affairs of the People's Republic of China, 22 Nov. 2015, http://www.fmprc.gov.cn/mfa_eng/zxxx_662805/t1317372.shtml, 2016年10月10日。

的目的是，让更多的东盟决策者和东盟国家的民众意识到，他们继承了一种宝贵的资源，他们不应该忽视或认为这是理所当然的（正如一些亚洲领导人近年来习惯做的那样）。东盟是前期优秀的创始人给予当代领导人的礼物。如果这份礼物因疏忽或领导不善而丢失，这将是一个巨大的悲剧。

六 诺贝尔奖

本书的主要目的并不是为了歌颂东盟为东南亚地区以及世界作出的巨大贡献。东盟已经创造了令人惊叹的和平红利，其非凡的成就是值得获得诺贝尔和平奖的。但是，在短期内这个奖项似乎不太可能颁发给东盟。还有一大部分人对东盟缺乏了解，而且让人困惑的是，东盟的价值和成就总是被贬低。此外，我们也必须承认，东盟自身在自我推销方面做得也不够好。

即使对于我们两个终身生活在东南亚的人来说，也错过了东盟许多重要的发展瞬间。例如，我们甚至不知道2008年东盟国家创作了东盟盟歌《东盟方式》，其内容为：

> 高高举起我们的旗帜，像天一样高；
> 拥抱我们心中的自豪；
> 东盟紧密团结如一体，内省自身，放眼全世界；
> 以和平为起点，以繁荣为目标。
> 我们敢于梦想，我们乐于分享。

共同为东盟。

我们敢于梦想；

我们乐于分享，因为这就是东盟方式。

Raise our flag high, sky high

Embrace the pride in our heart

ASEAN we are bonded as one

Look-in out to the world.

For peace, our goal from the very start

And prosperity to last.

We dare to dream, we care to share.

Together for ASEAN

We dare to dream,

We care to share, for it's the way of ASEAN.

但是现在的事实是，即使那些深入参与到东盟建设中的人们到目前为止也并没有听到过官方发布的东盟盟歌。这很好地说明了该组织在东盟公众认知力建设中所面临的挑战。

最后一章将重述东盟取得的三大成就，并且着重强调目前东盟内部正在实施的但需要在未来重点培育及强化的一些积极进程。在本章的最后，笔者会提出三个大胆的建议，将东盟内部的地区合作提升到更高的水平。当然，任何一个建议都不是能够立即执行或实施的，但是东盟应该有在未来实现这些目标的雄心和信心。

在本章起始我首先要说的是，让外部世界了解承认东盟的成就仍然任重而道远。正如我们在前言中所述，《经济学人》作为世界上最有影响力的新闻杂志往往表现出对东盟的无知，而且似乎对东盟的成就视而不见。2014年5月17日，《经济学人》发表了一篇名为

六 诺贝尔奖

《东盟方式》的文章。该文章历数东盟的种种缺陷，并且指出中越双方因越南海岸正在建设的中国石油钻井平台陷入危险的僵局。此外，关于东盟 2015 年建成东盟共同体的目标，该杂志则以一种盎格鲁-撒克逊的口吻道，"按照《经济学人》的新闻风格，我们对于'共同体'的使用很是谨小慎微"，其实就是略带嘲讽地在暗示，"共同体传递的是一种现实存在的凝聚力"。随后，作者还引用了亚洲开发银行以及东南亚研究院的一项研究，认为东盟"在 2015 年截止期限到来之前，甚至在 2020 年或是 2025 年之前都不可能建成东盟经济共同体，建立统一市场"。《经济学人》这篇报道在篇尾总结道："东盟方式阻碍了东盟的发展。"①

仅凭一篇报道就来评断《经济学人》对待东盟的态度也许并不公平，但是作为该杂志的忠实读者，我们发现该杂志对东盟及其成就的否定是有据可查的。当《经济学人》（以及其他西方媒体）对东盟进行报道时，他们忽略了东盟总是能够打消他们的猜测。比如所谓中越之间就钻井平台问题所产生的"危险"对抗，其实后来得到了和平且务实的解决。相似的，与大多数人预期相反的是，东盟经济共同体在 2015 年 11 月按照既定日程正式成立了。"东盟方式"也许并不完美，但是东盟将在东盟经济共同体内取得更大的发展。

东盟所取得的三大成就是令人满意的。第一项成就就是为东盟成员国带来了 50 年的和平。要充分理解这一伟大成就，我们得先来想象一下这样一个世界：以色列和巴勒斯坦、伊朗和沙特阿拉伯、印度和巴基斯坦、中国和日本以及朝鲜半岛没有战争。20 世纪 50 和 60 年代，东南亚地区充斥着双边争端，作为世界上动乱最严重的地

---

① "Gett ing in the Way", *The Economist*, 17 May 2014, http：//www. economist. com/news/asia/21602265-south-east-asia-finds-decorum-its-regional-clubrather-rudely-shattered-getting-way，访问时间：2016 年 10 月 12 日。

区之一——"亚洲的巴尔干",东南亚地区能够维持长时间的和平绝对是举世瞩目的成就。单就这一项,多年前东盟就应该获得诺贝尔和平奖。但是世人从来没有认真考虑过这个问题,这充分说明了全球对东盟的忽视。除了欧盟,再也没有哪个地区组织能够望其项背,如东盟一般为地区带来长达 50 年的和平。在许多方面,东盟的发展就是和平的代名词。然而,虽然欧盟在 2012 年获得了诺贝尔和平奖,但是东盟却从来都没有被考虑过。

东盟的第二项重大成就在于其改善了东南亚地区 6 亿多人口的生活水平。同样,我们在这里将东南亚地区的进步与其他地区做一番对比就再清楚不过了。1965 年,新加坡的国民平均收入和加纳一样。但是今天两国之间的差距可不是一星半点儿,新加坡的国民平均收入是 38 088 美元,而加纳则只有 763 美元。也许新加坡是个例外,那么让我们来对比一下东盟人口最多的国家印尼,以及非洲和拉丁美洲人口最多的国家尼日利亚和巴西。1967 年,东盟刚成立之时,巴西和尼日利亚的国民平均收入分别是 1902 美元和 484 美元,印尼是 274 美元。50 年后的 2014 年,巴西的国民平均收入为 5881 美元(增长了 300%),尼日利亚为 1098 美元(增长了 220%),而印尼为 1853 美元(增长了 670%)。① 当然印尼大大领先于尼日利亚并不奇怪,毕竟非洲的情况更加艰难一些,但是印尼的增长速度却高于巴西则是出乎意料的成就。因为当东盟成立之时,巴西的发展程度要远远高于印尼。国家领导力促进经济发展,但是东盟则在各国发展中充当了隐形的未知因素。

在过去的半个世纪,越南是东南亚地区经历过重大冲突的国家,

---

① "Adjusted Net National Income Per Capita(Constant 2005 US$)", IndexMundi, http://www.indexmundi.com/facts/indicators/NY.ADJ.NNTY.PC.KD,访问时间:2016 年 10 月 13 日。

1992 年《柬埔寨和平协定》签署之后才真正实现了和平。1995 年越南加入了这个它曾经视为仇敌的地区组织——东盟。越南的国民平均收入从 1995 年的 409 美元增长到 2014 年的 1077 美元，GDP 则从 295 亿美元增长到 977 亿美元。世界银行行长金墉于 2016 年 2 月 23 日感叹道：

> 越南在过去 25 年所取得成就是举世瞩目的。在这期间，越南人民的生活水平得到了显著的改善。经济平均增速接近 7%，让越南这个在 20 世纪 80 年代世界上最贫穷的国家经过仅仅一代人的努力就一跃成为中等收入国家。越南尤其了不起的成就是，将极端贫困人口比例从 25 年前的 50% 减少到今天的 3%。[①]

1995 年，越南仅有 45% 的人口拥有卫生设施，但是这个数字到 2015 年飙升到了 78%。越南 5 岁以下人口的死亡率从 1995 年的 41/1000 减少到 2015 年的 22/1000，其高等教育的总升学率（高等教育人口在中学毕业后 5 年年龄组的总人口中的比例）从 1995 年的 3% 增长到 2013 年的 25%。

很难再找到其他国家在经过 50 年不间断的冲突（比如越南，从 1942 至 1992 年之间）后经济还能增长如此之快的。越南取得的成就充分说明了东盟有能力促进其成员国的经济增长和社会发展。

东盟的第三大成就是"教化"（civilize）参与到本地区事务的大国。在过去几十年中，东南亚地区涉及的所有大国（美国、中国、日本、印度、欧盟和俄罗斯）都会尽力讨好东盟，给东盟一些好处。

---

① "World Bank Group President Jim Yong Kim Opening Remarks at the Vietnam2035 Report Launching", World Bank, 23 Feb. 2016, http：//www.worldbank.org/en/news/speech/2016/02/23/world-bank-group-president-jim-yong-kimopening-remarks-at-the-vietnam-2035-report-launching，访问时间：2016 年 10 月 12 日。

目前还没有任何一个地区组织如东盟一样受到大国的如此拉拢。举个例子，2015年2月，美国时任总统奥巴马邀请所有东盟领导人参加于美国本土举办的首届美国—东盟峰会，并且在开幕式上讲话：

> 很荣幸能够邀请各位领导人参加此次由美国主办的首届美国—东盟峰会，这将是一次里程碑式的盛会。此次峰会的召开反映了我个人以及美国对所有东盟国家以及东南亚地区组织——东盟——维持良好及持久伙伴关系的承诺。①

奥巴马在任期间对东南亚的政策是有缺陷的，他至少取消了三次赴东南亚访问的行程，但是他承认培育东盟关系的重要性这点是值得肯定的。《海峡时报》的一篇文章对此次峰会的成果进行了报道，反映了奥巴马对东南亚的评估是正确的：

> 此次峰会的举办说明美国言出必行，2011年美国政府曾提出对外战略再平衡，并且会将战略重心转移到东南亚。在其8年的总统任期内，此次峰会是其在美国和东南亚之间建立经济联系的第三次尝试，前两次分别是2012年制定的"美国—东盟扩大经济合作倡议"（US-ASEAN Expanded Economic Engagement）以及去年的跨太平洋伙伴关系协议（TPP）……对于美国而言，一个强大且发达的东盟能够缓冲中国的经济崛起，尤其是通过类似"东盟+3"以及东亚峰会这样的地区组织。②

---

① "Remarks by President Obama at Opening Session of the U. S. -ASEAN Summit", White House, 2016, https://www.whitehouse.gov/the-pressoffice/2016/02/15/remarks-president-obama-opening-session-us-aseansummit, 访问时间：2016年10月12日。

② Sanchita B. Das, "What US-Asean Connect Means for the Region", Straits Times, 17 Mar. 2016, http://www.straitstimes.com/opinion/what-us-aseanconnect-means-for-the-region, 访问时间：2016年10月12日。

六 诺贝尔奖

在未来几十年，东盟对于大多数大国的价值会与日俱增，而相应的，大国也会愈发拉拢东盟。目前，大国对东盟的拉拢已经带来了巨大的社会和经济效益。尽管东盟要比欧盟年轻得多，其发展程度也落后得多，但是东盟签署的自由贸易协议的数量几乎可比肩欧盟，目前东盟签署的有7个，欧盟有10个。东盟和中国之间的贸易额在1995年仅有200亿美元①，但是2014年该数字已经增长到4800亿美元，增长了24倍②。日本在东盟的贸易和投资也迅速增长。2014年，日本成为东盟的第三大贸易伙伴，双边贸易额高达2204亿美元，这是1995年贸易额1263亿美元③的两倍。此外，日本还是东盟对外直接投资流量的第二大来源国（2014年为204亿美元，1997年该数字仅为52亿美元）④。令人惊讶的是，尽管美国与东盟的贸易额已落后于中国、日本和欧盟，但是美国仍然是继欧盟之后东盟的第二大投资国。

除了这三项巨大成就，目前东盟内部正在进行的三项进程也将为东盟国家及其邻国带来巨大的利益。第一个就是东盟国家领导人、部长以及高级官员之间的同志情谊。西方学者往往会忽视国际关系

---

① Yu Sheng et al., "The Impact of ACFTA on People's Republic of China-ASEAN Trade: Estimates Based on an Extended Gravity Model for Component Trade", Asian Development Bank, July 2012, htt ps: //www. adb. org/contact/tang-hsiao-chink, 访问时间：2016年10月12日。

② "ASEAN-China Economic and Trade Cooperation Situation in 2014", Asian-China Centre, 16 Mar. 2015, http: //www. asean-china-center. org/english/2015-03/16/c_ 134071066. htm, 访问时间：2016年10月12日。

③ 根据此网站数据 http: //www. customs. go. jp/toukeiinfo/index_ e. htm 以及 IMF 数据库计算所得。

④ Japan External Trade Organization, "East Asia Economic Integration and the Roles of JETRO", Ministry of Foreign Affairs of Japan, http: //www. mofa. go. jp/region/asia-paci/cambodia/workshop0609/attach5. pdf, accessed 12Oct. 2016; Japan External Trade Organization, "JETRO Global Trade and Investment Report 2015: New Efforts Aimed at Developing Global Business", http: //www. jetro. go. jp/en/news/2015/ea96c87efd06f226. html, 访问时间：2016年10月12日。

中的个人因素。杨荣文曾经意味深长地告诉我们，东盟官员之间的同志情谊有多么重要，会产生多大的力量。他本人有超过二十年的时间都在跟东盟高级官员打交道，并且主要活跃于东盟政治合作和经济合作领域。①

由于就职于外交部，从外交领域参与东盟合作，所以马凯硕总是认为善于外交的外交部长们会比贸易部长们的关系更加亲近些，因为后者总是忙于保护本国经济免于过度竞争。但是出乎意料的是，杨荣文说，实际上东盟的贸易部长们更加亲近，那么这就能够解释为什么即使有时候某些东盟国家奉行保护主义，但是东盟的贸易和经济合作却仍然可以稳步推进了。他说，其实是因为东盟国家的贸易部长及贸易官员之间的深厚情谊会对同伴产生压力，让他们逐步开放东盟经济。杨荣文还特别强调，与欧盟严苛且受到法律约束的经济合作有所不同，东盟的贸易合作方式松散但务实。东盟的贸易自由化并非一蹴而就，而是缓慢稳健地逐渐取消关税和非关税壁垒。

新加坡资深外交官许通美大使多年参与东盟事务，但是即使是他也会对东盟之间的合作有感到惊讶的时候，他从一位医生处了解到，东盟国家的儿科外科医生会定期举行会面，这改善了东盟国家的儿科护理状况。简而言之，每年东盟国家之间举行的上千次会面都会产生数百个相关网络，这在实质上促进了东盟国家之间的合作。

保守的美国学者普遍都会对东盟正在发生的多边进程有所嘲讽。但是如果这些对东盟持怀疑态度的学者能够关注甚至研究一下东盟的相关会议，他们会被东盟官员在多个领域的高水平合作震撼到。

---

① 1988 至 1991 年，杨荣文担任外交部高级官员（外交部政务部长；1990 至 1991 年，担任外交部高级政务部长；1991 至 1994 年，担任外交部第二部长；2004 至 2011 年，担任外交部长）。1997 至 1999 年，杨荣文还担任贸工部第二部长；1999 至 2004 年，担任贸工部部长。无论是哪个职位，杨荣文都与其他东盟国家官员进行了频繁的会面。

六 诺贝尔奖

从健康到环境,从教育到国防,东盟国家之间的多边合作正在稳步提升,然而,多边合作的所有进步与改善都源于东盟领导人和官员之间逐渐发展起来的个人关系。

杨荣文还发现,东盟国家之间的同志情谊还解除了许多潜在的危机。他履职期间有三个例子可以说明这一点。2007年8月15日,缅甸突然取消燃料补贴,一夜之间物价飞涨,之后仰光爆发街头抗议,一些和尚被射杀,震惊世界。由于东盟在1997年已接纳缅甸成为其成员国,因此对于是否发表声明谴责缅甸政府的射杀行为,东盟国家面临很大的压力。而作为东盟成员国之一,缅甸当时存在两个选择。要么直接否决发布联合声明,要么缅甸独自退出联合声明,这样的话,东盟剩余的9个成员国发布联合声明谴责缅甸。当时包括9个东盟成员国的外交部长在内的许多人都认为比较容易产生第二种结果。

就在射杀行动发生之际,也就是2007年9月26日,东盟10国的外交部长们正在纽约参加联合国大会。当时新加坡恰逢轮值东盟主席国,所以杨荣文主持了相关会议。当会议小组在起草强烈谴责缅甸射杀行为时,杨荣文建议在联合声明中排除缅甸,由剩余的9个国家发布联合声明。当所有人都认为缅甸外交部长吴年温会退出联合声明之时,令其他外交部长们惊讶的是,吴年温同意包括缅甸在内的所有国家为这次联合声明背书。他的表态是了不起的,也正如联合声明中所言,东盟外交部长们

> 对于收到缅甸军方对平民使用自动武器的报告感到震惊,并且要求缅甸政府立即停止对示威游行人员采取暴力的行为。缅甸外交部长吴年温报告称,缅甸正在使用暴力对示威游行进行强力镇压,并且已经造成多人伤亡,其他

外交部长对此表示强烈反感。①

换言之,缅甸外交部长吴年温为谴责其本国政府的联合声明进行背书。即使是在会议之后召开的记者见面会上,缅甸方面出席的代表也是一位高级官员。在评价这次惊人的发展时,杨荣文说:

> 对于缅甸而言,东盟就是他们的全部。他们会参加东盟的所有会议。他们会给自己进行准确定位,然后准备好发布声明的内容。他们在受到谴责时必须厚着脸皮挺住,因为我们是缅甸的唯一希望。虽然缅甸依赖中国,但是却不想跟中国走得太近。尽管印度起初支持昂山素季并且采取中间立场,但是绝对不会和他们走得太近。西方国家则更不友好。

简而言之,尽管缅甸及其他东盟成员国之间存在许多尖锐的分歧,但是缅甸还是决定要与东盟步调一致而非扭头退出。东盟之间的同志情谊能够帮助各国创造出一种深刻的凝聚力,这在危急时刻能派上大用场。

另外一场危机发生在 2008 年 5 月,特强气旋风暴"纳尔吉斯"登录缅甸,上千民众在此次危机中丧生,并且导致上万灾民流离失所,食物和药品供不应求。国际危机组织亚洲项目组的一份报告称:"在相当于半个瑞士的巨大区域内,电力、通信和交通网络、卫生设施以及学校等关键基础设施都遭到严重破坏。其破坏程度可与 2004

---

① "Statement by ASEAN Chair, Singapore's Minister for Foreign Affairs George Yeo in New York, 27 September 2007", Embassy of the Republic of Singapore, Washington, DC, http://www.mfa.gov.sg/content/mfa/overseasmission/washington/newsroom/press_statements/2007/200709/press_200709_03.html, 访问时间:2016 年 10 月 12 日。

六 诺贝尔奖

年印度洋海啸相匹敌。"① 国际社会已经做好了随时应缅甸政府之请对其提供援助的准备,但是当时执政的军政府由于担心外部力量尤其是西方势力的干涉,拒绝了所有援助请求。

国际社会对于缅甸的情况感到震惊。乐施会(Oxfam)东亚区主任莎拉·爱尔兰说:"这次飓风导致的死亡人数可能达到 10 万,甚至更多,但是由于各种原因导致的公共卫生灾难在未来一段时间内所造成的死亡人数将成 15 倍地增加。"② 一如往常,西方领导人又站在道德高地上猛烈谴责缅甸政府。一家英国报纸如是报道其首相戈登·布朗对此事的反应:

> 英国政府对缅甸军政府进行了有史以来最严厉的谴责,首相称缅甸军政府正在将一次自然灾害转变成人为的灾难。布朗告诉 BBC 国际频道:"缅甸政府的行为是不人道的。我们无法容忍此次自然灾害所造成的后果","缅甸政府的不作为和拒绝国际援助等造成的过失,以及对缅甸人民不人道的行为已经将这次自然灾害转变为人为的灾难。缅甸政权必须为此次灾难负责。"③

法国外交部长贝尔纳·库什内对此也做出一番攻击性言论。他援引 2005 年举办的联合国世界峰会中联合国大会做出的为"保护的

---

① "Burma/Myanmar after Nargis: Time to Normalise Aid Relations", International Crisis Group, 2008, https://www.fi les.ethz.ch/isn/93248/161_ burma_ myanmar_ after_ nargis. pdf, 访问时间:2016 年 10 月 12 日。

② "Oxfam Warns up to 1.5 Million in Danger if Aid Effort Cannot Reach Cyclone Victims", Oxfam America, 11 May 2008, https://www.oxfamamerica.org/press/oxfam-warns-up-to-15-million-in-danger-if-aid-effort-cannot-reachcyclone-victims/, 访问时间:2016 年 10 月 12 日。

③ Ian MacKinnon and Mark Tran, "Brown Condemns 'Inhuman' Burma Leaders over Aid", *The Guardian*, 17 May 2008, https://www.theguardian.com/world/2008/may/17/cyclonenargis.burma2, 访问时间:2016 年 10 月 12 日。

责任"背书的决定，认为如果缅甸政府拒绝国际援助此次灾民，国际社会则有责任保护这些受难人员，因此应该武力介入，可以违背缅甸政府的意愿为灾民提供援助。

库什内的声明是非常不明智且不恰当的，在一定程度上强化了缅甸军政府的偏执倾向。缅甸政府一向习惯于无视西方的批判和谴责，而且也对于一波接一波的批判做好了准备。对于库什内武力干涉的威胁，缅甸政府的反应是在伊洛瓦底江加派驻军以抵挡任何西方军事势力的介入。缅甸的军队不是去帮助此次风暴中的灾民，而是被派去打击外部势力。这种僵局持续了数周，如果情况再有所拖延，成千上万的灾民将遭受更加严重的灾难。值得庆幸的是，此时东盟伸出了援助之手。

2008年5月19日在新加坡举行的东盟外交部长会议上，缅甸方面的代表仍然坚持拒绝任何外部援助。在讨论进入白热化之际，印尼外交部长哈山·维拉尤达看着缅甸外交部长吴年温的眼睛说道："你们对我们意味着什么？我们对你们又意味着什么？"这是一个强有力的质问。杨荣文插进话来，对吴年温说："你为什么不去问问内比都方面对接下来的讨论有什么建议？"吴年温说："好吧，我这就去。"杨荣文说："不急，慢慢来。"午饭之后吴年温回来说："我已得到指示，我们可以就援助问题进行下一步的讨论。"

缅甸政府对援助问题点头之后，东盟遇到了一些现实困难。在其著作《纳尔吉斯过后的缅甸》一书中，帕文·查查瓦庞潘和姆·杜莎对东盟当时遇到的挑战进行了如下的阐述：

> 在认捐会议之后，东盟秘书处发现要进驻仰光在时间和空间方面都有压力。直到那个时候，秘书处的人员还没有办公场所，而且其办公器材也还是由联合国提供的。这

六 诺贝尔奖

在秘书处的历史上还属首次,办公人员由于缺乏资源,在成立外地办事处的过程中面临种种挑战。素林·比素万博士独自去寻找办公场所,并且利用他自己的人际网络谈了个合适的价格,还得到了充足的资金,度过了东盟仰光办事处初期的困难时期。①

这个例子充分说明,东盟国家部长间的信任和友谊水平已经达到了一个很高的程度。缅甸,尤其是其勇敢的外交部长吴年温,在兼顾和调和其他东盟成员国的利益方面很有压力。但是这反过来却挽救了缅甸成千上万人的生命,之后,缅甸政府终于在2008年5月23日同意外国援助人员进入缅甸。这个例子有力地证明了东盟应该继续培育及强化地区网络。

杨荣文的第三个例子是柬埔寨和泰国之间的柏威夏寺争端。两个国家关于此次领土争端差点儿爆发军事冲突。此次争端于2008年1月开始发酵,当时柬埔寨在没有寻求泰国同意的情况下为柏威夏寺申报联合国教科文组织世界文化遗产。泰国方面最终对此表示同意,7月8日柏威夏寺被正式批准为联合国教科文组织世界文化遗产。然而,泰国政府的决定却导致泰国国内爆发抗议行动,7月15日,三个泰国人试图在柏威夏寺附近树立旗帜时被柬埔寨政府逮捕。在接下来的几天,两国政府向该地区加派军队及重型火炮,2008年10月3日两军交火。此后几年内多次发生冲突,而且在2011年2月冲突升级。2月底,双方同意印尼观察团进入冲突地点。7月份,国际法院要求两国撤军。此后冲突有所缓解,但是在当年,后来又爆发了两次冲突。2013年11月国际法院作出判决,柏威夏寺归柬埔寨。

---

① Pavin Chachavalpongpun and Moe Thuzar, *Myanmar: Life after Nargis* (Singapore: ISEAS, 2009), p. 56.

从理论上来讲，这次事件是两国之间的双边边境争端。但是实际上，此次争端的根源在于泰国国内的政治危机。当时同情泰国前总理他信·西那瓦的泰国政府与柬埔寨政府建立了良好的双边关系，因此在柏威夏寺的问题上并没有采取强硬政策。当时支持他信政府的政治势力被称为"红衫军"，而反对他信的被称为"黄衫军"。为与红衫军分庭抗礼，黄衫军指责外交部长将泰国领土割让给柬埔寨，是为叛国。一场政治危机一触即发，此时泰国政府不得不采取强硬立场。2008年6月和7月，泰柬两国几乎爆发军事冲突。

东盟再一次迎难而上，化解了此次危机。2008年7月22日，东盟召开外交部长会议。杨荣文这样描述会议过程：

> 那个时候大家摩拳擦掌，几乎要大打出手。我们几个部长都就座了，只有泰国的外交部长没有出席。他们只派了一个副总理，据他自己承认，他之所以过来完全是因为其他几位副部长都知道这次会议会开得非常艰难，所以都找了理由推拒。于是他就自告奋勇来了。我们说我们要讨论一下柏威夏寺的问题。他说："我没有得到指令要讨论柏威夏寺问题。"我对他说："你代表泰国！"他说："是，可是我还是不能跟你们讨论这个问题，因为我们的议会会重新审议所有会谈内容；否则我就得背上叛国的罪名。"我说："如果是这样的话，那么请你离开，我们的会议你不能参加。"他说："不行，你们不能这么做。你要知道，东盟的会议泰国必须参加。"我说："你自己定吧。你如果还想留在这儿，那么待会儿我们讨论柏威夏寺的时候你就必须参加。但是如果你不能参与讨论，那么请你离开。"所以他就回去了，去向曼谷请示。之后他就回来了，然后说："我

会参加此次会议。"所以他后来参加了这次会议,实际上在我的书里还有一张当时会议的照片。会议是在植物园举行的,是在那里的一个平房里。会议氛围很紧张。我们提议将此事交由东盟来协调。但是泰国不同意。柬埔寨方面说:"为什么不呢?"等到印尼成为轮值主席国后,印尼外交部长马蒂主动提出访问两国,试图说服两国就这个问题进行谈判。最终东盟的作用确实奏效了。我们用耐心和坚持化解了一场危机。①

经过上千次的东盟会议,东盟领导人和官员之间已经建立起了深厚的同志情谊和共同体情结,正是因为如此,上述危机才能得到积极的解决。即使他们别的什么都不做,他们也得继续召开这些会议,因为其收益和回报是非常可观的。

第二个重要的进程就是东盟国家知识界愈加紧密的合作。在前边关于东盟SWOT分析的章节中已经提到,东盟的一个关键弱点就在于东盟人民缺乏主人翁精神。那么,建立东盟人民主人翁精神的敲门砖就是进一步强化知识界精英的合作,尤其是那些活跃在外交领域的人。

按照学术界的说法,这叫"第二轨"合作。这主要指非政府组织之间的合作,与"第一轨",即政府间合作形成对比。东盟合作主要是通过"第一轨",但是"第二轨"变得越来越重要了。目前东盟的"第二轨"合作主要是 ASEAN-ISIS 系列会议(这里的 ISIS 是指战略与国际问题研究所,可不是叙利亚的那个恐怖组织)。每一个东盟国家都已经向 ASEAN-ISIS 网络派驻了一个战略问题智库作为

---

① 作者对杨荣文的访谈,2016年2月15日。

代表。①

这个网络的精神之父是知名的印尼学者优素福·瓦南迪,其所供职的位于雅加达的战略与国际问题研究中心是东南亚地区最有影响力的智库之一。尤素夫集结了一批他熟悉的东盟学者,包括诺丁·索皮耶(马来西亚)、戴尚志(新加坡)以及卡洛琳娜·埃尔南德斯(菲律宾)。该网络成立于1988年,其创始成员包括战略与国际问题研究中心、马来西亚的战略与国际问题研究所(ISIS)、菲律宾的战略与发展问题研究所(ISDS)、新加坡国际问题研究所以及泰国的安全和国际问题研究所(ISIS)。

从1994至1988年,东盟高官会(ASEAN-SOM)新加坡方面一直由马凯硕领衔,他数次参加东盟高官与ASEAN-ISIS代表的会谈。由于双方代表群体有所不同,在其他国家的政府和非政府代表举行会谈时往往会导致消极结果或是双边对抗。但是可喜的是,东盟的相关会议从来没有出现过这种情况。东盟的会谈秉持开放精神,并且鼓励双方互相倾听,每次例会中ASEAN-ISIS代表都会介绍自己对强化东盟合作的建议。加利福尼亚州立大学助理教授玛丽亚·奥托斯特在评价此种方法时写道:

> ASEAN-ISIS对东盟模式的协助以及其他国家的支持(或是默许)肯定了东盟模式的可输出性。截至目前,ASEAN-ISIS在东南亚和亚太地区(尤其是与日本、加拿大和澳大利亚)已经开发出了一套广泛的联系网络,使得各国学者能够通过一个地区安全对话平台进行初步交流。当东盟决定在东盟部长级会议后续会议(PMC)上与其对话伙伴讨论解决政治和安全问题,之后解决东盟地区论坛成

---

① 更多信息请参考http://www.siionline.org/page/isis/.

六 诺贝尔奖

立的问题时,这种方式的效果达到了高潮。①

ASEAN-ISIS 主席马来维·沙功尼洪在 2007 年召开的东盟地区论坛会议间支持小组会议上提交了一篇文章,他写道:

> 在 20 年间(ASEAN-ISIS 成立于 1988 年),ASEAN-ISIS 已经成长为一个非常重要的"第二轨"网络,得到了东盟各国政府的认可……尽管只是"第二轨",但是 ASEAN-ISIS 通过组织各种地区研讨会、会议、发布会、讨论会等为"第一轨"的各国政府提供了大量的政策建议……我们必须认识到,在众多重要的会议中,其中一些已经变成了 ASEAN-ISIS 的"标志性活动",如致力于信任建设以及冲突解决的亚太圆桌会议、ASEAN-ISIS 人权研讨会(AICOHR)以及东盟人民大会(APA)。②

东盟的第三个进程就是需要进一步强化亚太地区所有大国参与的多边会议。正如本书所言,东盟在"教化"大国方面已经取得了很好的成绩。然而,真正的挑战才刚刚来临。亚太地区将发生剧烈的权力转移,而且在未来几十年,随着美国、中国、日本和印度相对权力的剧烈转移,该地区的紧张局势将愈加严峻。因此,再调整尽管痛苦,但这是必然会发生的。

东盟通过邀请大国领导人和部长定期参加东盟会议有助于缓解

---

① Maria Consuelo C. Ortuoste, "Internal and External Institutional Dynamics in Member-States and ASEAN: Tracing Creation, Change and Reciprocal Influences", PhD dissertation, Arizona State University, 2008, http://gradworks.umi.com/33/27/3327250.html,访问时间:2016 年 10 月 10 日。

② Malayvieng Sakonhninhom, "Flagships and Activities of ASEAN-ISIS", ASEAN Regional Forum, Mar. 2007, http://aseanregionalforum.asean.org/files/Archive/14th/ARF_Inter-sessional_Support_Group/Annex (34).pdf,访问时间:2016 年 10 月 10 日。

再调整的痛苦。这些场合中非正式的会面有助于缓解和减少大国之间的摩擦。

但是如果想要使上述情况成为常态，那么相关各方就有必要理解这些会面的价值。时不时地，当出现新的领导人，他们会质疑这些会议的价值，以为他们只是为了会面而会面。例如，2014年7月当选总统的佐科就职后参加了东盟和东盟扩大会议，但是对此表示震惊。在其与其他东盟领导人进行第一次会面之后，他就问新加坡总理李显龙，东盟领导人是否有必要在每次东盟会议上都进行例行报告。他更希望免除这些仪式性的会议，而待在国内解决实际问题。

但是仪式很重要。所有领导人每年按照惯例聚集到一起，他们通过这种方式作为个人而非不同国家的代表进行互相了解。因此，我们应该告诉佐科要有耐心，要在参加几次东盟以及"东盟+"会议之后，静待这些与其他领导人的会面自己开花结果。此外，如果佐科总统能够持续参加东盟的相关会议，也会鼓励其他国家领导人积极参与。奥巴马总统以及前国务卿康多莉扎·赖斯等美国领导人和官员往往无视东盟的会议。如果美国方面在未来还有这种倾向，那么东盟就不太可能帮助缓解大国之间的摩擦。东盟必须说服大国都来参加东盟及东盟扩大会议，但是如果东盟最大的国家，印度尼西亚的总统不现身，那么其他国家就肯定也不会参加。所以，仅仅是这个人出席本身就很重要。如果我们能够保证美国、中国、印度和日本的领导人定期参加东盟扩大会议，那么我们就奠定了缓解亚太地区大国紧张关系的基石。

三个大胆的建议

我们在本书结尾提出三个大胆的建议，帮助提升东盟合作水平，

六　诺贝尔奖

并且保障东盟在未来半个世纪成长为一个强大的、有活力的且生机勃勃的地区组织。每个建议都会遇到一些阻力,而且在实施的过程中可能会有各式各样的困难,但是如果东盟领导人连未来50年的宏伟目标都没有,又何以对得起其前人为建立东盟所付出的艰辛。

第一个建议再明显不过了。如果东盟要实现长期的繁荣与发展,该组织的所有权就必须从政府移交到人民手中。政府会一直更迭,但是普通民众并不会。政府更替,东盟成员国参与东盟事务的热情也会有所变化。苏哈托总统在位时,他是东盟的坚定拥护者,但是其接班人哈比比总统则在起初对东盟事务并不感兴趣。正如阿米塔夫·阿查亚所指出的那样,对待东盟的方式已经变了:"尽管哈比比和瓦希德政府起初有些忽视东盟,但是印尼后来还是向东盟传递了积极的信号。"① 同样地,相较于其继任者佐科,苏西洛总统更加支持东盟,并且在后续的几年中越来越支持东盟。他在2015年任命的贸易部长汤姆·林邦比其前任拉赫马特·戈贝尔更加支持建设东盟经济共同体。

为了保护东盟免受政府更迭的影响,东盟民众有必要培养主人翁精神。如果东盟的民众对其各届政府施加压力,让其更加注重东盟,那么这将是保障东盟成员国在未来不会退出或危害东盟发展的最后政策保证。由于东盟实施的一些非比寻常的倡议,在过去几年中民众对东盟享有所有权的意识逐渐建立起来了。例如,每个东盟国家都仿效欧盟在其东盟大使馆升起两面旗帜,一面是东盟的,一面是本国的国旗,这就是一个很好的点子。如果大多数民众在拜访其大使馆时往往会油然而生起一种民族自豪感,那么这两面旗帜就有助于他们将本国的民族自豪感与东盟的自豪感联系起来。

---

① Acharya, *Constructing a Security Community in Southeast Asia*, p. 221.

但是培育东盟民众的主人翁意识的最好办法是将东盟纳入其教育系统。所有小学生都必须说出东盟10个国家的名字，并且至少知道每个国家的一些历史和文化。在英国殖民新加坡时，我们的初等教育就包含英国的历史和文化。有很多关于英国女王的知识，但是几乎没有涉及泰国国王的。另外，教材很重要。所有东盟国家都应该在学校教材中写入东盟的相关内容。毫无疑问，东盟国家将会出现10个关于东盟的版本，所以这些国家可以就教材内容进行交流，以帮助彼此理解东盟的多样性，当然，这也是该组织的核心特点。

目前，东盟已经采取了一些措施来扩大及深化民众的主人翁意识。例如，东盟内部旅游免签以及廉价航空的爆炸式增长已经大大提高了不同国家人民面对面交流的机会，因此也将促进东盟内的相互了解。根据东盟旅游网站的信息可知：

> 根据官方数据，目前到东盟10国旅游的人数可达1.5亿，东盟内部的旅游人数所占的市场份额比总数的一半还少一些，大约为46%—48%。但是到2025年到东盟10国旅游的人数将达到1.52亿，而东盟内部旅游人数将突破9千万大关。届时，东盟旅游业对GDP的贡献率也有望从12%增长到15%，而旅游所带动的就业也将从现在的3.7%增长到7%。①

BBC在2012年的一份报告中指出，目前东南亚地区廉价航空公司承担着本地区三分之一的航空运力。② 《经济学人》于2014年5

---

① Luc Citrinot, "ASEAN for ASEAN: Focus Will Be Given to Strengthening Intra-ASEAN Tourism", ASEAN Travel, 2016, http://asean.travel/2016/01/24/asean-for-asean-focus-will-be-given-to-strengthening-intra-asean-tourism/，访问时间：2016年10月12日。

② Nick Easen, "In Asia, a Boom in Low-cost Flights", BBC, 2 Apr. 2012, http://www.bbc.com/travel/story/20120402-low-cost-flights-in-asia-booms，访问时间：2016年10月12日。

月份的一篇文章写道:

> 悉尼的一家调查公司亚太航空中心(CAPA)称,在短短十年内,廉价航空从无到有,其市场份额已经从零飙升到58%……现在东南亚地区的天空很是拥挤……世界上最繁忙的15条廉价国际航线,其中有9条都在东南亚。①

东盟内部廉价航空公司的爆炸式发展所带来的另外一个好处就是,东盟的那些诗人和艺术家们互相拜访起来更加容易了。那么必然地,以后也会有越来越多的作品会引用东盟国家的艺术和文学作品。马修·艾萨克·科恩在《亚洲戏剧杂志》上发表的一篇文章提到:

> 东南亚国家因其瑰丽的艺术传统而颇为自豪,似乎不会受国际潮流的影响,因此长期以来该地区被视为全球文化无法触及之地。但是,随着东盟国家的联系迅速紧密,东南亚文化开始引入新的形式和思想,重新演绎传统文化,焕发新鲜活力……当今一代文化传承者的视野更加具有世界性,有求知欲,对于跨文化艺术合作也更加有经验,嗅觉更敏锐,渴望丰富的实践经验,探索新的有表现力艺术的可能性和纽带。一个当代的泰国舞蹈演员说,他的同行们都住在印尼和柬埔寨,而非曼谷。来自吉隆坡的一个年轻皮影艺术家说,他得到资助一直在跟来自马来西亚北部吉兰丹州的一位保守派皮影艺术家学习,但是在他到爪哇进行短期旅行并且跟当地一位有经验的皮影艺术家交谈之

---

① "Too Much of a Good Thing", *The Economist*, 15 May 2014, http://www.economist.com/news/business/21602241-after-binge-aircraft-buying-andairline-founding-it-time-sober-up-too-much-good,访问时间: 2016年10月12日。

后，他发现后者更有助于他了解皮影。印尼的剧作家和导演们都在研读、翻译甚至上演新加坡剧作家所编写的戏剧。①

尽管这些倡议已经对构建东盟民众的主人翁意识起到了渐进式的积极影响，但是一些"爆炸式"的倡议也将会让东盟从中受益，而且目前已经有了两个提案。2011年1月东盟外长会议上，各国外交部长就讨论了他们联合申办世界杯的可能性，2014年12月国际奥委会投票通过决议，允许多个国家联合申办奥运会，自此东盟举办奥运会也成为可能。新闻媒体援引了多个东盟国家奥委会对该倡议的支持。既然巴西分别在2014年和2016年举办了世界杯和奥运会，那么东盟就没有理由不能联合举办这两大盛会了。如果能举办世界上最重要的体育赛事，这将会对东盟在本地区以及全球建立东盟意识产生震撼效应。

但是任何一个提议都会引发争论，例如举办最引人瞩目的体育赛事——世界杯决赛，它的资金来自何处就是要讨论的问题之一，幸好，东盟对争论已经习以为常了。例如，当日本提议设立一个研究所促进东盟国家经济问题研究时，马来西亚和印度尼西亚都奋力争取。因为两国各有一位强势活跃的贸易部长，即印尼的冯慧兰和马来西亚的拉菲达·阿齐兹。最后，经过紧张的游说，印尼胜出。东盟和东亚经济研究所于2008年在雅加达成立，目前已经发表了许多有关东盟经济的有价值的研究。简而言之，尽管举办世界杯或是奥运会这样的盛世会引发东盟国家之间的激烈竞争，但是东盟很善于解决此类分歧，而且最终会达成共识。

---

① Matthew Isaac Cohen, "Introduction: Global Encounters in Southeast Asian Performing Arts", *Asian Theatre Journal* 31, 2 (2014): 353-68.

此外，东盟也可以效仿欧洲举办一些类似爱丁堡边缘艺术节或是欧洲电视网歌唱大赛等文化盛事来展现东南亚地区丰富的艺术和文化遗产。任何大型活动都将对东盟民众构建东盟身份产生渗透式影响。

第二个大胆的建议同样很明显：那就是将现在这个发展不健全且严重受限的秘书处转变成一个有活力的机构，以更好地服务于东盟。随着组织（或是公司）的成长和发展，它们的管理能力也必须得到相应的提高。确实，东盟是绝对无法承担像欧洲委员会那样巨大的开支的。和欧盟不同，东盟是一个政府间组织，并不是类似欧洲委员会一样的超国家机构。新加坡大使比拉哈里·考斯甘准确指出了东盟和欧盟的区别：

> 欧盟是后民族主义建构的产物。其本身就是自相矛盾的，欧盟的成立是源于民族主义者对于民族优越主义的极端恐惧……东盟并不否认民族主义的存在，也不是试图用某种异想天开的更高目标来取代民族主义。东盟处于一个大国利益交错的地缘政治区域，这使得该区域各国的主权持续受到威胁，为此，东盟通过该机制来约束各国的民族主义，通过引导各国民族主义来强化其维护自主性和主权的能力。尽管东盟各国有所差异，但是我们学会了共享。①

然而，随着东盟的发展，秘书处不能仍止步不前。为什么秘书处一直没有扩大呢？答案很简单，就是它的设计缺陷一直没有得到修正。在1976年东盟秘书处成立之时，当时只有五个成员国，且国力相当，它们同意采取简单平均原则，即每个成员国向东盟秘书处

---

① Bilahari Kausikan, "Hard Truths and Wishful Hopes about the AEC", *Straits Times*, 2 Jan. 2016.

提供同等数量的会费，这样就可以避免就到底谁应该多支付谁应该少支付而争论不休。当时，新加坡同意这个提议是很慷慨的姿态，因为它只有 220 万人口，但是所支付的会费与印尼的相同，后者拥有 1.324 亿人口，是新加坡人口的 60 倍。

但是到了 2014 年，东盟已经拥有 10 个成员国，且它们之间的差距也较为巨大。例如，老挝和柬埔寨 2014 年的 GDP 分别是 118 亿美元和 167 亿美元，而印尼的 GDP 则高达 8900 亿美元，是东盟国家 GDP 最少的国家的 75 倍。① 由于结构性问题的存在，这种平均会费政策严重阻碍了东盟秘书处的发展，因为东盟秘书处的会费不能超过东盟最贫穷国家的支付能力。

一份亚洲开发银行的报告就强烈建议东盟重新审议东盟 10 国平均会费的原则：

> 坚持平均会费原则不仅会阻碍秘书处预算的增长，而且会让该机构本质上更加依赖国际捐赠者等外部资金。虽然实际上资金一般情况下是充足的，但是捐赠者和东盟的优先事项不一定总是吻合。如此一来，为其提供资助的外部利益相关方就会对该机构提出各种请求，那么东盟决策就容易受到这些请求的摇摆，无法独立执行其相关规划和战略设计。如果东盟想要变得更加成熟，且蒸蒸日上，东盟成员国就应该意识到必须废弃现在的这个会费原则。②

作为一个充满活力的地区组织，东盟就需要一个相应强大且有

---

① "World Economic Outlook Database", International Monetary Fund, https://www.imf.org/external/data.htm, 访问时间：2016 年 12 月 12 日。

② "ASEAN 2030: Toward a Borderless Economic Community", Asian Development Bank Institute, 2014, http://www.adb.org/sites/default/files/publication/159312/adbi-asean-2030-borderless-economic-community.pdf, 访问时间：2016 年 10 月 10 日。

六 诺贝尔奖

活力的秘书处。我们为什么要让目前的这个会费原则来限制秘书处的能力呢？让其由最贫穷会员国的支付能力来决定？10个东盟成员国也是联合国会员国，但是在联合国内，每个会员国上缴的年度会费是根据一个复杂的公式计算的，每个会员国根据自身的"支付能力"上缴一定的比例。

既然东盟国家能够接受联合国的"能力支付"原则，那么对于对其国家利益更加重要的东盟，为什么不能同意在东盟秘书处采取同样的原则呢？东盟国家可以根据上缴联合国秘书处会费的比例上缴东盟秘书处的会费。2014年各东盟成员国在联合国的比例分别是：文莱0.026%，柬埔寨0.004%，印度尼西亚0.346%，老挝0.002%，马来西亚0.281%，缅甸0.01%，新加坡0.384%，泰国0.239%，菲律宾0.154%，越南0.042%。[①] 那么按照这个比例，东盟各国（根据2014年的数据）上缴给东盟秘书处的会费比例应如下：

文莱	1.75%
柬埔寨	0.27%
印度尼西亚	23.25%
老挝	0.13%
马来西亚	18.88%
缅甸	0.67%
新加坡	25.81%
泰国	16.06%
菲律宾	10.35%
越南	2.82%

---

① "Assessment of Member States' Advances to the Working Capital Fund for the Biennium 2014-2015 and Contributions to the United Nations Regular Budget for 2014", United Nations Secretariat, 27 Dec. 2013, http://www.un.org/ga/search/view_doc.asp?symbol=ST/ADM/SER.B/889, 访问时间：2016年12月12日。

我们要求大国（例如印度尼西亚）以及更加发达的国家（例如新加坡）支付更大的预算比例是公平公正的。同样重要的是，这样就会帮助秘书处摆脱原始会费原则的限制，让其能够随着每个东盟国家 GDP 的增长而相应地成长。一份亚洲开发银行的研究就建议东盟秘书处的预算应该成十倍地增加：

> 随着秘书处功能的增加和规模的扩大，其可用资源也必须呈几何级数增加，以满足东盟的需求。该研究对此进行了一项运算，到 2030 年，东盟秘书处若要履行其扩大后的职能，其年度预算需要达到 2.2 亿美元，而且至少需要 1600 名工作人员。①

对于那些反对经费大幅度增加的人来说，包括新加坡的许多反对者，我们要强调一下，每个国家所支付的绝对数字只是一个小数目。拿新加坡来说，如果根据亚洲开发银行新计算出来的 2.2 亿美元预算计划，新加坡每年需要支付的经费是 5678 万美元。相比之下，2014 年新加坡国防部和外交部的年度预算分别是 98 亿美元和 3.53 亿美元。考虑到东盟对于强化新加坡长期安全和繁荣的贡献程度，新加坡如果不同意以上建议就显得不够友善，也不够明智。此外，效仿联合国"能力支付"原则是符合新加坡的长期利益的。随着时间的推移，东盟其他国家的国民生产总值会大幅增加，那么新加坡的比例就会相应地缩小。

两名新加坡前外交官批评了新加坡支持的平均会费的政策，他们的态度反映了我们想要给其他国家树立榜样的愿望。如果其他东

---

① "Assessment of Member States'Advances to the Working Capital Fund for the Biennium 2014-2015 and Contributions to the United Nations Regular Budget for 2014", United Nations Secretariat, 27 Dec. 2013, http：//www. un. org/ga/ search/view_ doc. asp? symbol＝ST/ADM/SER. B/889, 访问时间：2016 年 12 月 12 日。

盟成员国政府也反对增加东盟秘书处年度预算中各自的会费，那么它们国家的公民也应该同样批判本国政府。毫无例外，每个东盟国家都受益于东盟所创造的和平和繁荣的生态系统。不是去抱怨年度会费的增加，东盟的公民应该向本国政府请愿，多为东盟秘书处做贡献。

此外，新加坡也可以尝试同东盟的相关机构分享本国优秀的工作文化，以影响东盟秘书处的工作文化。那么如何影响呢？可以采取几个简单的步骤。第一，新加坡拥有异常多的高级公务员，包括常务书记，他们一般都在60岁左右就退休，这个年龄相对较早。但是他们仍然还很活跃，也很有精力，新加坡政府可以为他们提供可观的补助，请他们为东盟秘书处提供志愿服务。其实这个主意并不算新鲜。其他一些组织已经在采用了。例如，1964年美国一些企业退休高管成立了SCORE（退休高管服务公司），他们为850多万民众提供过管理咨询。美国小企业管理局创业教育办公室的一项研究指出，SCORE每年为美国创造大约2.5万个新的就业岗位。那么，同样的非官方咨询也可以帮助改善东盟秘书处的工作情况。

第二，新加坡可以为东盟秘书处新加坡办事处的官员提供免费培训。新加坡拥有世界顶级的培训机构，仅举几个例子，例如公共服务学院、新加坡国立大学李光耀公共政策学院和新加坡管理大学商学院，以及欧洲工商管理学院。利用新加坡的合作项目基金为新加坡的东盟公务人员提供培训课程符合新加坡的国家利益。成效不会一蹴而就，但是随着时间的推移，东盟秘书处的工作文化和效率会提高。

迪帕克·奈尔分别记录了东盟秘书处有能力招聘出色人才和不

能招聘出色人才的阶段。① 显然，东盟秘书处无法招聘出色人才的阶段恰好与其资源短缺的阶段相对应。但是如果采用新的会费机制，那么东盟秘书处就有充足的资源招聘出色有活力的人才。

但是如果东盟秘书处突然涌进过多新的资源，这些资金会被浪费吗？我们必须承认，的确会存在这个风险，但是要避免上述情况还是有很多办法的。例如，东南亚地区一些大的咨询公司，如麦肯锡公司、贝恩公司、波士顿咨询公司以及奥纬咨询等，会为有价值的非营利性组织提供免费服务，并且有很好的实践经验。2003年，应东盟诸位贸易部长之请，麦肯锡就东盟自由贸易区（FTA）的益处做了一项研究。一些东盟国家一直担心FTA是一个零和游戏，并非所有国家都能从市场整合中受益。然而，这项研究发现，市场整合有利于各成员国经济进行互补，而且有助于激励各国提高各自的竞争力。此外，麦肯锡得出结论，市场整合后的东盟将在未来的贸易谈判中获取更多的筹码，对于对外直接投资也将更有吸引力。

东盟各国有足够的财政实力及聪明才智将东盟秘书处建设成一个强大且又活力的机构，且有能力举办东盟最近发起的合作项目。但是除了实施已经制定好的决策，秘书处作为一个积极有活力的机构，也可以提出许多新的想法。只要有正确的领导，东盟秘书处肯定能够促进东盟合作更上一层楼。

第三个建议应该是一个真正大胆的倡议，即将东盟建设成为一座人道主义的新灯塔。传统上，都是美国在扮演人道主义希望灯塔的角色。尽管特朗普当选美国总统引发诸多不安，但是美国在许多方面仍然将是人道主义发展的指路灯。但是，美国模式是将不同文

---

① Deepak Nair, "A Strong Secretariat, a Strong ASEAN? A Re-evaluation", *ISEAS Perspective*, 2016, https://www.iseas.edu.sg/images/pdf/ISEAS_Perspective_2016_8.pdf, 访问时间：2016年10月10日。

六　诺贝尔奖

化的人融合到一起，创造一个大熔炉，在这个熔炉中不同文化之间的差异消磨不见，最后留下的只有美国身份。但是我们生活的世界永远不可能变成一个熔炉。事实上，随着亚洲不同文明的复兴，我们需要做的恰恰是如何来处理这种更大的多样性。

这也就是为什么东盟这个世界上唯一一个真正的多样文明地区组织可以承担起希望灯塔这个角色的原因。在过去的两个世纪，我们的世界都是由西方文明统治，但是现在正在转向一个多文明百花齐放的时代，关于来自极端不同文明的人类如何在地理空间上近距离生活和工作的办法，东盟模式为此提供了宝贵的参考。世界上没有任何其他一个地区能够扮演文化多样性生活实验室的角色，既然这样，那么全球都对东盟的成功负有责任。东盟每分每秒的成功都会为人类带来宝贵的希望。

此外，全球消极主义情绪滋长，在西方世界尤其盛行，认为不同的文明不能互相合作，那么在这个时候证明不同文明可以和谐相处就显得尤为紧迫。2015年11月13日巴黎恐怖袭击事件、2015年12月2日加利福尼亚恐怖袭击事件以及2016年3月22日布鲁塞尔的恐怖袭击事件造成大量无辜平民伤亡，在此之后这种消极主义情绪变得更加严重。许多西方知名学者开始公开讨论，也许哈佛学者萨缪尔·亨廷顿关于"文明冲突"的论断是正确的。

针对这种在西方滋长的消极情绪，马凯硕与美国前财政部长和哈佛大学前校长拉里·萨默斯合写了一篇名为《文明的融合》的文章，发表在《外交事务》杂志2016年5/6月这一期上。在这篇文章中，两位作者使用"文明的融合"（fusion of civilizations）这个词来指代世界各个文明中存在共性的领域，而这种共性是由源于西方并逐渐普世化的现代视角所造就的，而西方一贯依靠科学和理性来解决问题。

事实很清楚，目前世界正在进行融合而非文化冲突，而这篇文章则揭示了这种融合过程正在以何种方式让世界变得更加美好。史蒂文·平克在其文章中证明冲突和暴力在一个长时间段内已经有了剧烈的下降。① 世界婴儿死亡率已经从1990年的63‰下降到2015年的32‰。这意味着每年有超过400万婴儿免于死亡。在全球范围内，中产阶级人口在迅猛增长。

单是实证证据还无法说服所有人相信世界文明正在进行融合。人们还需要亲眼见证这个过程是实实在在正在发生的，而东盟就是证明，因为在这个地区每天都在上演这样的剧目，不同的文明克服彼此差异，基于彼此的共性和谐共处、相互合作。鉴于西方的极端消极主义和对伊斯兰不断增长的不信任感，马来西亚和印度尼西亚的成功就是希望，两个国家的事实证明伊斯兰是可以继续实现现代化的。它们的事实还证明，伊斯兰是可以和西方价值观兼容的。例如，马来西亚的全民医疗保险制度就是发展中国家里最好的一个，大学里女生和男生比例分别是65%和35%。②

印度尼西亚是世界上人口最多的伊斯兰国家，约有2.5亿人口。印尼也是最成功的伊斯兰民主国家。最近的两位总统苏西洛·班邦·尤多约诺和佐科·维多多都曾承诺，要带领印尼融入现代世界。印尼宗教学者复兴会，即印尼最大的伊斯兰组织（有5000万教众），正在努力向世界推销现代伊斯兰。如果印尼这2.5亿人口能够继续沿着这个轨道走下去，事实上他们很有可能这么做，那么他们会向

---

① Steven Pinker, *The Better Angels of Our Nature: Why Violence Has Declined* (New York: Viking, 2011).

② Latifah Ismail, "Factors Influencing Gender Gap in Higher Education of Malaysia: A University of Malaya Sample", Faculty of Education, University of Malaya, 2014, https://umexpert.um.edu.my/file/publication/00000380_116971.pdf, 访问时间：2016年10月10日。

六 诺贝尔奖

世界证明文明融合在伊斯兰世界所产生的积极影响。①

东盟拥有 6.25 亿属于完全不同文明的人口,这其实就是世界人口的一个缩影,70 亿的世界人口也正在变成所谓的"地球村"。西方许多人都在质疑,我们在这么小的一个"地球村"内是否可以和平共处。那么,东盟内部的基督教、伊斯兰教、印度教、儒家学派、道教以及共产党人和谐共处的事实就可以打消西方人士的怀疑。这也有可能转化为 21 世纪东盟对世界历史的最大贡献。

然而,我们也必须强调一下,东盟会成功,但是这个过程并不是完美的。正如前文所述,东盟的发展是不稳定的,而且永远不会是直线发展的。然而,这些不完美和缺陷只会增加东盟给人类带来的希望。如果这样一个不完美的地区都能为 6.25 亿的人口带来和平和繁荣,那么世界上其他地区肯定能复制东盟这个并不完美的模式。这就是东盟故事的悖论:缺陷中蕴涵着优势。

这也是东盟应该被授予诺贝尔和平奖的另外一个理由,也许 2017 年,即东盟成立 50 周年就是一个好时机。这个奖项会吸引全球眼光关注世界舞台上这束新的希望之光,而且会向西方世界传递这样一个信息,伊斯兰文明和非伊斯兰文明是可以和平相处的。此外,东盟有三个最成功的伊斯兰社会,那么这个奖项也可以激发世界上其他地区约 10 亿的穆斯林认真学习东盟模式。东盟 50 年的努力不应该付诸东流。东盟的成功应该激发其他社会和文化来效仿东盟精神。

---

① Mahbubani and Summers, "Fusion of Civilizations".

参 考 文 献

"Address to the Ministerial Meeting of the Association of South East Asian Nations in Bali, Indonesia", Ronald Reagan Presidential Library & Museum, 1 May 1986. https://reaganlibrary.gov/34-archives/speeches/1986/5513-50186c/, accessed 12 Oct. 2016.

"Adjusted Net National Income Per Capita (Constant2005 US$)", IndexMundi. http://www.indexmundi.com/facts/indicators/NY.ADJ.NNTY.PC.KD, accessed 12 Oct. 2016.

"ASEAN2030: Toward a Borderless Economic Community", Asian Development Bank Institute, 2014. http://www.adb.org/sites/default/files/publication/159312/adbi-asean-2030-borderless-economic-community.pdf, accessed 10 Oct. 2016.

"ASEAN Economic Community: How Viable Is Investing?" Invest in ASEAN. http://investasean.asean.org/index.php/page/view/asean-economic-community/view/670/newsid/758/single-market-and-production-base.html, accessed 13 Oct. 2016.

"ASEAN-China Economic and Trade Cooperation Situation in2014", Asian-China Centre, 16 Mar. 2015. http://www.asean-china-center.org/english/2015-03/16/c_134071066.htm, accessed 12 Oct. 2016.

"ASEAN-India Eminent Persons' Report to the Leaders", ASEAN, Oct. 2012. http://www.asean.org/storage/images/2012/documents/Asean-India% 20 AIEPG% 20

(29%2010%2012) -final. pdf/, accessed 12 Oct. 2016.

"ASEAN Investment Report2013-2014: FDI Development and Regional Value Chains", ASEAN Secretariat and United Nations Conference on Trade and Development, 2014. http://www.asean.org/storage/images/pdf/2014_ upload/AIR%202013-2014%20FINAL.pdf/, accessed 12 Oct. 2016.

"Assessment of Member States' Advances to the Working Capital Fund for the Biennium 2014-2015 and Contributions to the United Nations Regular Budget for 2014", United Nations Secretariat, 27 Dec. 2013. http://www.un.org/ga/search/view_doc.asp?symbol=ST/ADM/SER.B/889, accessed 12 Dec. 2016.

"Burma/Myanmar after Nargis: Time to Normalise Aid Relations", International Crisis Group, 2008. https://www.files.ethz.ch/isn/93248/161_ burma_ myanmar_ after_ nargis.pdf, accessed 12 Oct. 2016.

"Cambodian Genocide Program", Yale University Genocide Studies Program. http://gsp.yale.edu/case-studies/cambodian-genocide-program, accessed 13 Oct. 2016.

"Chinese FM Refutes Fallacies on the South China Sea Issue", *China Daily*, 25 July 2010. http://www.chinadaily.com.cn/china/2010-07/25/content_11046054.htm, accessed 10 Oct. 2016.

"Country Profile: Laos'", International Hydropower Association. http://www.hydropower.org/country-profiles/laos, accessed 13 Oct. 2016.

"Dialogue with Prime Minister Lee Hsien Loong at the Singapore Summit on19 September 2015", Singapore Summit. https://www.singaporesummit.sg/downloads//Dialogue%20with%20PM%20Lee%20Hsien%20Loong_ SS2015.pdf, accessed 12 Oct. 2016.

"Direction of Trade Statistics", International Monetary Fund. https://www.imf.org/external/pubs/cat/longres.aspx?sk=19305.0/, accessed 12 Oct. 2016.

"Donald J. Trump Statement on Preventing Muslim Immigration", Donald J. Trump for President, 7 Dec. 2015. https://www.donaldjtrump.com/press- releases/donald-j.-trump-statement-on-preventing-muslim-immigration/, accessed 12 Oct. 2016.

"Dr Mahathir Bin Mohamad at the Opening of the Tenth Session of the Islamic Summit

Conference at Putrajaya Convention Centreon October 16", *Sydney Morning Herald*, 22 Oct. 2003. http: //www. smh. com. au/ articles/2003/10/20/106650212 1884. html, accessed 13 Oct. 2016.

"Establishment of the Group of77", G77. http: //www. g77. org/paris/history/ establishment-of-g77. html/, accessed 12 Oct. 2016.

"European Union", World Bank, http: //data. worldbank. org/region/european- union, accessed 1 Dec. 2016.

"Foreign Direct Investment into Asean in 2010", ASEAN, http: //www. asean. org/ storage/images/resources/Statistics/2014/StatisticalPublications/fdi _ statistics _ in_ focus_ 2010_ final. pdf, accessed 13 Oct. 2016.

"Foreign Direct Investment, Net Inflows (BoP, Current US$)", UNDATA. http: // data. un. org/Data. aspx? d = WDI&f = Indicator_ Code% 3ABX. KLT. DINV. CD. WD, accessed 14 Oct. 2016.

"Foreign Direct Investment Net Inflows, Intra and Extra ASEAN", ASEAN. http: // asean. org/storage/2015/09/Table-252. pdf, accessed 11 Oct. 2016.

"Foreign Relations1964-1968, Volume XXVI, Indonesia; Malaysia-Singapore; Philippines", U. S. Department of State Archive, 10 Dec. 1966. http: //2001-2009. state. gov/r/pa/ho/frus/johnsonlb/xxvi/4432. htm, accessed 12 Oct. 2016. 、

"Frequently Asked Questions about DG Translation", European Commission, last updated21 Sept. 2016. http: //ec. europa. eu/dgs/translation/faq/index_ en. htm/, accessed 14 Oct. 2016.

"GDP at Market Prices (Constant2010 US$)", http: //data. worldbank. org/ indicator/NY. GDP. MKTP. KD? locations = MM, accessed 10 Oct. 2016.

"GDP of Thailand (Constant2010 US$)", World Bank. http: //databank. worldbank. org/data/reports. aspx? source = wdi-database-archives- (beta), accessed 10 Oct. 2016.

"GDP of Vietnam (Current US$)", World Bank, http: //data. worldbank. org/ indicator/NY. GDP. MKTP. CD? locations = VN, accessed 10 Oct. 2016.

"GDP Per Capita of Myanmar (Constant2010 US$)", World Bank. http: //data. worldbank. org/indicator/NY. GDP. PCAP. KD? locations = MM, accessed 10

Oct. 2016.

"Getting in the Way", *The Economist*, 17 May 2014. http://www.economist.com/news/asia/21602265-south-east-asia-finds-decorum-its-regional- club-rather-rudely-shattered-getting-way, accessed 12 Oct. 2016.

"Group of Prominent Malays Calls for Rational Dialogue on Position of Islam in Malaysia", *The Star*, 7 Dec. 2014. http://www.thestar.com.my/news/nation/2014/12/07/group-prominent-malays-calls-for-moderation/, accessed 9 Nov. 2016.

"Impact of the Sino-Japanese Competitive Relationship on ASEAN as a Region and Institution", Report, S. Rajaratnam School of International Studies (RSIS), Nanyang Technological University, 24 Dec. 2014. https://www.rsis.edu.sg/wp-content/uploads/2014/12/PR141224_ Impact_ of_ Sino-Japanese.pdf, accessed 10 Oct. 2016.

"Indian MP Tharoor: Europe Must Stop Lecturing India", *EurActiv*, 19 Apr. 2011. http://www.euractiv.com/section/global-europe/interview/indian- mp-tharoor-europe-must-stop-lecturing-india/, accessed 12 Oct. 2016.

"Indonesia Will Join Trans-Pacific Partnership, Jokowi Tells Obama", *The Guardian*, 27 Oct. 2015. https://www.theguardian.com/world/2015/ oct/27/indonesia-will-join-trans-pacific-partnership-jokowi-tells-obama, accessed 13 Oct. 2016.

"Joint Statement of the ASEAN-U.S. Special Leaders' Summit: Sunnylands Declaration", Permanent Mission of the Republic of Singapore, ASEAN, Jakarta, 17 Feb. 2016. http://www.mfa.gov.sg/content/mfa/ overseasmission/asean/latest_ news_ in_ asean/2016/2016-02/Latest_ News_ In_ ASEAN_ 2016-02-17.html/, accessed 12 Oct. 2016.

"Malaysia Economic Monitor 2011", World Bank, 2011. http://siteresources.worldbank.org/INTMALAYSIA/Resources/324392-1303882224029/

malaysia_ ec_ monitor_ apr2011_ execsumm.pdf, accessed14 Oct. 2016.

"Memorandum of Conversation, Washington, May8, 1975, noon-1 p.m.", *Foreign Relations of the United States*, 1969-1976, *Volume E-12, Documents on East and Southeast Asia*, 1973-1976, 8 May 1975. https://history.state.gov/ historicaldocuments/frus1969-76ve12/d297/, accessed 12 Oct. 2016.

"Millennium Development Goals Database", UNDATA. http://data.un.org/Data.aspx?d=MDG&f=seriesRowID%3A580, accessed 14 Oct. 2016.

"More Hat Than Cattle", *The Economist*, 2 Jan. 2016. http://www.economist.com/news/finance-and-economics/21684811-seamless-regional-economic-bloc-just-around-corneras-always-more-hat/, accessed 12 Oct. 2016.

"*Nan-fang Ts'ao-mu Chuang*" [A Fourth-Century Flora of South-East Asia], trans. Li Hui-Lin. Hong Kong: Chinese University Press, 1979.

"National Accounts Main Aggregates Database", United Nations Statistics Division, http://unstats.un.org/unsd/snaama/dnllist.asp/, accessed 7 Sept. 2016.

"Opening Remarks, James A. Baker, III, Senate Foreign Relations Committee", United States Senate Committee on Foreign Relations, 12 May 2016. http://wwwioreign.senate.gov/imo/media/doc/051216_Baker_Testimony.pdf/, accessed 12 Oct. 2016.

"Oxfam Warns up to 1.5 Million in Danger if Aid Effort Cannot Reach Cyclone Victims", Oxfam America, 11 May 2008. https://www.oxfamamerica.org/press/oxfam-warns-up-to-15-million-in-danger-if-aid-effort-cannot-reach-cyclone-victims/, accessed 12 Oct. 2016.

"PHL Emerging as a Strong Software Development Hub", Team Asia, 26 Nov. 2012. http://www.teamasia.com/newsroom/read-client-news.aspx?id=407:phl-emerging-as-a-strong-software-development-hub, accessed 14 Oct. 2016.

"President Eisenhower's News Conference, 7 Apr. 1954", *The Pentagon Papers*, Gravel Edition, Vol. 1 (Boston: Beacon Press, 1971), pp. 597-8. https://www.mtholyoke.edu/acad/intrel/pentagon/ps11.htm, accessed 13 Oct. 2016.

"Puny Counter-Revolutionary Alliance", *Peking Review* 10, 3 (18 Aug. 1967): 40. https://www.marxists.org/subject/china/peking-review/1967/PR1967-34.pdf/, accessed 12 Oct. 2016.

"Remarks by H. E. Li Keqiang Premier of the State Council of the People's Republic of China at the 18th China-ASEAN Summit", Ministry of Foreign Affairs of the People's Republic of China, 22 Nov. 2015. http://www.fmprc.gov.cn/mfa_eng/zxxx_662805/t1317372.shtml, accessed 10 Oct. 2016.

"Remarks by President Obama at Opening Session of the U. S. -ASEAN Summit", White House, 15 Feb. 2016. https://www.whitehouse.gov/the-press-office/2016/02/15/remarks-president-obama-opening-session-us-asean-summit, accessed 12 Oct. 2016.

"Remarks by President Obama at the Cooperative Orthotic and Prosthetic Enterprise (COPE) Centre", White House, 7 Sept. 2016. https://www.whitehouse.gov/the-press-office/2016/09/07/remarks-president-obama-cooperative-orthotic-and-prosthetic-enterprise, accessed 12 Oct. 2016.

"Remarks by President Obama at Young Southeast Asian Leaders Initiative Town Hall, 11/14/14", White House, 14 Nov. 2014. https://www.whitehouse.gov/the-press-office/2014/11/14/remarks-president-obama-young-southeast-asian-leaders-initiative-town-ha/, accessed 12 Oct. 2016.

"Remarks by the President at the United States Military Academy Commencement Ceremony", White House, 28 May 2014. https://www.whitehouse.gov/the-press-office/2014/05/28/remarks-president-united-states-military-academy-commencement-ceremony/, accessed 12 Oct. 2016.

"Remarks by the President at the University of Indonesia in Jakarta, Indonesia", White House, 10 Nov. 2010. https://www.whitehouse.gov/the-press-office/2010/11/10/remarks-president-university-indonesia-jakarta-indonesia, accessed 12 Oct. 2016.

"Report to the National Security Council by the Executive Secretary (Lay) ", *Foreign Relations of the United States*, 1952-1954. *East Asia and the Pacific (in two parts)*, Vol. 12, part 1, 25 June 1952. https://history.state.gov/historicaldocuments/frus1952-54v12p1/d36/, accessed 12 Oct. 2016.

"Singapore Is the Global City of Opportunity", Ministry of Communications and Information Singapore, 2005. http://www.mci.gov.sg/web/corp/press-room/categories/speeches/content/singapore-is-the-global-city-of-opportunity, accessed 12 Oct. 2016.

"Speechby Chairman of the Delegation of the People's Republic of China, Teng Hsiao-Ping, At the Special Session of the U. N. General Assembly". Beijing: Foreign

Languages Press, 10 Apr. 1974. https: // www. marxists. org/ reference/archive/ deng-xiaoping/1974/04/10. htm/, accessed 12 Oct. 2016.

"Speech by Chinese President Xi Jinping to Indonesian Parliament", ASEAN-China Centre, 2 Oct. 2013. http: //www. asean-china-center. org/ english/2013-10/03/ c_ 133062675. htm, accessed 10 Oct. 2016.

"Speech by Prime Minister Lee Hsien Loong at the 19th Nikkei International Conference on the Future of Asia", Prime Minister's Office Singapore, 26 May 2013. http: //www. pmo. gov. sg/mediacentre/speech-prime-minister-lee-hsien-loong-19th-nikkei-international-conference-future-asia/, accessed 12 Oct. 2016.

"Speech by Prime Minister Lee Kuan Yew to the National Press Club in Canberra, Australia, on16 Apr 86", National Archives of Singapore, 16 Apr. 1986. http: // www. nas. gov. sg/archivesonline/data/pdfdoc/lky19860416a. pdf/, accessed 12 Oct. 2016.

"Speech by Takeo Fukuda", *Contemporary Southeast Asia* 2, 1 (1980): 69-73.

"Statement by ASEAN Chair, Singapore's Minister for Foreign Affairs George Yeo in New York, September 27 2007", Embassy of the Republic of Singapore, Washington, DC. http: //www. mfa. gov. sg/content/mfa/ overseasmission/washington/newsroom/press_ statements/2007/200709/ press_ 200709_ 03. html, accessed 12 Oct. 2016.

"Text of 37th Singapore Lecture 'India's Singapore Story' by Prime Minister Narendra Modi during His Visit to Singapore", 23 Nov. 2013. https: // www. iseas. edu. sg/images/event-highlights/37thsingaporelecture/
Textof37thSingaporeLecture. pdf, accessed10 Oct. 2016.

"Thai Army Promises Elections in October2015", *BBC News*, 28 June 2014. http: // www. bbc. com/news/world-asia-28069578, accessed 1 Dec. 2016.

"The ASEAN Economic Community (AEC) 2015: A Guide to the Practical Benefits", Ministry of Trade and Industry Singapore, https: //www. mti. gov. sg/MTI-Insights/MTIImages/MTI% 20AEC% 202015% 20Handbook. PDF, accessed 11 Oct. 2016.

"The South China Sea, Press Statement, Hillary Rodham Clinton, Secretary of State,

Washington, DC", U. S. Department of State, 22 July 2011. http://www.state.gov/secretary/20092013clinton/rm /2011/07/168989. htm/, accessed 12 Oct. 2016.

"The United States' Contribution to Regional Stability: Chuck Hagel", International Institute for Strategic Studies, IISS Shangri-La Dialogue: The Asia Security Summit, 31 May 2014. https://www.iiss.org/en/events/ shangri%201a%20dialogue/archive/2014-c20c/plenary-l-dlba/chuck-hagel-a9cb/, accessed 12 Oct. 2016.

"Too Much of a Good Thing", *The Economist*, 15 May 2014. http://www.economist.com/news/business/21602241-after-binge-aircraft-buying-and-airline-founding-it-time-sober-up-too-much-good, accessed 10 Oct. 2016.

"Trade (% of GDP)", World Bank, http://data.worldbank.org/indicator/ NE. TRD. GNFS. ZS, accessed 14 Oct. 2016.

"Trade Statistics of Japan", Ministry of Finance, http://www.customs.go.jp/toukei/info/index 一 e. htm, accessed 11 July 2016.

"Transcript of Speech by the Prime Minister, Mr. Lee Kuan Yew, on 30th May, 1965, at the Delta Community Centre on the Occasion of its 4th Anniversary Celebrations", National Archives of Singapore, 30 May 1965. http://www.nas.gov.sg/archivesonline/data/pdfdoc/lky19650530a. pdf/, accessed 12 Oct. 2016. "Vietnam", US Department of State. http://www.state.gov/documents/organization/229305. pdf, accessed 14 Oct. 2016.

"Vietnam: The End of the War. Broadcast by Malaysia's Minister of Home Affairs, Tan Sri M. Ghazali Shafie 6 May 1975", *Survival* 17, 4 (1975): 186-8.

"Vietnam's FDI Pledges Dip, but Actual Inflows Jump in2015", *Reuters*, 29 Dec. 2015. http://www.reuters.com/article/vietnam-economy-fdi-idUSL3N14JH120 151230, accessed 14 Oct. 2016.

"World Bank Group President Jim Yong Kim Opening Remarks at the Vietnam2035 Report Launching", World Bank, 23 Feb. 2016. http://www.worldbank.org/en/news/speech/2016/02/23/world-bank-group-president-jim-yong-kim-opening-remarks-at-the-vietnam-2035-report-launching, accessed 12 Oct. 2016.

"World Economic Outlook Database", International Monetary Fund, https:// www.

imf. org/external/data. htm, accessed 11 July 2016.

Abuza, Zachary. "The Smoldering Thai Insurgency", *CTC Sentinel*, 29 June 2015. https: //www. ctc. usma. edu/posts/the-smoldering-thai-insurgency, accessed 10 Oct. 2016.

Acharya, Amitav. *Constructing a Security Community in Southeast Asia: ASEAN and the Problem of Regional Order.* London: Routledge, 2001.

——. "ASEAN at 40: Mid-Life Rejuvenation?" *Foreign Affairs*, 15 Aug. 2007. https: //www. foreignaffairs. com/articles/asia/2007-08-15/asean-40-mid-life-rejuvenation/, accessed 12 Oct. 2016.

Agence France-Presse. "Indonesia Will Join Trans-Pacific Partnership, Jokowi Tells Obama", *The Guardian*, 27 Oct. 2015. https: //www. theguardian. com/ world/ 2015/oct/27/indonesia-will-join-trans-pacific-partnership-jokowi-tells-obama, accessed 13 Oct. 2016.

Allison, Laura. *The EU, ASEAN and Interregionalism: Regionalism Support and Norm Diffusion between the EU and ASEAN.* Houndmills: Palgrave, 2015.

Allison, Tony. "Myanmar Shows India the Road to Southeast Asia", *Asia Times*, 21 Feb. 2001. http: //www. atimes. eom/reports/CB21Ai01. html#top5, accessed 13 Oct. 2016.

Anderson, Benedict R. *Under Three Flags: Anarchism and the Anti-colonial Imagination.* London: Verso, 2005.

Andrade, Tonio. *The Gunpowder Age: China, Military Innovation, and the Rise of the West in World History.* Princeton: Princeton University Press, 2016.

Ang Cheng Guan. *Singapore, ASEAN and the Cambodian Conflict, 1978-1991.* Singapore: NUS Press, 2013.

Annan, Kofi A. and Kishore Mahbubani. "Rethinking Sanctions", *Project Syndicate*, 11 Jan. 2016. https: //www. project-syndicate. org/onpoint/ rethinking-economic-sanctions-by-kofi-a-annan-and-kishore-mahbubani-2016-01/, accessed 12 Oct. 2016.

Antonio, Rufino. "We, the People" (Letters to the Editor), *Manila Times*, 11 May 1972.

Arudou, Debito. "Tackle Embedded Racism before It Chokes Japan", *Japan Times*, 1 Nov. 2015. http://www.japantimes.co.jp/community/2015/11/01/issues/tackle-embedded-racism-chokes-japan/, accessed 12 Oct. 2016.

Auger, Timothy. *S. R. Nathan in Conversation*. Singapore: Editions Didier Millet, 2015.

Ba, Alice. *(Re) Negotiating East and Southeast Asia: Region, Regionalism, and the Association of Southeast Asian Nations*. Singapore: NUS Press, 2009.

Baker, Christopher John and Pasuk Phongpaichit. *A History of Thailand*. New York: Cambridge University Press, 2005.

Bastin, John and R. Roolvink, eds. *Malayan and Indonesian Studies: Essays Presented to Sir Richard Winstedt on his Eighty-fifth Birthday*. Bali: Clarendon, 1964.

Bayuni, Endy M. "SBY, the Military Strategist Besieged by War on Two Fronts", *Jakarta Post*, 25 Nov. 2009. http://www.thejakartapost.com/news/2009/11/25/sby-military-strategist-besieged-war-two-fronts.html, accessed 10 Oct. 2016.

Bellwood, Peter S., James J. Fox and D. T. Tryon. *The Austronesians: Historical and Comparative Perspectives*. Canberra: Dept. of Anthropology as Part of the Comparative Austronesian Project, Research School of Pacific and Asian Studies, Australian National University, 1995.

Berggruen, Nicolas and Nathan Gardels. "How the World's Most Powerful Leader Thinks", *Huffington Post*, 30 Sept. 2015.

Bremmer, Ian. "The New World of Business", *Fortune International*, 22 Jan. 2015. http://fortune.com/2015/01/22/the-new-world-of-business/, accessed 12 Oct. 2016.

Chachavalpongpun, Pavin and Moe Thuzar. *Myanmar: Life after Nargis*. Singapore: Institute of Southeast Asian Studies, 2009.

Chanda, Nayan. *Brother Enemy: The War after the War*. New York: Harcourt, 1986.

Chandra, Siddharth and Timothy Vogelsang. "Change and Involution in Sugar Production in Cultivation System Java, 1840-1870", *Journal of Economic History* 59, 4 (1998): 885-911.

Chochrane, Joe and Thomas Fuller. "Singapore, the Nation That Lee Kuan Yew Built,

Questions Its Direction", *New York Times*, 24 Mar. 2015. http://www.nytimes.com/2015/03/25/world/asia/singapore-the-nation-that-lee-built-questions-its-direction.html, accessed 12 Oct. 2016.

Chongkittavorn, Kavi. "Asean to Push Back New Admission to December", *The Nation* (Bangkok), 30 May 1997.

Christina, Bernadette. "Indonesia's Trade Minister Calls for TPP Membership in Two Years", *Reuters*, 9 Oct. 2015. http://www.reuters.com/article/us-trade-tpp-indonesia-idUSKCN0S312R20151009, accessed 13 Oct. 2016.

Citrinot, Luc. "ASEAN for ASEAN: Focus Will Be Given to Strengthening Intra-ASEAN Tourism", ASEAN Travel, 2016. http://asean.travel/2016/01/24/asean-for-asean-focus-will-be-given-to-strengthening-intra-asean-tourism/, accessed 10 Oct. 2016.

Clinton, William J. "Transcript of 'Global Challenges': A Public Address Given by Former US President William J. Clinton at Yale University on October 31, 2003", *YaleGlobal*, 31 Oct. 2003. http://yaleglobal.yale.edu/content/transcript-global-challenges, accessed 13 Oct. 2016.

Coedès, George. *The Indianized States of Southeast Asia*. Honolulu: East-West Center Press, 1968.

Cohen, Matthew Isaac. "Introduction: Global Encounters in Southeast Asian Performing Arts", *Asian Theatre Journal* 31, 2 (2014): 353-68.

Cotterell, Arthur. *A History of Southeast Asia*. Singapore: Marshall Cavendish (Asia), 2014.

Country Studies/Area Handbook Series, Federal Research Division of the Library of Congress, http://countrystudies.us/, accessed 12 Oct. 2016.

Coxhead, Ian, ed. *Routledge Handbook of Southeast Asian Economics*. Abingdon: Routledge, 2015.

Croft-Cusworth, Catriona. "Beware ISIS' Threat to Indonesia", *National Interest*, 24 Mar. 2015. http://nationalinterest.org/blog/the-buzz/beware-isis-threat-indonesia-12472, accessed 13 Oct. 2016.

Dairymple, William. "The Great & Beautiful Lost Kingdoms", *The New York Review of*

Books, 21 May 2015. http://www.nybooks.com/articles/2015/05/21/great-and-beautiful-lost-kingdoms/, accessed 12 Oct. 2016.

Daquila, Teofilo C. *The Economies of Southeast Asia: Indonesia, Malaysia, Philippines, Singapore, and Thailand*. New York: Nova Publishers, 2005.

Das, Sanchita B. "What US-Asean Connect Means for the Region", *Straits Times*, 17 Mar. 2016. http://www.straitstimes.com/opinion/what-us-asean-connect-means-for-the-region, accessed 12 Oct. 2016.

de Miguel, Emilio. "Japan and Southeast Asia: From the Fukuda Doctrine to Abe's Five Principles", UNISCI Discussion Paper 32, May 2013. https://revistas.ucm.es/index.php/UNIS/article/viewFile/44792/42219/, accessed 12 Oct. 2016.

Development Co-operation Directorate (DCD-DAC). http://www.oecd.org/dac/, accessed 12 Oct. 2016.

Dilokwanich, Malinee. "A Study of Samkok: The First Thai Translation of a Chinese Novel", *Journal of the Siam Society* 73 (1985): 77-112.

Dobbs, S. *The Singapore River: A Social History*, 1819-2002. Singapore: Singapore University Press, 2003.

Easen, Nick. "In Asia, a Boom in Low-cost Flights", BBC, 2 Apr. 2012. http://www.bbc.com/travel/story/20120402-low-cost-flights-in-asia-booms, accessed 10 Oct. 2016.

Eisenman, Joshua, Eric Heginbotham and Derek Mitchell, eds. *China and the Developing World: Beijing's Strategy for the Twenty-First Century*. New York: M. E. Sharpe, 2007.

Expansion. "Myanmar: Human Development Index", Country Economy. http://countryeconomy.com/hdi/burma, accessed 12 Oct. 2016.

Fallows, James. "A Damaged Culture: A New Philippines?" *The Atlantic*, 1 Nov. 1987. http://www.theatlantic.com/technology/archive/1987/11/a-damaged-culture-a-new-philippines/7414/, accessed 13 Oct. 2016.

Fisher, Charles A. "Southeast Asia: The Balkans of the Orient? A Study in Continuity and Change", *Geography* 47, 4 (1962).

Fitzgerald, C. P. *The Southern Expansion of the Chinese People*. New York: Praeger, 1972.

Fukasaku, Kiichiro, Fukunari Kimura and Shujiro Urata, eds. *Asia & Europe: Beyond Competing Regionalism*. Eastbourne: Sussex Academic Press, 1998.

Fukuzawa Yukichi. "Datsu-A Ron", *Jiji-Shimpo*, 12 Mar. 1885, trans. Sinh Vinh, in *Fukuzawa Yukichi nenkan*, Vol. 11 (Tokyo: Fukuzawa Yukichi kyokai, 1984). Cited in "Fukuzawa Yukichi (1835-1901)", Nishikawa Shunsaku, *Prospects: The Quarterly Review of Comparative Education* 23, 3/4 (1993): 493-506.

Ganesan, N. *Bilateral Tensions in Post-Cold War ASEAN*. Singapore: Institute of Southeast Asian Studies, 1999.

Geertz, Clifford. *Islam Observed: Religious Development in Morocco and Indonesia*. Chicago: University of Chicago Press, 1971.

Giersch, Charles Patterson. *Asian Borderlands: The Transformation of Qing China's Yunnan Frontier*. Cambridge, MA, and London: Harvard University Press, 2006.

Goh Keng Swee, "A Holy Order to Scale New Heights: Dr. Goh Keng Swee's Last Major Speech before Retiring from Politics, 25 September 1984", in *Goh Keng Swee: A Legacy of Public Service*, ed. Emrys Chew and Chong Guan Kwa. Singapore: World Scientific, 2012.

——. *The Economics of Modernization*. Singapore: Marshall Cavendish Editions, 2013.

Govaars, Ming. *Dutch Colonial Education: The Chinese Experience in Indonesia, 1900-1942*, trans. Lorre Lynn Trytten. Singapore: Chinese Heritage, Centre, 2005.

Government of India. Ministry of Development of Northeastern Region. *Kaladan Multi-Modal Transit Transport Project*, 2014. http://www.mdoner.gov.in/content/introduction-1, accessed 12 Oct. 2016.

Guilmoto, Christophe Z. "The Tamil Migration Cycle, 1830-1950", *Economic and Political Weekly* (16-23 Jan. 1993): 111-20.

Haddad, William. "Japan, the Fukuda Doctrine, and ASEAN", *Contemporary Southeast Asia* 2, 1 (1980).

Hall, D. G. E. *A History of South-East Asia*. London: Macmillan, 1955.

Hall, Kenneth R. "Review: 'Borderless' Southeast Asia Historiography: New Scholarship on the Interactions between Southeast Asia and Its South Asian and Chinese Neighbours in the Pre-1500 Era", *Bijdragen tot de Taal-, Land-en Volkenkunde* 167, 4 (2011).

Hamilton, A. *A New Account of the East Indies*, Vol. 2. Edinburgh: John Mosman, 1727.

Harrison, Brian. *South-East Asia, a Short History.* London: Macmillan, 1963. 1st ed., 1954.

Hayipiyawong, N. "The Failure of Peace Negotiation Process between Government of Thailand and Revolution National Front (BRN) in Southern Thailand Conflict (Patani)". BA thesis, Universitas Muhammadiyah Yogyakarta, 2014. http://thesis.umy.ac.id/datapublik/t39343.pdf, accessed 12 Oct. 2016.

Higham, Charles. "The Long and Winding Road That Leads to Angkor", *Cambridge Archaeological Journal* 22, 2 (2012).

Hirschman, C. "The Meaning and Measurement of Ethnicity in Malaysia: An Analysis of Census Classifications", *Journal of Asian Studies* 46, 3 (1987): 555-82.

Htway, Thurein Hla. "Military Party Awards Major Projects to China", *Nikkei Asian Review*, 13 Jan. 2016. http://asia.nikkei.com/Business/Companies/Military-party-awards-major-projects-to-China, accessed 10 Oct. 2016.

Imagawa, Takeshi. "ASEAN-Japan Relations", *Keizaigaku-Ronsan* 30, 3 (May 1989): 121-42. http://civilisations.revues.org/1664? file = 1/, accessed 12 Oct. 2016.

India ASEAN Trade and Investment Relations: Opportunities and Challenges. Delhi: Associated Chambers of Commerce and Industry of India, July 2016. http://www.assocham.org/upload/docs/ASEAN-STUDY.pdf/, accessed 29 Sept. 2016.

Ismail, Latifah. "Factors Influencing Gender Gap in Higher Education of Malaysia: A University of Malaya Sample". Faculty of Education, University of Malaya, 2014. https://umexpert.um.edu.my/file/publication/00000380_ 116971.pdf, accessed 10 Oct. 2016.

Jain, Ravindra K. *South Indians on the Plantation Frontier in Malaya.* New Haven and London: Yale University Press, 1970.

Jalil, Haikal. "Malaysia's Tertiary Education Not up to Par, Says Nurul Izzah", *Sun Daily*, 22 Feb. 2015. http://www.thesundaily.my/news/1335663, accessed 1 Dec. 2016.

——. *Diplomacy: A Singapore Experience*. Singapore: Straits Times Press, 2011.

Japan External Trade Organisation, "East-Asia Economic Integration and the Roles of JETRO", Ministry of Foreign Affairs of Japan, http://www.mofa.go.jp/region/asia-paci/cambodia/workshop0609/attach5.pdf, accessed 12 Oct. 2016.

Jayakumar, S. *Be at the Table or Be on the Menu: A Singapore Memoir*. Singapore: Straits Times Press, 2015.

Jin Kai. "Building 'A Bridge between China and Europe'", The *Diplomat*, 23 Apr. 2014. http://thediplomat.com/2014/04/building-a-bridge-between-china-and-europe/, accessed 12 Oct. 2016.

Jing Sun. *Japan and China as Charm Rivals: Soft Power in Regional Diplomacy*. Ann Arbor: University of Michigan Press, 2012.

Jones, Lee. *ASEAN, Sovereignty and Intervention in Southeast Asia*. Houndmills: Palgrave Macmillan, 2012.

Joseph, C. and J. Matthews, eds. *Equity, Opportunity and Education in Postcolonial Southeast Asia*. New York: Routledge, 2014.

Kausikan, Bilahari. "The Ages of ASEAN", in *The Inclusive Regionalist: A Festschrift Dedicated to Jusuf Wanandi*, ed. Hadi Soesastro and Clara Joewono. Jakarta: Centre for Strategic and International Studies, 2007.

——. "Hard Truths and Wishful Hopes about the AEC", *Straits Times*, 2 Jan. 2016.

——. "Standing up to and Getting Along with China", *Today*, 18 May 2016. http://www.todayonline.com/chinaindia/standing-and-getting-along-china/, accessed 12 Oct. 2016.

Keown, Damien. *A Dictionary of Buddhism*. Oxford: Oxford University Press, 2004.

Khoman, Thanat. "Which Road for Southeast Asia?" *Foreign Affairs* 42, 4 (1964).

——. "ASEAN Conception and Evolution", ASEAN, 1 Sept. 1992. http://asean.org/?static_post=asean-conception-and-evolution-by-thanat-khoman/, accessed 12 Oct. 2016.

Khoo Boo Teik. *Paradoxes of Mahathirism: An Intellectual Biography of Mahathir Mohamad.* Kuala Lumpur: Oxford University Press, 1995.

Kim, Jim Yong. "Lessons from Vietnam in aSlowing Global Economy", *Straits Times*, 24 Feb. 2016. http://www.straitstimes.com/opinion/lessons-from-vietnam-in-a-slowing-global-economy, accessed 14 Oct. 2016.

Knight, Nick. *Understanding Australia's Neighbours: An Introduction to East and Southeast Asia.* New York: Cambridge University Press, 2011.

Koh, Tommy T. B., Rosario G. Manalo and Walter C. M. Woon. *The Making of the ASEAN Charter.* Singapore: World Scientific, 2009.

Kristof, Nicholas D. "China Sees Singapore as a Model for Progress", *New York Times*, 9 Aug. 1992. http://www.nytimes.com/1992/08/09/weekinreview/the-world-china-sees-singapore-as-a-model-for-progress.html/, accessed 12 Oct. 2016.

Lee, Cassey and Thee Kian Wie. "Southeast Asia: Indonesia and Malaysia", in *Routledge Handbook of the History of Global Economic Thought*, ed. Vincent Barnett. Abingdon: Routledge, 2014, pp. 306-14.

Lee Kuan Yew. "Speech by the Prime Minister, Mr. Lee Kuan Yew, at the Commonwealth Heads of Government Meeting in London on Wednesday, 8 June 1977: Changing Power Relations", National Archives of Singapore, 8 June 1977. http://www.nas.gov.sg/archivesonline/data/pdfdoc/lky19770608.pdf/, accessed 12 Oct. 2016.

——. *From Third World to First: The Singapore Story, 1965-2000*, Vol. 2. Singapore: Marshall Cavendish, 2000.

Lim, Catherine. "An Open Letter to the PrimeMinister", 7 June 2014. http://catherinelim.sg/2014/06/07/an-open-letter-to-the-prime-minster/, accessed 14 Oct. 2016.

Lim, Linda. "The Myth of US-China Economic Competition", *Straits Times*, 16 Dec. 2015. http://www.straitstimes.com/opinion/the-myth-of-us-china-economic-competition, accessed 13 Oct. 2016.

Lockard, Craig A. *Southeast Asia in World History.* Oxford: Oxford University Press, 2009.

Lopez, Greg. "Malaysia: A Simple Institutional Analysis", *Malaysia Today*, 22 Aug. 2011. http://www.malaysia-today.net/malaysia-a-simple-institutional-analysis/, accessed 13 Oct. 2016.

Lubis, Mila. "Indonesia Remains the2nd Most Optimistic Country Globally", *Nielsen*, 30 May 2015. http://www.nielsen.com/id/en/press-room/2015/indonesia-remains-the-2nd-most-optimistic-country-globally.html/, accessed 12 Oct. 2016.

Luong, Dien. "Why Vietnam Loves the Trans-Pacific Partnership", *The Diplomat* 16 Mar. 2016.

Macaranas, Bonifacio S. "Feudal Work Systems and Poverty: The Philippine Experience", International Labour and Employment Relations Association, 2009. http://www.ilera-directory.org/15thworldcongress/files/papers/Track_4/Poster/CS2T-2_MACARANAS.pdf, accessed 13 Oct. 2016.

MacKinnon, Ian and Mark Tran. "Brown Condemns 'Inhuman' Burma Leaders over Aid", *The Guardian*, 17 May 2008. https://www.theguardian.com/world/2008/may/17/cyclonenargis.burma2, accessed 12 Oct. 2016.

Mahathir bin Mohamad. "Look East Policy: The Challenges for Japan in a Globalized World", Ministry of Foreign Affairs of Japan, 12 Dec. 2002. http://www.mofa.go.jp/region/asia-paci/malaysia/pmv0212/speech.html/, accessed 12 Oct. 2016.

Mahbubani, Kishore. *Beyond the Age of Innocence: Rebuilding Trust between America and the World*. New York: Public Affairs, 2005.

——. *The New Asian Hemisphere: The Irresistible Shift of Global Power to the East*. New York: Public Affairs, 2008.

——. "Australia's Destiny in the Asian Century: Pain or No Pain?" *Australian National University*, 31 July 2012. https://asiapacific.anu.edu.au/researchschool/emerging_asia/papers/Mahbubani_final.pdf/, accessed 12 Oct. 2016.

——. "Why Singapore Is the World's Most Successful Society", *Huffington Post*, 4 Aug. 2015. http://www.huffingtonpost.com/kishore-mahbubani/singapore-world-successful-society_b_7934988.html, accessed12 Oct. 2016.

——. "Here's How the EU Should Start to Think Long-Term", *Europe's World*, 26

Nov. 2015. http：//europesworld. org/2015/ll/26/heres-how-the-eu-should-start-to-think-long-term/，accessed 12 Oct. 2016.

Mahbubani, Kishore and Lawrence H. Summers. "The Fusion of Civilizations", *Foreign Affairs*, May-June 2016.

Manguin, Pierre Yves, A. Mani and Geoff Wade. *Early Interactions between South and Southeast Asia：Reflections on Cross-cultural Exchange*. Singapore：Institute of Southeast Asian Studies, 2011.

Martynova, Elena S. "Strengthening of Cooperation between Russia and ASEAN：Rhetoric or Reality?" *Asian Politics & Policy* 6, 3 (2014)：397-412.

McCaskill, Don N. and Ken Kampe. *Development or Domestication? Indigenous Peoples of Southeast Asia*. Chiang Mai：Silkworm Books, 1997.

McDougall, Derek. *The International Politics of the New Asia Pacific*. Singapore：Institute of Southeast Asian Studies, 1997.

McEvedy, Colin and Richard Jones. *Atlas of World Population History*. Harmondsworth：Penguin, 1978.

Miksic, John N. *Historical Dictionaries of Ancient Civilizations and Historical Eras*, No. 18. Lanham：Scarecrow Press, 2007.

Morgan, David O. and Anthony Reid, eds. *The New Cambridge History of Islam*, Vol. 3：*The Eastern Islamic World, Eleventh to Eighteenth Centuries*. Cambridge：Cambridge University Press, 2010.

Muhammad Amin B., Mohammad Rahim K. and Geshina Ayu M. S. "A Trend Analysis of Violent Crimes in Malaysia", *Health and the Environment Journal* 5, 2 (2014).

Nair, Deepak. "A Strong Secretariat, a Strong ASEAN? A Re-evaluation". *ISEAS Perspective*, 2016. https：//www. iseas. edu. sg/images/pdf/ISEAS_ Perspective_ 2016_ 8. pdf, accessed 10 Oct. 2016.

Nandy, Ashis. *The Intimate Enemy：Loss and Recovery of Self under Colonialism*. New Delhi：Oxford University Press, 1988.

Nelson, Dean. "India to Open Super Highway to Burma and Thailand", *The Telegraph*, 29 May 2012. http：//www. telegraph. co. uk/news/worldnews/ asia/india/9297354/India-to-open-super-highway-to-Burma-and-Thailand. html, accessed 13 Oct. 2016.

Nichol, Jim. *Soviet Views of the Association of Southeast Asian Nations: An Examination of Unclassified Soviet Sources*. Washington, DC: Federal Research Division for the Library of Congress, 1985.

Nye, Joseph. *Peace in Parts: Integration and Conflict in Regional Organization*. Boston: Little, Brown, 1971.

Oberman, Raoul, Richard Dobbs, Arief Budiman, Fraser Thompson and Morten Rosse. "The Archipelago Economy: Unleashing Indonesia's Potential", McKinsey & Company, http://www.mckinsey.com/insights/asia-pacific/the_archipelago_economy, accessed 13 Oct. 2016.

Ooi Kee Beng. *In Lieu of Ideology: The Intellectual Biography of Goh Keng Swee*. Singapore: World Scientific, 2013.

O'Reilly, Dougald J. W. *Early Civilizations of Southeast Asia*. Lanham: AltaMira Press, 2007.

Ortuoste, Maria Consuelo C. "Internal and External Institutional Dynamics in Member-States and ASEAN: Tracing Creation, Change and Reciprocal Influences". PhD dissertation, Arizona State University, 2008. http://gradworks.umi.com/33/27/3327250.html, accessed 10 Oct. 2016.

Osborne, Milton E. *Southeast Asia: An Introductory History*. St Leonards: Allen & Unwin, 1997.

Overholt, William H. "The Rise and Fall of Ferdinand Marcos", *Asian Survey* 26, 11 (1986): 1137-63.

Page, John. "The East Asian Miracle", in *NBER Macroeconomics Annual* 1994, Vol. 9, ed. Stanley Fischer and Julio J. Rotemberg. Cambridge: MIT Press, 1994.

Pedrosa, Carmen Navarro. *Imelda Marcos: The Rise and Fall of One of the World's Most Powerful Women*. New York: St. Martin's Press, 1987.

Peffer, Nathaniel. "Regional Security in Southeast Asia", *International Organization* 8, 3 (1954): 311-5.

Pimpa, Natt avud. "Amazing Thailand: Organizational Culture in the Thai Public Sector", *International Business Research* 5, 11 (16 Oct. 2012). http://www.ccsenet.org/journal/index.php/ibr/article/view/21408/13905, accessed 12 Oct. 2016.

Pinker, Steven. *The Better Angels of Our Nature: Why Violence Has Declined*. New York: Viking, 2011.

Pires, Tomé. *Suma Oriental of Tomé Pires: An Account of the East, from the Red Sea to China, Written in Malacca and India in 1512-1515*, ed. and trans. Armando Cortesao. New Delhi: Asian Educational Services, 2005 (originally published by Hakluyt Society, 1944).

Pollock, Sheldon I. *The Language of the Gods in the World of Men: Sanskrit, Culture, and Power in Premodern India*. Berkeley: University of California Press, 2006.

Rajaratnam, S. "ASEAN: The Way Ahead", ASEAN, 1 Sept. 1992. http://asean.org/?static_post=asean-the-way-ahead-by-s-rajaratnam/, accessed 12 Oct. 2016.

Rannan-Eliya, Ravi P. "Achieving UHC with Limited Fiscal Resources: Lessons for Emerging Economies", Speech, Ministerial Meeting on Universal Health Coverage (UHC): The Post-2015 Challenge, Singapore, 2015. https://www.moh.gov.sg/content/dam/moh_web/PressRoom/Highlights/2015/Universal Health Coverage/Session 2 Slides 3 Rannan-Eliya.pdf, accessed 14 Oct. 2016.

Ravenhill, John. *APEC and the Construction of Pacific Rim Regionalism*. Cambridge: Cambridge University Press, 2011.

Reid, Anthony. *Southeast Asia in the Age of Commerce: 1450-1680*. New Haven: Yale University Press, 1988.

——. *Charting the Shape of Early Modern Southeast Asia*. Chiang Mai: Silkworm Books, 2000.

——. *Imperial Alchemy: Nationalism and Political Identity in Southeast Asia*. Cambridge: Cambridge University Press, 2010.

Ressa, Maria. "Indonesia's Tom Lembong: 'Let's Move Away from Playing Games'", Rappler, 20 Nov. 2015. http://www.rappler.com/thoughtleaders/113434-indonesia-minister-tom-lembong-trade-politics, accessed 10 Oct. 2016.

Romero, Alex. "Duterte to Talk with China on Sea Dispute If …", *Philstar*, 23 May

2016. http://www.philstar.com/headlines/2016/05/23/1586122/duterte-talk-china-sea-dispute-if.../, accessed 12 Oct. 2016.

Roth, Kenneth. "Rights Struggles of 2013", Human Rights Watch, 2014. https://www.hrw.org/world-report/2014/essays/rights-struggles-of-2013, accessed 13 Oct. 2016.

Roy, Sourav. "ASEAN: What's That and Who Cares? Certainly Not the Common Man in Asia", *Huffington Post*, 9 Oct. 2013. http://www.huffingtonpost.com/sourav-roy/asean-whats-that-and-who-cares_b_3894984.html, accessed 13 Oct. 2016.

Safire, William. "Essay; Singapore's Fear", *New York Times*, 20 July 1995. http://www.nytimes.com/1995/07/20/opinion/essay-singapore-s-fear.html, accessed 14 Oct. 2016.

——. "Essay; The Dictator Speaks", *New York Times*, 15 Feb. 1999. http://www.nytimes.com/1999/02/15/opinion/essay-the-dictator-speaks.html, accessed 14 Oct. 2016.

Sakonhninhom, Malayvieng. "Flagships and Activities of ASEAN-ISIS", ASEAN Regional Forum, Mar. 2007. http://aseanregionalforum.asean.org/files/Archive/14th/ARF_Inter-sessional_Support_Group/Annex (34).pdf, accessed 10 Oct. 2016.

Schwarz, Adam. "Indonesia after Suharto", *Foreign Affairs*, July/Aug. 1997. https://www.foreignaffairs.com/articles/asia/1997-07-01/indonesia-aftersuharto/, accessed 12 Oct. 2016.

Sen, Amartya. *The Argumentative Indian: Writings on Indian History, Culture, and Identity*. New York: Farrar, Straus and Giroux, 2005.

Severino, Rodolfo C. *Southeast Asia in Search of an ASEAN Community: Insights from the Former ASEAN Secretary-General*. Singapore: ISEAS Publishing, 2006.

Sjöholm, Fredrik. "Foreign Direct Investments in Southeast Asia". IFN Working Paper No. 987. Stockholm: Research Institute of Industrial Economics, 2013.

Sng, Jeffery and Pimpraphai Bisalputra. *Bencharong & Chinawares in the Court of Siam*. Bangkok: Chawpipope Osathanugrah, 2011.

——. *A History of the Thai-Chinese*. Singapore: Editions Didier Millet, 2015.

Sridharan, Kripa and T. C. A. Srinivasa-Raghavan. *Regional Cooperation in South Asia and Southeast Asia*. Singapore: ISEAS, 2007.

Storey, Ian. "Thailand's Post-Coup Relations with China and America: More Beijing, Less Washington", *Trends in Southeast Asia 20*. Singapore: ISEAS-Yusof Ishak Institute, 2015.

Stuart-Fox, Martin. *A Short History of China and Southeast Asia: Tribute, Trade and Influence*. Crows Nest: Allen & Unwin, 2003.

Subrahmanyam, Sanjay. *The Career and Legend of Vasco Da Gama*. Cambridge: Cambridge University Press, 1997.

Sullivan, Michael. "Ask the Vietnamese about War, and They Think China, Not the U. S. ", NPR, 1 May 2015. http://www.npr.org/sections/parallels/2015/05/01/402572349/ask-the-vietnamese-about-war-and-theythink-china-not-the-u-s/, accessed 12 Oct. 2016.

Suryadinata, Leo, ed. *Admiral Zheng He & Southeast Asia*. Singapore: Instituteof Southeast Asian Studies, 2005.

Tagliacozzo, Eric. *Secret Trades, Porous Borders: Smuggling and States along a Southeast Asian Frontier*, 1865-1915. New Haven: Yale University Press, 2005.

Tan Sri Abdullah Ahmad. *Conversations with Tunku Abdul Rahman*. Singapore: Marshall Cavendish (Asia), 2016.

Tarling, Nicholas. *A Concise History of Southeast Asia*. New York: Praeger, 1966.

——. ed. *The Cambridge History of Southeast Asia*, Vol. 1: *From Early Times to c. 1800*. Cambridge: Cambridge University Press, 1992.

——. *The Cambridge History of Southeast Asia*, Vol. 2: *The Nineteenth and Twentieth Centuries*. Cambridge: Cambridge University Press, 1992.

Techakanont, Kriengkrai. "Thailand Automotive Parts Industry", in *Intermediate Goods Trade in East Asia: Economic Deepening through FTAs/EPAs, BRC Research Report* No. 5, ed. M. Kagami. Bangkok: Bangkok Research Centre, IDE-JETRO, 2011.

Termsak Chalermpalanupap. "In Defence of the ASEAN Charter", in *The Making of* the *ASEAN Charter*, ed. T. Koh, R. G. Manalo and W. C. Woon. Singapore: World Scientific, 2009, pp. 117-36.

Thayer, Philip Warren, ed., *Southeast Asia in the Coming World*. Baltimore: Johns Hopkins Press, 1971.

Theparat, Chatrudee. "Tokyo to Help with East-West Rail Link", *Bangkok Post*, 28 Jan. 2015. http://www.bangkokpost.com/news/general/460975/tokyoto-help-with-east-west-rail-link/, accessed 12 Oct. 2016.

Trotman, Andrew. "Angela Merkel: Greece Should Never Have Been Allowed in the Euro", The Telegraph, 27 Aug. 2013. http://www.telegraph.co.uk/finance/financialcrisis/10269893/Angela-Merkel-Greece-should-neverhave-been-allowed-in-the-euro.html/, accessed 12 Oct. 2016.

Tun Razak, "Our Destiny", *Straits Times*, 7 Aug. 1968. http://eresources.nlb.gov.sg/newspapers/Digitised/Article/straitstimes19680807-1.2.3.aspx/, accessed 12 Oct. 2016.

United Nations Conference on Trade and Development Statistics. http://unctadstat.unctad.org/, accessed 9 Apr. 2016.

van Leur, Jacob Cornelis. *Indonesian Trade and Society: Essays in Asian Social and Economic History*. The Hague: W. Van Horve, 1967.

Var, Veasna. "Cambodia Should Be Cautious When It Comes to Chinese Aid", *East Asia Forum*, 9 July 2016. http://www.eastasiaforum.org/2016/07/09/cambodia-should-be-cautious-when-it-comes-to-chinese-aid/, accessed 13 Oct. 2016.

Vines, Stephen. "Vietnam Joins ASEAN Grouping", *The Independent*, 29 July 1995. http://www.independent.co.uk/news/world/vietnam-joins-aseangrouping-1593712.html, accessed 14 Oct. 2016.

Viviano, Frank. "China's Great Armada, Admiral Zheng He", *National Geographic*, July 2005. http://ngm.nationalgeographic.com/features/world/asia/china/zheng-he-text/, accessed 12 Oct. 2016.

Walton, Gregory. "Sarcasm Gives Call Centres in Manila the Edge", *The Telegraph*, 9 Mar. 2015. http://www.telegraph.co.uk/news/newstopics/howabouttthat/11460424/Sarcasm-gives-call-centres-in-Manila-the-edge.html, accessed 13 Oct.

2016.

Wanandi, Jusuf. *Shades of Grey: A Political Memoir of Modern Indonesia 1965-1998.* Singapore: Equinox Publishing, 2012.

Wang Gungwu. "Ming Foreign Relations: Southeast Asia", in *The Cambridge History of China*, ed. Denis Twitchett. Cambridge: Cambridge University Press, 1998.

——, "Singapore's 'Chinese Dilemma' as China Rises", *Straits Times*, 1 June 2015.

Wang Gungwu and Ooi Kee Beng. *The Eurasian Core and Its Edges: Dialogues with Wang Gungwu on the History of the World.* Singapore: Institute of Southeast Asian Studies, 2014.

Weatherbee, Donald. *International Relations in Southeast Asia: The Struggle for Autonomy*, 2nd ed. Plymouth: Rowman & Litt lefi eld, 2009.

Weidenbaum, Murray. *One-Armed Economist: On the Intersection of Business and Government.* New Brunswick and London: Transaction Publishers, 2005.

Weiss, Thomas G., D. Conor Seyle and Kelsey Coolidge. "The Rise of Non-State Actors in Global Governance: Opportunities and Limitations". One Earth
Future Foundation, 2013. http://acuns.org/wp-content/uploads/2013/11/gg-weiss.pdf, accessed 13 Oct. 2016.

Wertheim, W. F. *Indonesian Society in Transition: A Study of Social Change.* The Hague: W. Van Hoeve, 1959.

Wichberg, E. *Early Chinese Economic Influence in the Philippines, 1850-1898.* Lawrence: Center for East Asian Studies, University of Kansas, 1962.

Wilkinson, R. J. "The Capture of Malacca, A. D. 1511", *Journal of the Straits Branch of the Royal Asiatic Society* 61 (1912): 71-6.

Wolf, Martin. "Donald Trump Embodies How Great Republics Meet Their End", Financial Times, 2 Mar. 2016. http://www.ft.com/cms/s/2/743d91b8-df8d-11e5-b67f-a61732c1d025.html#axzz4Kxj87a3R/, accessed 12 Oct. 2016.

Woon, Walter C. M. *The ASEAN Charter: A Commentary.* Singapore: NUS Press, 2015.

Wright, Robin. "How the Curse of Sykes-Picot Still Haunts the Middle East", *New Yorker*, 20 Apr. 2016. http://www.newyorker.com/news/news-desk/how-the-curse-of-sykes-picot-still-haunts-the-middle-east/, accessed 12 Oct. 2016.

Xi Jinping, "Promote Friendship between Our People and Work Together to Build a Bright Future", 7 Sept. 2013. http://www.fmprc.gov.cn/mfa_eng/wjdt_665385/zyjh_665391/t1078088.shtml, accessed 9 Nov. 2016.

Xuanzang, *The Great Tang Dynasty Record of the Western Regions*, trans. Li Rongxi. Berkeley: Numata Center for Buddhist Translation and Research, 1995.

Yegar, Moshe. *The Muslims of Burma: A Study of a Minority Group*. Wiesbaden: OttoHarrassowitz, 1972.

Yu, Sheng, Hsiao Chink Tang and Xu Xinpeng. "The Impact of ACFTA on People's Republic of China-ASEAN Trade: Estimates Based on an Extended Gravity Model for Component Trade", Asian Development Bank, July 2012. https://www.adb.org/contact/tang-hsiao-chink, accessed 12 Oct. 2016.

Zaccheus, Melody. "Five Things to Know about the New Indian Heritage Centre", *Straits Times*, 8 May 2015. http://www.straitstimes.com/singapore/five-things-to-know-about-the-new-indian-heritage-centre/, accessed 12Oct. 2016.

Zakaria, Fareed. "America's Self-destructive Whites", *Washington Post*, 31 Dec. 2015. https://www.washingtonpost.com/opinions/americas-selfdestructive-whites/2015/12/31/5017f958-afdc-11e5-9ab0-884d1cc4b33e_story.html/, accessed 12 Oct. 2016.

Zhao, Hong. "China-Myanmar Energy Cooperation and Its Regional Implications", *Journal of Current Southeast Asian Affairs* 30, 4 (2011): 89-109. http://journals.sub.uni-hamburg.de/giga/jsaa/article/view/502, accessed 14 Oct. 2016.

Zheng Bijian. "China's 'Peaceful Rise' to Great-Power Status", *Foreign Affairs*, Sept./Oct. 2005. https://www.foreignaffairs.com/articles/asia/2005-09-01/chinas-peaceful-rise-great-power-status/, accessed 12 Oct. 2016.

Zheng Yongnian and John Wong, eds. *Goh Keng Swee on China: Selected Essays*. Singapore: World Scientific, 2012.

译 后 记

2016年年末,我有幸读到新加坡著名学者和外交家马凯硕教授及其挚友孙合记先生合著的 *The ASEAN Miracle*,深受启发和鼓舞。我与马凯硕教授相识十年有余,并且曾经撰写过有关他的文章。此次有机会将他的新书翻译成中文,备感荣幸。我从事东南亚研究二十余年,一直在跟踪东盟的发展历程。自1967年成立以来,东盟内部不同文明和谐相处,经济快速发展,而东盟本身也从一个弱小松散的地区组织逐渐成长为主导东亚合作的"领头羊",并且为大国在本地区的互动提供了一个不可或缺的外交平台,这不得不说是一个奇迹。

在东盟迅速发展的同时,北方的中国也在1979年做出了改革开放的伟大决策,向世界打开了合作的大门。经过近40年的快速发展,中国从一个积贫积弱的国家成长为世界第二大经济体,国际地位不断提高,人民生活水平显著改善,农村贫困人口减少了约7亿,这不得不说也是一个奇迹。

1991年中国与东盟开始正式对话,26年来中国—东盟关系总体呈上升态势,实现了战略安全、政治经济、人文社会、地区合作的全方位、快速和平衡发展，这是中国与东盟两个"奇迹"的时代之遇。2013年习近平主席访问印尼和马来西亚期间提出"建设中国—东盟命运共同体"的倡议，强调要坚持讲信修睦、合作共赢、守望相助、心心相印、开放包容，使双方成为兴衰相伴、安危与共、同舟共济的好邻居、好朋友、好伙伴。2014年中国—东盟关系从"黄金十年"进入"钻石十年"，中国与东盟关系也从战略伙伴关系的构建，转型升级为中国—东盟命运共同体建设。2017年是东盟成立50周年，也是中国—东盟对话伙伴关系下一个25年的开局之年。我很庆幸能在如此有历史意义的时间节点来主持《东盟奇迹》的翻译工作，将两位学者对东盟的深刻解读介绍给更多对东南亚问题感兴趣的中国读者。从这本书中，你可以深入了解东南亚的历史以及东盟的组织架构和东盟方式。这还是一本重新认识东盟在地缘政治中扮演的角色，以及反思中国—东盟关系未来走向的优秀读物。

　　这本书的翻译过程不易。我偕同北京大学的博士生和博士后团队共同翻译了这本著作，由于封面空间有限，无法将所有参与翻译人员的名字一一列出，故特在此对他们的工作表示感谢，他们分别是刘晓伟、刘静烨、邓涵、乌力吉和李忠林。此外，由于本书涉及东南亚地区的古代历史以及众多人名，我们几经校译，并且多次向北京大学的东南亚留学生反复确认，以求更加精准地将书中的内容介绍给读者，故在此感谢马来西亚留学生何宜贤以及其他曾经为本书的校对作出过贡献的留学生。最后，要特别感谢北京大学出版社的耿协峰和张盈盈两位老师，他们为译文的编辑和润色以及成功出版付出了大量辛劳。

　　拙译初稿完成之日，正值"一带一路"国际合作高峰论坛在北京召开之时。东盟10国中7个国家的领导人都出席了此次论坛，凸显了中国与东盟国家之间的友好关系以及东盟国家对"一带一路"

倡议的普遍支持态度。"一带一路"倡议有助于对接东盟国家发展战略，促进地区可持续发展，将为中国—东盟合作提供新契机，注入新动力。值此重要时刻，特将《东盟奇迹》的中文版作为对"一带一路"国际合作高峰论坛以及东盟成立 50 周年的特别献礼。愿此书有助于中国民众更加了解东盟，更加了解东南亚，同时祝中国和东盟国相近、民相亲、心相交。

翟　崑
2017 年秋于北京大学国际关系学院